Von Oliver Stöwing sind bereits folgende Titel erschienen:
»Wann kommt denn endlich der blöde Prinz
   auf seinem dämlichen Gaul!« (2009)
»Warum ruft der blöde Prinz denn nicht mehr an?« (2011)
»Blöder Prinz, du kannst mich mal« (2012)

Über den Autor:
Oliver Stöwing, geboren 1972, ist Sprachwissenschaftler mit Zusatzausbildung in Psychologie, Kommunikationspsychologie und NLP. Seine Beziehungsratgeber »Wann kommt denn endlich der blöde Prinz auf seinem dämlichen Gaul!« und »Warum ruft der blöde Prinz denn nicht mehr an?« sind viel gelesene Bestseller. Stöwing arbeitet seit 15 Jahren als Journalist in Berlin (*Bunte, Bild, Berliner Morgenpost*).

OLIVER STÖWING

SAG ES EINFACH

**66 SPRACHTRICKS,
DIE IHR LEBEN VERÄNDERN**

Besuchen Sie uns im Internet:
www.knaur.de

FSC
www.fsc.org
MIX
Papier aus ver-
antwortungsvollen
Quellen
FSC® C083411

Originalausgabe November 2016
Knaur Taschenbuch
© 2016 Knaur Verlag
Ein Imprint der Verlagsgruppe Droemer Knaur
GmbH & Co. KG, München
Aus folgenden Werken wurden mit freundlicher Genehmigung zitiert:
Daniel Brockmeier: Das macht Sinn! Eintrag aus dem Sprach-Blog
»Privatsprache«, http://perspektiefe.privatsprache.de.
© Daniel Brockmeier 2013, Frankfurt a. M.
George Lakoff, Mark Johnson: Leben in Metaphern. Konstruktion und
Gebrauch von Sprachbildern. 8. Aufl. © Carl-Auer Verlag 2014, Heidelberg.
Bertold Brecht: Ballade von der Unzulänglichkeit menschlichen Planens.
Auszug aus: Ders.: Werke. Große kommentierte Berliner
und Frankfurter Ausgabe, Band 11: Gedichte 1.
© Bertolt-Brecht-Erben / Suhrkamp Verlag 1988.
Covergestaltung: HildenDesign, München
Coverabbildung: Shutterstock / ColinCramm
Satz: Sandra Hacke
Druck und Bindung: CPI books GmbH, Leck
ISBN 978-3-426-78836-3

2   4   5   3   1

INHALT

**»DAS WORT GEHÖRT HALB DEM,
DER ES SPRICHT, UND HALB DEM, DER ES HÖRT.«**

Michel de Montaigne, französischer Philosoph (1533–1592)

EINLEITUNG

Worte können zaubern und zerstören. Sie können heiligsprechen und verfluchen. Worte besiegeln die Liebe und schüren den Hass. Sie versöhnen und zetteln Kriege an. Worte können klären und ins Chaos stürzen. Worte bewegen die Welt, in jede Richtung. Sie können Wahrheit oder Lüge sein, retten oder verderben. Sie führen zu Weisheit und locken in die Klauen von Menschenfängern.

Jeder Satz, der sich aus dem diffusen Ur-Ozean Ihrer Träume und Gefühle formt, ist ein Akt der Schöpfung. Ganz gleich, ob Sie den Satz jemals aussprechen, ganz gleich, ob aus ihm jemals eine Tat folgt. »Im Anfang war das Wort, und das Wort war bei Gott, und Gott war das Wort.« So beginnt das Johannesevangelium. Worte sind die Brücke zwischen Vision und Wirklichkeit. Aus Worten wird eine Idee, eine Innovation, ein Stück Geschichte. »Unsere Gefühle brauchen einen Ausdruck, oder sie bleiben Wolken, die zwar Regen abgießen, aber niemals Früchte oder Blumen bringen.«, sagte der amerikanische Geistliche Henry Ward Beecher, der für die Abschaffung der Sklaverei kämpfte. Worte verleihen dem Geist Flügel. Noch in unserem jüngsten Gedanken liegt das Erbe unserer Ahnen. Generationen von Menschen vor uns haben unsere Sprache geformt: In ihr schlägt sich all das nieder, von dem sie meinten, dass es voneinander unterschieden werden sollte.

»Ein Mensch kann für ein einziges Wort als weise betrachtet werden und für ein einziges Wort als närrisch«, ist vom chinesischen Philosophen Konfuzius überliefert. »Wir sollten vorsichtig mit dem sein, was wir sagen.«

Ich bin kein Sprachtherapeut, kein Rhetoriker und kein Coach. Ich sage Ihnen nicht, wie Sie sprechen sollen. Ich verspreche Ihnen nicht, dass Sie reicher, berühmter und glücklicher werden, wenn

Sie erst die richtigen Worte einsetzen. Aber ich bin davon überzeugt: Die Art, wie wir unsere Gedanken und unsere Sprache formen, kann unser Leben verändern. Diese Kraft hat die Sprache,
weil sie jeder Tat vorausgeht. Am Anfang, um noch einmal auf
die Bibel zurückzukommen, war das Wort.

Als Journalist bin ich selbst ein Suchender. Ich wollte Fragen
stellen und nach Antworten recherchieren. Also suchte ich einen
Kommunikationstrainer auf. Was ich mit ihm entdeckte, ent-
sprach nicht meinem Wunschbild von mir. Ein bisschen hatte ich
schon geahnt, was er mir sagen würde. Ich neige zur Rück-
wärts-Sprache. Sehr präzise kann ich formulieren, was ich *nicht*
will. Schwierigkeiten habe ich damit, das zu sagen, was ich will.
Außerdem spreche ich oft distanziert über mich, wie über eine
fremde Person, die mich nur am Rande etwas angeht. Durch
Selbstironie versuche ich mich unangreifbar zu machen – ich habe
die Tendenz zum »Self-Bashing«, wie mein Coach es ausdrückte.
Vielleicht, um anderen damit zuvorzukommen. Ich habe festgestellt, dass ich fröhlich mit Phrasen um mich schmeiße und das in
Ordnung ist. Darauf zu achten, immer originell zu sein, würde
mich nur unnötig befangen machen.

Vor allem wollte ich wissen: Wenn Worte so machtvoll sind –
wie wäre es, an ein paar Schrauben der Gedanken- und Alltags-
sprache zu drehen? Wie könnte ich damit mein Wohlbefinden
steigern und meine Beziehungen zu meinen Mitmenschen sowie die Beziehung zu mir selbst verbessern? Wenn ein Wort aus
einem Gefühl entsteht, wie kann umgekehrt das Wort ein Gefühl
beeinflussen?

Die gesprochene Sprache lässt große Freiheiten zu, innerhalb
gewisser grammatischer Grenzen. Aber auch die Grammatik
wird zunehmend tolerant ausgelegt. Ich will Sie also nicht dazu
anhalten, druckreif zu sprechen. Ich spreche selber selten so. Ich
bin der Meinung, dass alles erlaubt ist: stammeln, Sätze abbrechen,

schnell sprechen. Auch die abgedroschenste Floskel hat ihre Berechtigung, sonst würde es sie nicht geben. Ihre Sprache gehört Ihnen, sie ist Ausdruck Ihrer Person. Beim Sprechen gibt es kein »richtig« oder »falsch«. Es gibt auch kein »schlecht« oder »gut«, wohl aber eine Wirkung, welche die Sprache auf den Empfänger ausübt. Sprache wird von uns Sprechern gemacht, nicht von Sprach-Päpsten oder Sprach-Bewahrern, nicht von Coaches oder Buchautoren, Linguisten oder Lehrern. Gesagt zu bekommen, was man vermeintlich alles falsch macht, ist zermürbend. Seine Sprache zu sezieren und zu reglementieren kann verunsichern und hemmen. Gerade die gesprochene Sprache lebt von Unbefangenheit und Spontaneität. Und die Gedanken sind sowieso frei.

Gleichzeitig ist Sprache zu kraftvoll, um nur so zu reden, wie einem der Schnabel gewachsen ist. Mit diesem Buch möchte ich Ihre Wahrnehmung schärfen und ein Bewusstsein für Ihre Sprachmuster schaffen. Was Sie damit machen, entscheiden Sie. Bestenfalls erweitern Sie durchs Lesen Ihr Repertoire und entdecken die vielen Möglichkeiten der Sprache. Nichts davon ist dogmatisch. Es gibt keine Regeln. Viel eher als jede Sprachgewohnheit sollte man jede Regel hinterfragen und prüfen, ob es sich lohnt, sie zu brechen.

Ich werde Ihnen darum Tipps geben, wie Sie die Kraft der Sprache nutzen können. Die Tipps sind nie absolut gemeint. Wenn sie in der einen Situation auch hilfreich sind, kann es dennoch sein, dass sie in einer anderen nicht angebracht sind. Die Tipps zielen vor allem auf die Sprache unserer Gedanken, also die Art und Weise, wie wir mit uns selbst reden. Denn oft sprechen wir in inneren Monologen, und manchmal sprechen wir in einer despektierlichen Weise, in der wir mit anderen kaum sprechen würden.

Schon innerhalb des Buches werden Sie Widersprüche entdecken. Denn so ist unsere Sprache: widersprüchlich, komplex, fließend. Sie ist keine Mathematik. Picken Sie sich heraus, was Ihnen plausibel erscheint. Probieren Sie das eine oder andere aus und schauen Sie, ob es etwas bewirkt. Was nicht funktioniert, lassen Sie wieder. Bei allen Ihren Experimenten kann ich Ihnen eines versprechen: Ihre Sprache – und die der anderen – zu entdecken bedeutet eine aufregende Reise, bei der Sie Erstaunliches über sich und andere herausfinden können. Nehmen Sie mich beim Wort.

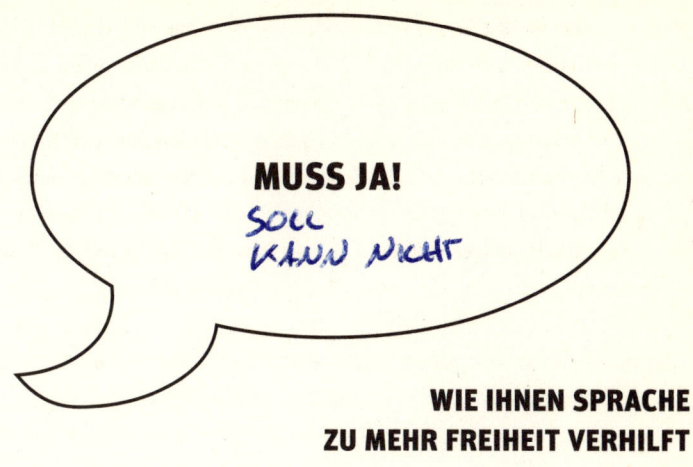

MUSS JA!

WIE IHNEN SPRACHE
ZU MEHR FREIHEIT VERHILFT

Juliane wurde bedroht, plötzlich, unvermittelt, an diesem friedlichen Nachmittag, an dem sie doch nur routiniert ihre Aufgaben als freie Mitarbeiterin in einer Onlineredaktion erledigen
wollte. Sie wurde bedroht von einer Karriere! Sie, die Karriere,
kam auf sie, auf Juliane, wollte sie vereinnahmen, ach was, verschlingen! Als ihr Chef sie zum Gespräch bat, blieb Juliane ganz
ruhig. Sie ahnte ja, was kommen würde: »Liebe Juliane, wir
schätzen dich und deine Arbeit, aber wir müssen uns gesundschrumpfen, und, nun ja, Marlis hat zwei Kinder, Jonas wartet
schon seit sechs Jahren auf eine Festanstellung, also hatte ich da
keinen Spielraum. Es ist ein Jammer, es fällt niemandem schwerer
als mir …«, nahm sie das Gespräch innerlich vorweg. Sie würde
würdevoll die Augen niederschlagen und die Kündigung annenmen, ohne Verbitterung. Doch es kam anders: Ihr Chef bot ihr
eine Festanstellung an – als seine Stellvertreterin.

Dabei war doch alles so gut gelaufen für sie! Sie hatte bisher
etwa 15 Tage im Monat für das Online-Magazin gearbeitet,
schrieb manchmal eine Reportage für eine Zeitschrift und manch-

mal auch nicht. Sie hatte genug Zeit, Kaffee zu trinken, das Kursprogramm ihres Fitnessstudios zu studieren (man muss ja nicht gleich hingehen) und Reisen zu planen. Und jetzt das!

»Und?«, fragte ich. »Wann wirst du anfangen?«

Sie riss die Augen auf. »Ich weiß gar nicht, ob ich überhaupt anfange.«

»Warum das denn nicht?«, fragte ich.

Julianes Antwort: »Ich kann das doch gar nicht.«

Was natürlich Stuss war. Sie arbeitete seit vier Jahren für das Magazin, sie wusste, wie der Laden tickte. Sie konnte. Sie wollte nicht. Oder besser: Ein Teil von ihr wollte nicht. Der ängstliche, unsichere Teil, ein hartnäckiges Überbleibsel des schüchternen, ungelenken Mädchens, das sie einst war. Ihre Unter-Persönlichkeit wollte die Stelle nicht, weil sie zu scheitern fürchtete. Weil sie sich ihr Leben als Freie bequem eingerichtet hatte. Weil die neue Position Anstrengung und Ungewissheit bedeutete. Um sich durchzusetzen innerhalb der Gesamtperson Juliane, flüsterte dieser Teil ihr zu: »Du kannst das nicht.« Und Juliane schien es gern zu glauben.

Modalverben zeigen einen Wunsch, eine Notwendigkeit oder eine Möglichkeit an. »Müssen« und »sollen« sowie verneinte Modalverben wie »nicht können« und »nicht dürfen« haben einen stark einschränkenden Charakter. Sie stellen eine Regel auf, die irgendwann in der Vergangenheit entstanden ist und deren Gültigkeit für die Gegenwart oder die Zukunft wir nicht mehr überprüfen.

Aber was genau glaubt Juliane nicht zu können? Welche Fähigkeit, welches Wissen fehlt ihr? Und: Gibt es eine Möglichkeit, das fehlende Wissen zu erlangen? Wenn sie ihre »Ich kann das nicht«-Regel hinterfragt, wird Juliane schnell feststellen, dass der angebotene Job keine Frage des Könnens ist. Sie – oder ein Teil von ihr – will nicht.

→ 1. TIPP

Wenn Sie ein »Ich kann das nicht« ersetzen durch ein »Ich
will das nicht« oder ein »Ich bin mir noch nicht sicher, ob ich
das will«, verlieren Sie an Angst und gewinnen an Klarheit.

So können Sie die Gründe hinterfragen, warum Sie etwas nicht
wollen. Die Bedenkenträger in Ihnen verdienen es, gehört zu werden. Die skeptischen Stimmen dürfen sich dabei nicht ohne innere
Diskussion durchsetzen, indem sie Ihnen vorgaukeln, Sie seien zu
dumm, zu untalentiert oder schlicht ungeeignet. Das würde Ihre
Gesamtpersönlichkeit schwächen. Die Bedenkenträger spielen sich
oft als Wahrsager auf. Sie können vielleicht mit über 30 kein
Trapezkünstler mehr werden oder keine Opernsängerin. Aber wer
sagt, dass ich nicht zum Skifahren geeignet bin, nur weil ich bei
einem ersten Versuch die Anmut eines ins Gebüsch machenden
Obdachlosen bewiesen hatte und jämmerlich gestürzt war? Dieser
Versuch liegt vielleicht schon so lange zurück, es war Ende der 90er!

→ 2. TIPP

Achten Sie auf Formulierungen wie »Ich kann nicht seitwärts
einparken«, »Ich kann nicht abschalten«, »Ich kann nicht
nein sagen«. Ersetzen Sie dann ein »Ich kann das nicht«
durch ein »Ich kann das noch nicht«.

Stellen Sie sich folgende Fragen:

Was wäre, wenn ich es täte?
Wovor habe ich Angst?
Was wäre, wenn ich es könnte? Was würde das ändern, im Positiven wie
im Negativen?

Was kann ich dafür tun, um es zu können?
Welches Wissen kann ich einholen und welche Fertigkeiten gewinnen, welche Bedingungen schaffen, um eben doch abzuschalten, seitwärts einzuparken, etwas abzulehnen?

Apropos Obdachloser. »Gibt es eine Pflicht zu teilen?«, fragte Leserin Mia T. aus Münster in der *Neon,* nachdem ein Bettler sie in der U-Bahn um etwas zu essen bat. »Ich hatte einen Kaffee und eine Croissanttüte dabei«, schrieb sie. »Hätte ich ihm etwas davon abgeben müssen?«

Neon-Praktikantin Sophia Schirmer antwortete daraufhin: »Ich finde das Wort ›müssen‹ in deiner Frage falsch. Denn du solltest einem Menschen dann helfen, wenn du es ehrlich meinst. Das ›müssen‹ deutet aber darauf hin, dass es dir eher darauf ankommt, gesellschaftliche Erwartungen zu erfüllen.«

Die Frage, die Leserin Mia sich stattdessen stellen könnte:

Will ich dem Obdachlosen helfen? Tut er mir leid, weil er Hunger hat? Fühle ich mich gut, wenn ich teile?
Oder denke ich, dass in Deutschland niemand hungern muss und Betteln langfristig keine Lösung sein kann, meine Hilfe eigentlich sinnlos, vielleicht sogar schädlich ist?
Oder will ich mein Croissant gern für mich behalten, weil ich selber Hunger habe, gleich fit bei der Arbeit sein will und ich mich gerade nicht danach fühle, den U-Bahn-Sankt-Martin zu geben?

Ich komme aus dem Ruhrgebiet, wo die Ureinwohner ein Gespräch wie folgt eröffnen: »Wie isset?« Die unbedingte Antwort: »Muss ja.« Das tapfere, zähe, aber freudlose »Muss ja« rührt von einer rußgeschwärzten Zeit her, als im Bergbau malocht wurde und Selbstverwirklichung und Selbstoptimierung noch keine Begriffe waren, denen man Bedeutung zumaß. Man erledigte seine mühselige Arbeit, am Wochenende gab's Bier und Grillfleisch im Schrebergarten.

Heute spielen oft scheinbare Zwänge eine Rolle in unserem Leben. Wir denken oft, dass wir etwas »müssen«, nur weil wir uns in gewisse Verbindlichkeiten begeben haben. Erleben Sie anhand des folgenden Beispiels, wie unterschiedlich die Sätze wirken:

Ich muss mit meinen Kindern auf den Spielplatz.
→ Ich will mit meinen Kindern auf den Spielplatz.
→ Ich darf mit meinen Kindern auf den Spielplatz.

→ 3. TIPP

»Müssen« klingt fremdbestimmt. Prüfen Sie, ob Sie es durch ein »wollen« ersetzen können oder gar durch ein »dürfen«.

Das »wollen« bedeutet, dass Sie eigenständig entscheiden; bei dem Modalverb »dürfen« klingt sogar noch mit, dass Sie die vermeintliche Pflicht als Privileg schätzen. Oder Sie bereinigen den Satz ganz von Modalverben:

Ich werde mit meinen Kindern auf den Spielplatz gehen.

Kolumnistin Meike Winnemuth schrieb in ihrer Kolumne *Ich muss mal …* im *Stern* über das »Zwangs- und Jammerwort«: »Oft ist es nur eine Frage der Formulierung, die dafür sorgt, dass man sich die Entscheidungsfreiheit zurückerobert und aus der eingebildeten Knechtschaft befreit.« Sie sagen oder denken, dass Sie etwas müssen? Stellen Sie sich folgende Fragen:

Wer oder was zwingt mich?
Ist das wirklich notwendig?

Was wäre, wenn ich es nicht täte?
Was wäre, wenn ich es nicht müsste?

Liebeskummer-Hotline Jana. Gita rief an. Stimme: tränenerstickt. Atmung: um Fassung ringend. Alles aus mit Joe, dem coolen Restaurantbesitzer. Nach nur drei Wochen. Es kam heraus, dass das »Ex« bei seiner Ex-Freundin großzügig ausgelegt wurde – die beiden trafen sich offenbar immer noch.

»Es tut mir so leid für dich«, sagte Jana. »Du hattest dich doch schon so auf das Mallorca-Wochenende mit ihm gefreut.«

»Ach, scheiß drauf«, sagte Gita und schluckte. »Es tut mir auch leid für dich. Du hattest dich schon auf den Job bei ihm gefreut.«

Jana stockte. Gita hatte ihr bei Joe eine Traumstelle als Restaurantleiterin vermittelt. Der Vertrag war zwar noch nicht unterzeichnet, aber mündlich war bereits alles eingetütet. Nächste Woche sollte sie anfangen.

»Sollte ich den Job bei Joe ausschlagen, weil er meine beste Freundin betrogen und verlassen hat?«, fragte mich Jana.

Im »sollen« steckt wie im »müssen« die Frage nach einer gesellschaftlichen Norm. Doch Fragen nach dem »sollen« sind in einer freiheitlichen und individuellen Gesellschaft immer schwer zu beantworten. Jana hat keinen Dorfältesten, keinen Priester, keinen Rabbi, der ihr sagen kann, was richtig und was falsch ist. Sie kann nur ihre Entscheidung selbst abwägen, anhand ihrer eigenen Maßstäbe und anhand der Erfordernisse einer bestimmten Situation.

So kann sie sich folgende Fragen stellen:

Will ich den Job annehmen?

Kann ich damit leben, dass mein Chef ein Liebes-Arschloch ist? Tut es eigentlich etwas zur Sache?

Möchte ich, dass Privatangelegenheiten anderer Leute meine beruflichen Entscheidungen beeinflussen?

Kann ich aushalten, dass Gita dann vielleicht sauer auf mich ist?

Jana entschied sich, den Job anzunehmen – und dafür, es Gita zu verheimlichen. An ihrem ersten Arbeitstag, der Eröffnung von Joes neuem Restaurant, traf sie übrigens überraschenderweise auf Gita. Sie hatte sich mit Joe versöhnt, es aber Jana verheimlicht.

»Ich weiß, ich hätte es dir sagen sollen«, sagten beide gleichzeitig. Mit der Erkenntnis, dass sie die ziemlich schlimmsten besten Freundinnen aller Zeiten sind, stießen sie auf Janas Job, Gitas zweite Liebeschance und das Wiedersehen an.

Weitere Beispiele, die zeigen, wie die Sprache uns selbstbestimmter erscheinen lässt, indem wir auf bestimmte Modalverben verzichten:

Ich konnte nicht kommen.
→ **Ich habe mich entschieden, nicht zu kommen.**
Du solltest das nicht tun.
→ **Du musst das nicht tun.**
Ich darf keine Kohlenhydrate essen.
→ **Ich esse zurzeit keine Kohlenhydrate.**
Ich konnte das Angebot nicht ablehnen.
→ **Ich wollte das Angebot annehmen.**

→ **4. TIPP**

Viele Menschen scheuen sich vor der direkten Aufforderung. Unsere Sprache aber erscheint erstaunlicherweise weniger gängelnd, wenn wir die Aussage mit einem Modalverb grammatisch in eine Aufforderung (Imperativ) umwandeln. Dafür gewinnt sie an Klarheit.

Du sollst nicht fluchen.

→ **Bitte fluche nicht.**

Hier darfst du nicht rauchen.

→ **Bitte rauche hier nicht.**

Bei mir müssen Gäste die Schuhe ausziehen.

→ **Bitte zieh doch deine Schuhe aus.**

Du solltest mal lächeln.

→ **Lächle doch mal.**

Du machst den Eindruck, als bräuchtest du etwas menschliche Zuwendung. Du solltest dich mal an die Mitkuschelzentrale wenden.

→ **Probiere es doch mal mit der Mitkuschelzentrale.**

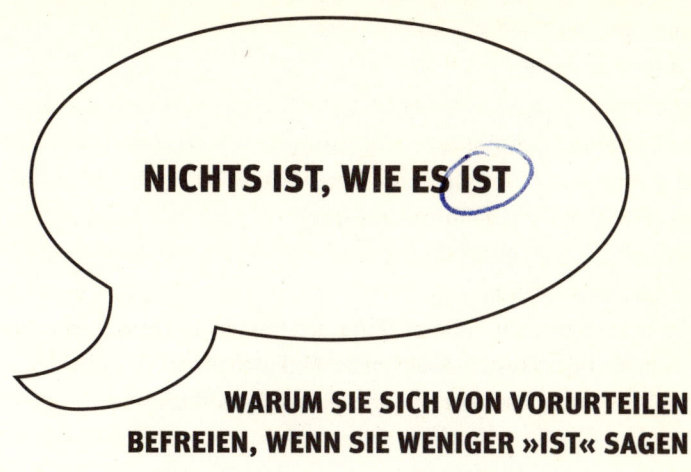

NICHTS IST, WIE ES IST

WARUM SIE SICH VON VORURTEILEN BEFREIEN, WENN SIE WENIGER »IST« SAGEN

Sagt der Mann zum Eheberater: »Meine Frau ist Nymphomanin.«
Der Therapeut: »Frühstückt Ihre Frau auch manchmal?« Der Patient: »Ja, natürlich frühstückt sie, was ist denn das für eine Frage.«
Der Therapeut: »Sehen Sie, dann ist sie auch Frühstückerin!«

Okay, eine richtige Pointe hat diese in verschiedenen Varianten kursierende Anekdote nicht. Aber sie offenbart eine urmenschliche Denkweise. Wir neigen dazu, einer Persönlichkeit bestimmte auffällige Verhaltensweisen zuzuschreiben und den Einfluss der Situation auf die Person zu unterschätzen. Für Psychologen fällt diese Neigung unter die Kategorie der sogenannten Attributionsfehler. Weil die Frau in der Anekdote offenbar Spaß hatte und ihr Mann nicht, pathologisiert er ihr Verhalten. Der Ehemann schreibt seiner untreuen Gattin eine »Krankheit« zu, die praktischerweise nur Frauen treffen kann, und vergisst dabei, die Umstände zu berücksichtigen.

Rastet jemand aus, sagen wir: »Ist das ein aggressiver Typ!«
Vielleicht handelt es sich aber um einen Friedensnobelpreisträger,

dem gerade lediglich fürchterlich gegen den Strich geht, dass die Menschenrechtsverletzungen in Dafur von seinen Diskussionspartnern kleingeredet werden. »Ist die aber tolerant«, denken wir über die gepflegte Dame, die milde lächelt, als ein fremdes blondes Kind sie mit seinem Eis streift. Die Dame kommt allerdings gerade von einer Demonstration vor einem Flüchtlingsheim, bei der sie Immigranten entgegenzischte, man solle ihnen besser heute als morgen einen Ausreisestempel auf die Stirn drücken, sie auf einen Baumstamm setzen und zurück ins Mittelmeer schicken.

Das ebenso unscheinbare wie allgegenwärtige Hilfsverb »sein« in all seinen Formen kann ein Hinweis darauf sein, dass wir gerade dem Attributionsfehler aufgesessen sind. Schreiben wir Personen Eigenschaften zu, sagen wir dabei oft mehr über uns selbst aus als über den anderen. Denn jede unserer Charakterisierungen ist beeinflusst von unseren Vorannahmen und Vorurteilen. Die Quizkandidatin bei Günther Jauch weiß bei der ersten Frage nicht, dass die meisten Schäfer Hunde haben, und glaubt stattdessen, die meisten Riesen hätten Schnauzer? – Sie *ist* eben eine blöde, blonde Modestudentin. Vielleicht aber hat *sie* das Gehirn von Stephen Hawking und wird im Jahr 2033 die Weltformel finden. Möglicherweise war sie in der Sendung lediglich zu aufgeregt, um ihre Intelligenz gewinnbringend einzusetzen. Ein Lehrer brüllt herum? Der ist total überfordert. Dass er laut werden muss, um überhaupt gehört zu werden, weil seine Schüler während des Unterrichts einen Breakdance-Battle veranstalten, wo doch eigentlich die Polynomdivision Thema sein sollte, wird ausgeklammert.

Das Wort »sein« zementiert, etikettiert und pauschalisiert. Es missachtet aber, dass sich alles ständig ändert, jede Persönlichkeit und auch die Umstände, unter denen wir uns auf eine bestimmte Weise verhalten – alles bewegt sich. Nichts bleibt, wie es ist. Alles ist eben nur gegenwärtig. »Sein« allerdings in all seinen Konjugationen im Präsens (»bin«, »bist«, »ist«, »sind«, »seid«) verkauft als unabänderliche und für alle gültige Tatsache, was doch nur vorübergehend so ist und was auf einer individuellen Beobachtung oder Meinung beruht. Dann handelt es sich bei dem, was wir mit »sein« charakterisieren, um unsere wertende Deutung und nicht um die Wirklichkeit. »Sein« verweist auf die persönliche Landkarte, die wir von der Welt haben, nicht auf die Welt selbst. Es macht unsere Wahrnehmung zur allgemeinen Gesetzmäßigkeit. Egal, ob wir äußern: »Der Januar ist immer ein fieser Monat« oder »Die Leute in Hamburg sind mir zu distanziert«. Gerade sagte mir ein Taxifahrer, der vergessen hatte, seinen Taxameter laufen zu lassen: »Das ist heute nicht mein Tag.« Er hatte den Tag schon um 11.46 Uhr abgeschrieben!

Beispiel: *Männer sind Schweine.*
Stellen Sie sich dazu folgende Fragen:
Sind wirklich alle Männer Schweine? Kenne ich alle Männer?
Was macht sie zu Schweinen? Was meine ich mit ›Schwein‹?
Sind sie Schweine für mich, weil sie nicht so handeln, wie ich es mir wünsche
und wie es meinen Bedürfnissen zuträglich wäre?

Der Subtext der Aussage: »Mir passiert immer wieder, dass Männer einer Bindung mit mir aus dem Weg gehen und sich durch den neuen Aus-dem-Staub-mach-Trend verabschieden. Sie melden sich einfach nicht mehr, wenn sie ihren Spaß hatten.« Das Wort »sein« hat aber auch einen anderen Effekt. Es meißelt in Stein, was tatsächlich an bestimmte Handlungen gebunden ist. Wenn wir sagen: »Sophie ist eine Kriminelle«, klingt mit, dass sie als schlechter Mensch geboren wurde und es auch bleiben wird. Egal, was sie verbrochen hat, das Etikett hat sie nun lebenslang. Es macht einen Unterschied, wenn ich dagegen sage: »Sophie wurde vor drei Jahren wegen Körperverletzung verurteilt.«

Das Hilfsverb »sein« in seiner Konjugation »bist« begegnet uns in der Du-Botschaft. Generationen von Paartherapeuten haben die Du-Botschaft als Gift für jede Beziehung ausgemacht. Deren Beharrlichkeit hat allerdings noch nicht dazu geführt, dass die Du-Botschaft verschwunden wäre.

»Du bist egoistisch.« »Du kümmerst dich nicht um mich.« »Mach dir nichts vor, du bist künstlerisch völlig unbegabt.« So heißt es im Konfliktfall. Wir sagen »du« und meinen zusätzlich ein verborgenes Ich: Denn mit der Du-Botschaft projizieren wir unsere heimlichen Eigenschaften, Wünsche und Ängste auf den anderen.

Gegen die vergifteten Du-Botschaften gibt es zwei Möglichkeiten, mit deren Hilfe Sie …

- Ihre Sprache von Vorurteilen befreien,
- aufhören, sich selbst herunterzuputzen,
- Ihre Aussagen persönlich und lebendig satt dogmatisch und statisch gestalten und
- Konflikte mit anderen besser lösen.

→ **5. TIPP**

Überprüfen Sie, wo Sie eine Form von »sein« durch ein Vollverb ersetzen können.

Beispiel: *Er ist so ein nervöser Typ.*
Hinterfragen Sie gedanklich Ihre Aussage: *Wann genau? Wie äußert sich das?*
Neue Variante: *Auf mich wirkt er während der Meetings sehr nervös, so schnell, wie er spricht, und so oft, wie er ›im Endeffekt‹ sagt.*

Beispiel: *Er ist ein Arschloch.*
Hinterfragen Sie: *Wann genau? Warum?*

Neue Variante: *Er hat sich verhalten wie ein Arschloch.*

→ 6. TIPP

Überprüfen Sie, wo Sie eine Form von »sein« durch eine präzisere Aussage ersetzen können. Überprüfen Sie außerdem, wo Sie eine Form von »sein« durch eine Meinungsäußerung ersetzen können.

Beispiel: *Ich bin ein Versager.*
Gedankliche Fragen an Sie selbst: *Wirklich immer? Ist mir noch nie etwas gelungen? Wie komme ich darauf?*
Neue Variante: *Ich will prüfen, welchen Anteil ich daran habe, dass ich nun schon zum dritten Mal hintereinander gefeuert wurde.*

Beispiel: *Diese Ausstellung ist Mist.*
Gedankliche Frage an Sie selbst: *Irren all jene, die von diesen Porträts und Skulpturen aus Marmelade und Erdnussbutter schwärmen?*
Neue Variante: *Ich kann mit dieser Kunst nichts anfangen.*

Beispiel: *Ich habe kein Talent.*
Gedankliche Frage an Sie selbst: *Sagt wer? Habe ich wirklich noch nie Talent bewiesen?*
Neue Variante: *Ich bin an der Aufnahmeprüfung gescheitert.*

Beispiel: *Du bist unzuverlässig.*
Gedankliche Frage an Sie selbst: *Wirklich immer?*
Neue Variante: *Ich ärgere mich darüber, dass du mich jetzt schon das zweite Mal in dieser Woche versetzt.*

Beispiel: *Du machst dich doch lächerlich mit deinem Meerjungfrauen-Spleen.*

Gedankliche Frage an Sie selbst: *Was genau stört mich daran?*
Neue Variante: *Ich fürchte, dass es dir schaden könnte, wenn du Youtube-Videos runterlädst, in denen du dich als Meerjungfrau inszenierst. Und ich fürchte auch, dass der Spott auch auf mich abfärbt.*

Beispiel: *Sie ist ein Engel.*
Gedankliche Frage an Sie selbst: *Immer und für alle?*
Neue Variante: *In meinen Augen wirkt sie wie ein Engel.*

→ **7. TIPP**

> Sprechen Sie von sich selbst, anstatt den anderen zu etikettieren.

Die Ehefrau im Eingangsbeispiel ist ebenso wenig Nymphomanin wie Frühstückerin, nur weil sie einmal (oder war es doch zweimal?) den DHL-Boten zum Frühstück vernascht hat. Sie ist das Opfer der verallgemeinernden Schlüsse ihres Mannes. Was wissen wir über ihre Beweggründe? Was über den Zustand ihrer Ehe, als es geschah? Im Gegensatz zu erwischten untreuen Männern, die sich meistens damit herausreden, verführt worden zu sein (»Du weißt doch selbst, was für ein Luder deine Nichte ist«), sind Frauen, die ihre Untreue gestehen, oft mutiger, erforschen ihre Gründe und sprechen dabei von sich. Und das klingt meist so: »Ich habe mich mit ihm auf einmal so lebendig gefühlt.« Heißt: Mit dem Boten ging richtig die Post ab!

WIE SIE NEUES LICHT AUF EIN
VERMEINTLICHES PROBLEM WERFEN

Reframing → ins neutrale
- positive
biegen

Zwei Männer spielen Golf. Gerade als einer der beiden seinen Abschlag machen will, setzt sich eine Beerdigungsprozession über den benachbarten Friedhof in Bewegung. Der Mann nimmt seine Mütze ab und verbeugt sich. »Wow«, sagt sein Golfpartner, »das war wirklich sehr rücksichtsvoll von dir!« Daraufhin der erste Mann: »Das ist ja das Mindeste, was ich tun kann. Wir waren 25 Jahre verheiratet.«

Dieselbe Geste, die gerade noch taktvoll gewirkt hat, lässt den Mann nun kaltherzig erscheinen.

Was der Witz soll? Er zeigt, dass eine Handlung – das Ziehen einer Mütze – an sich erst einmal keine Bedeutung hat. Die Bedeutung verleihen wir ihr je nach Zusammenhang, nach unserem Weltwissen, unseren Erfahrungen, unseren Werten, unseren Vorlieben und Abneigungen sowie der jeweiligen Situation.

Jede Handlung, jedes Erlebnis, jede Eigenschaft und jedes Gefühl bekommt seine Bedeutung erst im Zusammenhang mit einer konkreten Situation. Was anderen in einem bestimmten Umfeld taktlos erscheint, kann in einer anderen Situation ein erwünschtes Verhalten sein. Was in einem Zusammenhang hinderlich erscheint, kann in einem anderen nützlich sein. Aus der Vielzahl an Situationen, in denen wir unterschiedliche Verhaltensweisen kennengelernt haben, bilden wir einen Erfahrungsschatz. Mit diesem Wissen können wir verallgemeinernde Zuschreibungen relativieren, egal, ob wir jemand anders charakterisieren oder uns selbst. Wir setzen Handlung, Erlebnis, Eigenschaft oder Gefühl in einen anderen oder erweiterten Rahmen und deuten damit eine Zuschreibung um. Der vermeintliche Nachteil wird so zu einer neuen Ressource. Die Verhaltenspsychologie spricht daher vom »Reframing« (»Frame« engl. Rahmen).

Wir stellen dazu die Frage: In welchem Zusammenhang wäre die Eigenschaft oder das Ereignis nützlich?

→ 8. TIPP

Spielen Sie mit Umdeutungen. Setzen Sie einen neuen Rahmen, indem Sie eine Handlung, ein Erlebnis, einen Zustand, eine Eigenschaft oder ein Gefühl mit neuen Worten beschreiben. Das funktioniert bei gesprochenen Worten, aber auch in Gedanken.

Die folgenden Beispiele zeigen, wie die gleichen Verhaltensweisen je nach Bewertung des Sprechers und der Situation anders beschrieben werden.

Ich bin nicht aggressiv genug, um in meinem Job weiterzukommen.
→ Es gibt eine Menge Jobs, in denen mein ausgeglichenes Wesen von Vorteil ist. Auch in meinem jetzigen Job hat es mir schon geholfen.
Ich bin stur.
→ Ich kann willensstark sein.

Ich will alles bestimmen.

→ **Ich übernehme Verantwortung.**

Sie ist ein Opfer.

→ **Sie ist eine Überlebende.**

Ich verbeiße mich in Details.

→ **Ich sorge für perfekte Ergebnisse.**

Du bist verschwenderisch.

→ **Du kannst großzügig sein.**

Du bist konfliktscheu.

→ **Dir scheint Harmonie wichtig.**

Ich bin schlecht im Frauenaufreißen.

→ **Ich sehe mich als Beziehungsmenschen.**

Alle Erlebnisse, so negativ sie uns erscheinen, können in neuen Zusammenhängen zur Stärke werden.

Sie sind also in Ihrem Unternehmen rausgeschmissen worden? Schon die Passivkonstruktion zeigt: Es *wurde* etwas mit Ihnen gemacht. Sie waren nicht der Handelnde, egal, was Sie zuvor angestellt haben. (Vielleicht war es nicht hilfreich, den Casual Friday zu überdehnen und nackt ins Büro zu kommen?) Das ist immer unangenehm. Auch was jetzt auf Sie zukommt, ist kein *Wendy*-Pferdeheft: Gang zum Arbeitsamt, Bewerbungen, sich prüfen und bewerten lassen, ganz abgesehen von dem (vorübergehenden) Verdienstausfall und dem Prestigeverlust. Alles ist ungewiss. Das ist die Wahrheit. Und doch ist es nicht die ganze Wahrheit. Wenn Sie die Kündigung in einem neuen Zusammenhang sehen, erscheint sie in einem anderen Licht. Sie ist eine einmalige Chance, sich neu zu orientieren und Ihre Biographie interessant und abwechslungsreich zu gestalten. Jetzt haben Sie die Gelegenheit, Neues anzupacken.

Mein Kumpel Mike ist in seiner Kindheit mit seiner Mutter fast 20 Mal umgezogen. Ob ihm dies nicht ein permanentes Unsicherheitsgefühl gebe, fragte ich. »Eigentlich ist es so, dass ich dadurch sicher wurde. Ich kann mich in jeder neuen Umgebung schnell anpassen.« Tatsächlich fremdelt Mike nie: Ein neuer Job? Eine Party, bei der er niemanden kennt? Alleine in einem Hotelzimmer am Ende der Welt? Mike fühlt sich überall wie zu Hause. In neuen Zusammenhängen ist seine unstete Kindheit zur hilfreichen Ressource geworden – auch wenn er sie damals überwiegend als schwierig empfunden hat.

Ein weiteres Beispiel. Altern wird in unserer Gesellschaft als der Verlust von etwas wahrgenommen. Weniger Attraktivität, Energie, Chancen. Ein Vorgang, den es etwa durch Botox, Bodybuilding oder Basecaps zu verschleiern gilt. Schreiben Magazine über einen »alternden Filmstar« (meistens schreiben sie solche Dinge über Frauen), klingt das, als sei er von einer grässlichen Krankheit befallen, für die es keine Heilung gibt. In dieser Häme zeigt sich der ganze Selbsthass des Menschen. Er erwacht mit der demütigenden Erkenntnis, dass wir nicht besser sind als jedes kriechende Tierchen und früher oder später als Leiche enden werden. Betrachten wir den Alterungsprozess, dessen einzige Alternative, der frühzeitige Tod, uns auch nicht verlockend erscheint, doch einmal anders. Nämlich als Gewinn: von Weisheit, Erfahrung, Gelassenheit, Selbstsicherheit, Charakter, Identität. All das sind brauchbare Eigenschaften im täglichen Überlebenskampf. Auf diese Weise begreifen wir das Älterwerden als Upgrade und nicht als Herabstufung.

Eine Meisterin des Umdeutens ist meine ehemalige Kollegin Yvonne. Sie hatte erfahren, dass nach einer Feier über sie gelästert wurde: Sie sei beim Flirten ein wenig aufdringlich gewesen. Sie zuckte nur mit den Schultern. »Ich sage eben, was ich will, und eiere nicht lange rum.«

Mit dem Wissen, dass eine Wahrnehmung nie absolut ist, sondern erst durch den jeweiligen Standpunkt ihre Bedeutung erhält, können wir andere Worte wählen, Vorwürfe entkräften und uns neue Möglichkeiten erschließen. Unser Denken beeinflusst die Wortwahl und unsere Wortwahl unser Denken. Das macht es so lohnend, unsere Wortwahl zu steuern.

Reframing kann jedoch auch zu einem schematischen Zwangspositivismus missbraucht werden, mit dem wir uns alles schönreden wollen. Mittels dieser Technik können Tatsachen verdreht und verharmlost werden. Davon leben die Pointen von Internetsprüchen wie »Ich bin nicht zickig, ich bin emotionsflexibel« oder »Ich bin nicht faul, ich bin nur hoch motiviert, nichts zu tun«. So darf man auch mehr oder weniger witzige Ausreden verstehen, wie die, seine Rechtschreibfehler als orthographische Besonderheiten oder seine Lügen als Fiktionalisierung herunterzuspielen. Die von Menschen verursachte globale Erwärmung etwa ist mit Klimawandel recht beschwichtigend und neutral beschrieben. Umweltschutz klingt, als wollten wir aus einer romantischen Motivation eine Blumenwiese vor Baggern bewahren, wo es in Wahrheit um Lebensraumrettung und Selbsterhaltung geht. Mit Reframing betreiben Machthaber immer wieder Propaganda. Nach den Anschlägen vom 11. September 2001 beispielsweise sprach die Regierung Bush zunächst von Opfern, Stunden später jedoch von Verlusten. »Ein Sprachmoment von höchster politischer Relevanz«, sagt US-Sprachforscher George Lakoff in der *Zeit Wissen* vom Juni 2012. Hier deutete eine Regierung ein Verbrechen zur Kriegshandlung um und erhob den sinnlosen Tod vieler Menschen zum Dienst einer politischen Mission. In diesem Kontext waren die Toten der Preis für ein größeres Ziel, den Kampf gegen den Terror.

Ein weiteres fragwürdiges Beispiel für eine Umdeutung lieferte der ehemalige Limburger Bischof Franz-Peter Tebartz-van Elst. Er bezeichnete den millionenteuren Neubau des Bischofssitzes seiner Diözese nicht als »protzig«, er bevorzugte das Adjektiv »wertig«. Hier wird Reframing zur Taktik eines Menschen, der sämtliche Vorwürfe an sich abprallen lassen will. Wichtig ist daher:

Umdeutungen sollten immer respektvoll und einfühlsam gegenüber anderen sein und nicht dazu dienen, jede Kritik abzuschmettern.

Statt ums Schönreden und um Zwangspositivismus soll es beim Reframing darum gehen, das, was uns als negativ erscheint, in einem anderen Licht zu sehen. Vieles ist gut und schlecht zugleich. Negative Gefühle sind genauso berechtigt wie positive. Sich nur mit dem negativen Aspekt zu beschäftigen ist lähmend. Die gleiche Information anders, umfassender zu deuten erlaubt uns, flexibler zu denken, und verändert unser Befinden.

Beispiele, in denen ein neuer Rahmen gesetzt wurde:

Ich bin autoritär.
→ Ich kann sehr fürsorglich sein.
Du nörgelst die ganze Zeit.
→ Ich empfinde dich gerade als sehr kritisch.
Ich bin einsam.
→ Ich bin in der Situation, mein Leben neu gestalten zu können, und bin bereit für neue Kontakte. (Das ist spannender, als mich auf unfruchtbare bestehende Beziehungen zu fixieren.)
Er ist besorgt.
→ Er ist zugewandt.
Ich bin gelangweilt.
→ Ich bin bereit, etwas zu erleben.
Ich bin deprimiert.
→ Ich ziehe mich gerade zurück. Ich bin ruhig und nachdenklich. Ich bin nachdenklich und sortiere mich neu. (Sogenannte depressive Phasen sind oft ein inneres Anlaufnehmen. Muskeln wachsen auch nur in Ruhephasen.)
Ich bin nervös.
→ Meine Sinne sind geschärft.
Ich bin arbeitslos.
→ Ich orientiere mich gerade neu.

Die Leute sind arrogant hier.

→ Ich habe noch keinen Zugang zu den Leuten hier gefunden.

Ich bin faul.

→ Ich verstehe es, mich zu entspannen.

Ich kann nicht bei einer Sache bleiben.

→ Ich mag Abwechslung und probiere gern viel aus.

Du bist stur.

→ Du kannst sehr willensstark sein.

Ich habe Angst.

→ Ich bin vorsichtig.

Ich fürchte mich.

→ Mir fehlt noch der Mut.

Ich bin unsicher.

→ Ich möchte mich vor negativen Konsequenzen schützen und finde gerade heraus, wie ich das am besten kann.

Ich bin dumm.

→ Ich habe noch einiges zu lernen.

Die Aufgabe ist zeitraubend.

→ Für die Aufgabe brauche ich viel Zeit.

Das Kleid ist hässlich.

→ Das Kleid ist unvorteilhaft. Es passt nicht zu mir.

Ich habe ein paar Kritikpunkte.

→ Ich habe ein paar Anregungen.

Ich brauche Hilfe.

→ Ich brauche Unterstützung.

→ 9. TIPP

Stellen Sie sich bei negativen Zuschreibungen folgende Frage: In welcher Situation kann mir eine Eigenschaft oder ein Sachverhalt, den ich zunächst als negativ betrachte, nützlich sein, und wann kann ich ihn zumindest neutralisieren?

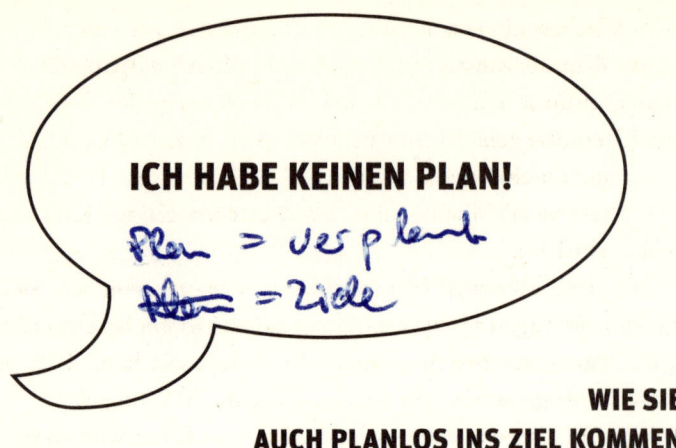

ICH HABE KEINEN PLAN!

WIE SIE
AUCH PLANLOS INS ZIEL KOMMEN

»Ich plane drei Wochen ohne Alkohol!«, beteuerte mir meine feierwütige Freundin Merle, nachdem sie auf einer Party in Kreuzberg eine WG-Küche voller Mittzwanziger-Erasmus-Studenten vollgereihert hatte. Am nächsten Tag tanzte sie bei der Record-Release-Party eines Hip-Hop-Labels auf der Theke und ließ sich Wodka in den Rachen schütten.

Als ich ein halbes Jahr Auszeit von meinem festen Job genommen habe, konnte ich mein Glück kaum fassen: Eine unendliche Zeit lag vor mir! Ich würde all die Dinge tun, an denen mich bisher einzig die Vollzeitversklavung gehindert hatte. Was ich alles für Pläne schmiedete! Französisch pauken. Ein Buch schreiben. Ein Drehbuch entwerfen. Richtig Yoga lernen, mindestens mit Kopfstand. Mir mit neuesten CrossFit-Methoden einen Knackkörper antrainieren. Für Freunde kochen. Endlich die Museen der Stadt erkunden. Das Umland erforschen. Eine Outdoor-Kletterwand bezwingen. Freunde in München, Genf und Barcelona besuchen. Bücher lesen. Einen Ashram in Indien aufsuchen. Und vielleicht drei Wochen als ehrenamtlicher Mitarbeiter auf einer Farm in Costa Rica verwaiste und verletzte Faultiere aufpäppeln. Überhaupt stimmte ich heiter jedem Reiseplan zu, den Freunde an mich herantrugen. Kommst du mit nach Ibiza? O ja, da war ich lange nicht mehr, lassen wir es krachen. Nach New York? Immer eine Reise wert! Nach Kroatien? War ich noch nie. Klar, mache ich. Super Idee.

Als das Sabbatical begann, war ich überrascht, wie hervorragend ein Tag vergeht, wenn man planlos in ihn hineinschlittert. Ausschlafen, ein bisschen Sport, Frühstück machen, Zeitung lesen, alles wegräumen, ein, zwei Telefonate, Mails checken, *Spiegel Online* überfliegen und Facebook absurfen. Dann war zumindest schon mal später Nachmittag. So verging Tag für Tag. Es waren schöne Tage. Nachdem das jedoch eine Weile so lief, dachte ich mir: Was ist die eine Sache, die du wirklich tun willst und die dein Leben am nachhaltigsten verändern könnte? Die Sache, die wie ein Dominostein alle anderen Veränderungen in Bewegung setzen könnte? Mir wurde immer klarer, ich wollte nicht zurück in meine Vollzeitstelle. Hätte sie mich erfüllt, hätte ich ja keine Auszeit genommen. Lieber wollte ich als freier Autor arbeiten. Ich wollte ein neues Buch schreiben. Das war mein Ziel. Alles andere war Beiwerk. Problem: Ich musste sehen, wie ich aus all den Plänen für Urlaube, in die ich mich verstrickt hatte, wieder herauskam. Überhaupt: Hätte ich all die Urlaube in meinem Leben gemacht, die ich einmal geplant hatte, ich hätte die ganze Welt gesehen.

Wenn jemand zu Ihnen sagt: »Ich plane, dich bald zu besuchen«, kommt das einem Kontaktabbruch nahe, machen wir uns nichts vor. Wenn jemand fragt: »Wie sind deine Pläne fürs Wochenende?«, kommen wir ins Rudern. Weil wir entweder völlig planlos sind oder weil wir, im schwachen Moment erwischt, fürchten, in die Pläne anderer eingebunden zu werden.

Ein Plan klingt immer unverbindlich. Wir alle wissen, was mit Plänen passiert. Sie scheitern in 5393222 von 5393223 Fällen. »Life is what happens to you while you're busy making other plans«, sang John Lennon in *Beautiful Boy*. Ironisch, ja schon zynisch beleuchtete Bertolt Brecht das Problem mit dem urmenschlichen Pläneschmieden im *Lied von der Unzulänglichkeit menschlichen Strebens*:

> *»Ja, mach nur einen Plan!*
> *Sei nur ein großes Licht!*
> *Und mach dann noch 'nen zweiten Plan*
> *Gehen tun sie beide nicht.*
> *Denn für dieses Leben*
> *Ist der Mensch nicht schlecht genug.*
> *Doch sein höheres Streben*
> *Ist ein schöner Zug.«*

Wenn Sie von Plänen sprechen, fordern Sie geradezu den Spott Ihrer Mitmenschen heraus. Denn die Welt ist chaotisch und nicht planbar. »Verplant« bedeutet nicht mehr nur »ausgebucht«. »Verplant« bedeutet in der Umgangssprache, dass jemand vor lauter Plänen den Überblick verloren hat. Noch schlimmer ist: Jemand will uns verplanen. Das haben wir gar nicht gern. Wie gut, dass man per SMS wieder von jedem Fremdplan abspringen oder seine eigenen Pläne ändern kann. Ein Plan klingt immer hochtrabend und theoretisch. Planer sind uns verdächtig, denn ein Plan ist schnell entworfen. Wir sehnen uns nach Machern. Jemand verkündet seinen großen Plan? »Alles klar«, denken die Zuhörer sich. »Wir werden ganz gemütlich zusehen, wie der Plan in sich zusammenfällt.« Nur der »Vorsatz« hat einen noch schlechteren Ruf.

Sprechen Sie statt von Plänen lieber von Zielen. Setzen Sie sich ein Ziel, eines für jeden Teilbereich Ihres Lebens (Job, Liebe, Gesundheit, Bildung, Geselligkeit etc.). Dieses Ziel soll die größtmögliche Wirkung auf diesen Lebensbereich haben und die größtmöglichen Veränderungen bewirken. Alles andere passiert im Fahrwasser dieses einen Ziels.

Benennen Sie Ihr Ziel so konkret wie möglich. Am besten, Sie definieren einen Zeitrahmen und unterteilen Ihr Ziel in Zwischenziele. Dies ist Ihre Strategie. Denn eine Strategie passt sich den zahllosen Variablen der chaotischen Welt besser an, sie ist flexibler und universeller.

Schauen Sie mal: Hier sind Beispiele für andere Wörter, denen das Scheitern schon innewohnt.

»VERSPRECHEN« IST EIN ÜBERAUS GEFÄHRLICHES WORT

Warum gefährlich? Wir alle wissen, dass Versprechen dazu da sind, gebrochen zu werden. Besonders die von Politikern, auch wenn die ihr Versprechen meist gar nicht mit dem Hauptsatz »Ich verspreche« einleiten. Unvergessen: »Niemand hat die Absicht, eine Mauer zu errichten.« (Walter Ulbricht 1961). »Als Präsident wird Barack Obama die Strafanstalt Guantánamo schließen.« (Wahlkampfversprechen von 2007). »Mehr netto vom Brutto.« (Guido Westerwelle im Wahlkampf 2009). »Wir zahlen unsere Schulden bis zum letzten Euro zurück.« (Griechenlands Staatspräsident Prokopis Pavlopoulos 2015). Gebrochene Politiker-Versprechen sind ein weltweites Phänomen. Sie hinterlassen viel Politikverdrossenheit und eine zynische Bevölkerung. Wie gut, dass Politiker stellvertretend für uns die Unzulänglichkeit des Menschen offenbaren! Denn wir sind als Privatperson alle nicht besser. Auf wie dünnem Eis steht etwa ein »Treueversprechen«?

All die millionenfach gebrochenen Versprechen haben den Ruf des Wortes ruiniert. Schließlich hat das gleiche Wort auch noch eine andere Bedeutung: Es meint auch, etwas irrtümlich falsch zu sagen, etwa in »Ich habe mich vor Aufregung total versprochen«. Beide Bedeutungen sind enger verwandt, als es zunächst den Anschein hat. Bei manchen unserer Versprechen haben wir uns wohl im Eifer des Gefechts versprochen.

→ **11. TIPP**

Statt zu versprechen, schildern Sie lieber, womit Sie *rechnen*, was Sie nach gegenwärtigem Stand *erwarten*, wovon Sie überzeugt sind, was Sie tun *wollen*.

Ich verspreche dir ewige Treue.
→ **Ich bin glücklich mit dir und nicht an anderen Männern interessiert.**

»SCHWÖREN«

Es klingt sakral und nach echter Not.

→ **12. TIPP**

Wenn Sie in Versuchung sind, etwas zu beschwören, sind Sie in der Bredouille. Werden Sie von Ihrer eifersüchtigen Partnerin mit Waterboarding bedroht, schwören Sie, was das Zeug hält, dass Sie nichts mit ihrer Cousine hatten. Vielleicht hilft es ja. In nicht ganz so akuten Situationen: Halten Sie sich an Fakten, wiederholen Sie, wenn es sein muss, Ihre Argumente. Wortalternativen mit ähnlich starker Wirkung, aber nüchterner Färbung sind »beteuern«, »versichern« oder das preußisch-tugendhafte »verpflichten«.

»HOFFEN«

Welche Probleme entstehen um das Hoffen? Die Hoffnung stirbt zuletzt. Wer hofft, hat alle Möglichkeiten, etwas zu erreichen, schon gedanklich abgehakt. Er legt sein Schicksal nur noch in Gottes Hand. »Ich hoffe, der Euro überlebt«, sagte Finanzgenie Warren Buffett im Mai 2015 im Gespräch mit Börse Online. Besonders zuversichtlich klang das nicht.

→ **13. TIPP**

Versuchen Sie, Sätze mit »hoffen« neu zu gestalten. Vielleicht können Sie ja konkret sagen, wie Sie zu erreichen gedenken, was Sie sich erhoffen. Häufig lässt sich »hoffen« durch ein optimistischeres und größere Sicherheit vermittelndes »Ich gehe davon aus« oder »Ich will« ersetzen.

Ich hoffe, im Juli die Uni abzuschließen.
→ **Ich will jetzt meine letzten drei Scheine machen und dann im Juli die Uni abschließen.**
Ich hoffe, wir haben uns verstanden.
→ **Ich gehe davon aus, dass wir uns verstanden haben.**

Ich hoffe, dass ich mein Manuskript Ende Mai abgeben kann.

→ **Ich gehe davon aus, dass ich mein Manuskript Ende Mai abgebe.**

Ich hoffe, wir sehen uns.

→ **Es wäre schön, dich zu sehen.**

Wir hoffen, das Problem zu lösen.

→ **Wir arbeiten daran, das Problem zu lösen.**

Ich hoffe, das geht so.

→ **Ich möchte gern ausprobieren, ob es so geht.**

»VERSUCHEN«

Warum ist »versuchen« gefährlich? Weil man sich vor der Handlung schon zu versagen zugesteht. Ein Freund entgegnet auf Ihre Einladung mit »Ich versuche zu kommen«. Eher sehen Sie Lady Gaga und Minnie Maus im Doppelpack auf Ihrer Party als diesen Freund. Das Präfix »ver-« deutet bei dem Verb »versuchen« wie bei »verlaufen« oder »verkehrt« schon darauf hin, dass es schwierig wird. Sie werden bei der Suche vom Weg abkommen.

→ **14. TIPP**

> Wenn Sie den gleichen Satz ohne »versuchen« bilden, gewinnen Sie neue Klarheit über die Situation und werden womöglich neue, ehrliche Informationen liefern.

Stellen Sie sich folgende Fragen:

Wollen Sie wirklich, was Sie versuchen?
Was könnte Sie daran hindern, es zu schaffen?

Welche Bedingungen, Informationen oder sonstigen Ressourcen brauchten Sie, damit Sie »Ich versuche« durch »Ich will« ersetzen können? Wenn Ihre Versuche gelingen – welche Nachteile entstünden Ihnen dadurch?

Beispiele für Sätze, die ohne »versuchen« auskommen:

Ich versuche zu deiner Party zu kommen.
→ Ich weiß noch nicht, ob ich zu deiner Party komme. Eigentlich will ich Sonntag früh raus. Ich mache es von meiner Stimmung abhängig.
Ich versuche mein Bestes.
→ Ich werde jeden Tag besser.
Ich versuche, mit dem Rauchen aufzuhören.
→ Ich möchte gern mit dem Rauchen aufhören, habe aber noch keine geeignete Methode. Außerdem ist der Zeitpunkt – ich stecke im Examen – nicht günstig.
Ich versuche mich an deinen Ablaufplan zu halten.
→ Ich erkenne deinen Ablaufplan an. Es kann jedoch zu unvorhergesehenen Ereignissen kommen, die erfordern, dass ich davon abweiche. Zum Beispiel …

Und die partyfreudige Merle? Sie brach bei einer Fashion-Week-After-Show-Party zusammen und wurde ins Krankenhaus eingeliefert. Richtig, ihre Vergiftung kam nicht von den Sushi-Häppchen. »Ich werde mit dem Saufen aufhören«, sagte sie. »Der Arzt meinte, meine Leber sehe aus, als hätte sie in Afghanistan gekämpft.« Keine Zeit mehr für Pläne.

KEINEN STRESS, OKAY?

WIE SIE
IHRE SPRACHE ENTSPANNEN

Der Außenbereich des einen Restaurants zu nah an der Straße. In einem anderen Restaurant in der Straße gingen nur »Hostel-Touris«, das fiel also weg. Das dritte hatte den Schuss der 2010er Jahre nicht gehört und bot kein einziges veganes Gericht an, das vierte war zu teuer, das fünfte zu primitiv, das sechste zu leer und das siebte zu voll. Ich war fix und fertig und drauf und dran, mir eine Tüte Pommes to go zu holen. Mit Maria ein Restaurant zu suchen war kein Spaß. »Jetzt wird's langsam echt stressig!«, murrte ich. Als wäre der Stress eine Gewitterwolke, die aufzieht und gegen die wir uns nicht wehren könnten, bei der wir einfach zusehen müssen, was sie mit uns anstellt. Treffender wäre es gewesen, ich hätte gesagt: »Es stresst mich, dass du dich nicht entscheiden kannst, weil du Anforderungen an ein Restaurant stellst, die sich widersprechen.«

»Mein Job ist totaler Stress!« »Ich bin mordsmäßig gestresst!« Wer solche Sätze spricht, fühlt sich hilflos, ausgeliefert, fremdbestimmt. Diese Formulierungen verschleiern mehr, als sie aussagen. Denn meist benutzen wir das Verb »stressen« in seiner Passivform »gestresst« oder als Substantivierung »Stress«. Was dabei verlorengeht, ist der Auslöser. *Wer oder was stresst mich?* Den Auslöser einer anstrengenden Handlung zu benennen schafft Überblick über die Situation. Sie wird dadurch konkret, lässt sich beschreiben und damit beeinflussen, ja, sogar ändern. Oft wird klar: Es ist nicht die Arbeit, die mich stresst. Was mich stresst, ist die Art und Weise, wie ich über meine Arbeit denke. Dass ich etwa glaube, nichts abgeben zu können. Dass ich alles perfekt machen will und mich für alle Fehler verantwortlich fühle. Dass ich denke, meine Vorgesetzten könnten mich für nicht gut genug halten. Dass ich denke, meine Kollegen warteten nur darauf, dass ich etwas falsch mache. Dass ich mich nicht traue, Grenzen zu ziehen. Dass ich von mir erwarte, alles sofort zu erledigen.

→ **15. TIPP**

Wenn Sie das Wort »Stress« hinterfragen und benennen, wer oder was den Stress verursacht, können Sie dort ansetzen und das ändern, was Sie stresst.

→ **16. TIPP**

Sie können sich auch dafür entscheiden, das, was sich nicht ändern lässt, zu akzeptieren.

In diesem Fall sagen Sie sich:

Wir leben in einer nicht perfekten Welt. Ich arbeite mit nicht perfekten Menschen zusammen und bin selber nicht perfekt. Es wird immer Hindernisse und unvorhergesehene Ereignisse geben. Ich gebe mein Bestes. Sollen andere entscheiden, ob meine Ergebnisse gut genug sind.

Über meine Gefühle aber bestimme ich. Und ich entscheide mich dafür, gelassen zu bleiben.

»Stress« ist ein abstraktes Substantiv. Es bezeichnet einen Zustand. Indem Sie das Verb in »Stress« rekonstruieren, wird Ihnen klar, was genau Sie stört. Sie können dann in einem nächsten Schritt auch benennen, wo Sie hinwollen, etwa, wie eine wünschenswerte Jobsituation aussehen könnte. Wünschen Sie weniger Arbeitsstunden? Home-Office-Tage? Mehr Mitarbeiter? Mehr zeitliche Spielräume? Oder gar einen anderen Job?

»Stress« ist ein Wort aus einer Reihe von abstrakten Substantiven, die wir nicht sehen, riechen oder hören können. Es handelt sich um eine Gattung von Substantiven, bei denen es oftmals sinnvoller wäre, sie in der Verbform zu benutzen. Wie das Passiv ärgert die unangebrachte Substantivierung von Verben Sprachfüchse wie Wolf Schneider. »Verständliches und attraktives Deutsch folgt aus dem Gegenteil: nie ein Substantiv zu verwenden, wenn ein Verb an seine Stelle treten kann«, mahnt er. Substantivierte Verben lassen Sprache statisch und bürokratisch klingen. Anders als Verben, die dafür sorgen, dass beim Hörer ein innerer Film abläuft (»verwenden«), bedeutet eine Substantivierung (»Verwendung«) ein Standbild.

Wegen ihres oftmals paradoxen Wesens sind diese Wörter jedoch kommunikationspsychologisch interessant. Für den Sprecher sind abstrakte Wörter wie »Angst«, »Depression«, »Meinung«, »Haltung«, »Drohung«, »Warnung«, »Versagen«, »Beziehung«, »Leistung« mit großen Gefühlen verbunden. Sie »kämpfen, leben und sterben« für sie, wie es der Sprachcoach Joseph O'Connor beschreibt. Schon das Wort »Gefühl« selbst ist eine Substantivierung des Verbs »fühlen«. Solche Substantive bezeichnen häufig Werte. Und bei einem »Wert« handelt es sich um eine abstrahierte Form des Bewertens.

Abgesehen davon, verweist das in ein Substantiv verwandelte Verb wieder auf Leerstellen und damit auf eine sprachliche Tiefenstruktur. Es verschluckt, wie wir am Beispiel von »Stress« gesehen haben, Subjekt und Objekt. Am Ende bleibt nichts als die mörderische Frage, *wer was* mit *wem* macht. Stress, Angst oder Depressionen zu *haben* impliziert jedenfalls, dass wir nichts dagegen tun können. Diese Gefühle *machen* etwas mit uns, ergreifen Besitz von uns wie ein Dämon.

→ **17. TIPP**

Erster Schritt für einen Exorzismus: Hinterfragen Sie Ihre Substantivierungen (u.a. erkennbar durch die Wortendungen -heit, -keit, -ung), indem Sie in Ihrer Frage das im Substantiv verborgene Verb zum Vorschein bringen.

Ich habe Angst.
→ Wer oder was ängstigt mich?
Ich leide an einer Depression.
→ Was deprimiert mich?
Ich brauche eine Veränderung.
→ Was möchte ich verändern? Wie wird das aussehen, wenn ich es erst verändert habe?
Ich habe eben meine Meinung.
→ Was meine ich und über wen bzw. worüber?
Die Kommunikation in meinem Büro ist schlecht.
→ Wer kommuniziert schlecht mit wem?
Leons Umgang gefällt mir nicht.
→ Mit wem geht Leon wie um und was gefällt mir daran nicht?
Es geht mir um Akzeptanz.
→ Wer soll was akzeptieren und was wäre dann konkret anders?
Unsere Beziehung ist gestört.

→ **Wie verhalten wir uns zueinander? Wer stört wen womit?**
Ich sehne mich nach Berührung.
→ **Von wem möchte ich berührt werden und auf welche Weise?**
Er hat eine Essstörung.
→ **Wer oder was stört, wenn er isst?**
Das Buch ist ein Ärgernis.
→ **Wen ärgert das Buch und wie schafft es das?**

Mit dem Ärger sind wir wieder in der Nähe des Stresses. Schon das Wort »Stress« kann Stresssymptome auslösen und der Beginn von einer teuflischen Spirale sein.

→ **18. TIPP**

> Ersetzen Sie das Wort »Stress« durch positive Formulierungen, die zudem auch Ihre Situation präziser beschreiben, ohne sie zu beschönigen.

Beispiele hierfür sind:

Mein neues Projekt beansprucht mich gerade.
Ich stehe vor Herausforderungen, die meine volle Konzentration verlangen.
Ich bin sehr beschäftigt.
Ich fühle mich gerade unbehaglich im neuen Job, weil ich bei vielen Dingen noch auf die Hilfe meiner Kollegen angewiesen bin.
Ich spüre gerade, dass ich einige Dinge in meiner Familie ändern will, weiß aber noch nicht, welche und wie.
Ich müsste meine Batterien mal wieder aufladen.

Das Tückische am Stress: Der Körper zeigt Reaktionen, die für die Kämpfe und Fluchten ungestümer Urzeiten gedacht waren.

Die richtige Reaktion war eine Frage von Leben und Tod. Darum geht es heute kaum noch. Schon gar nicht bei dem Erste-Welt-Problem, zwischen sieben Restaurants auswählen zu können. Also, lassen Sie sich weder von Menschen noch von Situationen stressen. Sie sind machtlos ohne Ihre Reaktion.

DA ARBEITEN WIR
ABER NOCH MAL DRAN

WIE SIE
WENIGER SPRACHLICH SCHUFTEN

Alles muss immer Arbeit sein! Was Spaß macht, ist verdächtig. »Wir müssen uns wieder mehr quälen«, sagte einmal unser Textchef, als ich für die Promiseite einer Boulevardzeitung arbeitete. Wir sollten lustige Texte schreiben zu den Klatsch-Geschichten der Prominenz. Aber gleichzeitig sollten wir uns quälen. Ich kann unter Druck nicht witzig sein, ich denke bei »quälen« an mittelalterliche Folterkeller oder Guantanamo. Und dann soll mir ein knackiges Wortspiel zu Schnappschüssen von badenden oder betrunkenen Promis einfallen? Für mich passte das nicht zueinander. Für die meisten gehören Arbeit und Vergnügen nicht zusammen. Es ist erst die sogenannte Generation Y, die einfordert, dass Arbeit nicht immer nur Abrackern bedeuten soll. Sie bringt Arbeit und Vergnügen in einen Zusammenhang. »Wir nennen es Arbeit« und »Ein Leben jenseits der Festanstellung« forderten 2006 Holm Friebe und Sascha Lobo in ihrem so betitelten Buch und riefen die »Digitale Bohème« aus. Ihre Anhänger sprengen die strikten Vorgaben von Raum (Büro) und Zeit (von neun bis fünf Uhr) der für die Elterngeneration noch unabdinglichen

Festanstellung. Stattdessen entwickeln die Digitalen Bohémiens lieber vor dem Laptop im Café etwas, das vielleicht eine große Idee ist oder vielleicht nur Mist, beides ist aber völlig in Ordnung. Die Digitale Bohème nennt Arbeit, was mitunter wie Vergnügen erscheint. Sie will arbeiten, wie sie leben will. Derweil bezeichnen andere das als Arbeit, was eigentlich Leben ist. Meike Winnemuth beobachtet in ihrer Kolumne im *Stern* vom 16. Juli 2015 eine Zunahme des Wortes »Arbeit« in anderen Lebensbereichen neben dem Broterwerb. »Beziehungsarbeit, Körperarbeit, Trauerarbeit – unser Leben ist ein einziges Schuften«, schreibt sie. Die Kolumnistin vermutet, dass dadurch Alltägliches geadelt wird und dass ihm Ernsthaftigkeit verliehen werden soll. Hinter alldem steckt immer noch das calvinistische Arbeitsethos des 19. Jahrhunderts: Eine Tätigkeit kann nur sinnvoll und produktiv sein, wenn sie mit Qualen verbunden ist. »Ich habe so viel in diese Beziehung investiert«, sagte ein Freund kürzlich erschöpft. Nach Freude klingt das nicht, eher nach dem Aufbau eines Unternehmens, das nun endlich auch einmal was abwerfen muss. Bereit aufzugeben war er noch nicht, er wollte weiter an seiner Liebe arbeiten.

Wir arbeiten pausenlos an anderen und vor allem an uns und optimieren uns und unser Leben, wo wir nur können. Wir arbeiten an unserem Körperfettanteil, an unseren Problemzonen, an unseren Fremdsprachen, an unserer Allgemeinbildung, an unserem Handicap beim Golf, an unserer Körperhaltung und an unserer Aussprache. Ideologien und Religionen haben für einen Großteil der Bevölkerung ausgedient. Was bleibt, ist die Arbeit. Vor allem die Arbeit daran, das Maximale aus den scheinbar endlosen Möglichkeiten herauszuholen. Es gibt eine Gegenbewegung mit dem trotzigen Schlachtruf »Ich bleib so scheiße, wie ich bin« (Rebecca Niazi-Shahabi) oder der Forderung, die Geheimnisse der Schildkröte zu entdecken, um uns zu entschleunigen. Und nun arbeiten wir daran, uns zu entspannen, achtsam zu sein und uns

Auszeiten zuzugestehen. Es ist wie verhext. Und wie steht es mit der Arbeit an der Sprache? Spracharbeit oder Sprachspielerei? Auch hier ist es sinnvoll, lässig zu bleiben und Spaß an einer erweiterten Wortwahl zu haben, statt sich zu maßregeln oder gar zu quälen.

→ **19. TIPP**

> Es entspannt, auch sprachlich öfter mal den Ball flach zu halten und anstrengende Wörter wie »arbeiten« in Frage zu stellen. Zu viele von der Sorte lassen uns zwanghaft wirken. Sie klingen nach Selbstkasteiung und machen noch Mühe, während wir sie aussprechen.

Sind Anglizismen nun der Untergang der deutschen Sprache oder ein natürlicher Sprachwandel, wie es ihn immer schon gab? Egal, das können andere diskutieren. Sprachliche Migranten konkurrieren jedenfalls dann erfolgreich mit einem Begriff gleichen Inhalts, wenn sie mit einem Nebensinn aufwarten, den das deutsche Synonym nicht besitzt. Dann besetzen sie eine Nische. Das englische »Job« klingt lässiger und beiläufiger als das deutsche »Arbeit«, das sich nach Plackerei im Kohleschacht anhört. Der Job hat etwas Kurzfristiges und Endliches. Er ist etwas, das man erledigt, um danach an den Strand zum Surfen zu gehen. Im Gegensatz zur Arbeit, von der einen erst die Rente erlöst. Der Job taucht sogar in gemeinhin erfreulichen Zusammenhängen wie dem »Blowjob« auf. So heißt er nicht umsonst, zeterte Kim Cattrall in *Sex And The City,* als sie in ihrer Rolle als Samantha ihrem Liebhaber erklärte, warum dieser Liebesdienst durchaus Arbeit bedeute.

Etwas textschablonenartig und mechanisch erscheint es dagegen, jedes Problem als Herausforderung umzutexten. Das ständige Herausfordern lässt sofort an einen nervigen Motivationsguru denken, der dafür bezahlt wird, uns zugunsten des gewinnmaximierenden Systems zu noch besser funktionierenden Funktionszombies abzurichten. Manchmal ist ein Problem einfach ein Problem und verdient es, als solches benannt zu werden. Es kommt uns ja auch nicht in den Sinn, was das Universum uns damit sagen will, wenn wir nach mühevoller Genesung von einer Krankheit beispielsweise einen Rückfall erleiden, ein Konzept für die Tonne war, Daten futsch sind oder uns ein Vorgesetzter tyrannisiert. Und meist machen unsere Überstunden nur andere reich, während sie uns davon abhalten, wirklich wichtige Dinge zu tun. Sie sind eben keine »produktive Extrazeit«. Trotzdem, ein bisschen hat der Motivationsguru ja recht: In unserer chaotischen Welt ist es eher die Regel, dass etwas schiefgeht. Manches sogenannte Problem (egal, ob im Job oder privat) ist darum eine gute Gelegenheit, zu zeigen, was wir können. Statt vor der Präsentation ausschließlich zu zittern – zittern ist natürlich auch okay –, können wir uns auch freuen, dass wir Gehör finden. Nicht jedermann bekommt diese Gelegenheit. Ansonsten gilt: ruhig mal etwas preußische Knüppelei aus der Sprache nehmen zugunsten einer Prise französischem Laissez-faire und eines Schusses italienischer Sprezzatura, der Fähigkeit, auch Mühevolles unangestrengt wirken zu lassen. Seine Sprache von Plackerei zu befreien ist auch Arbeit. Aber nur ein kleines bisschen.

Hier ein paar Beispiele für angewandtes Rede-Detox:

Ich arbeite an meiner Bikinifigur.
→ **Ich bin auf dem besten Weg, meine Bikinifigur zu erreichen.**
Ich pauke gerade die altgriechische Geschichte.
→ **Ich beschäftige mich gerade mit der altgriechischen Geschichte.**
Ich arbeite an einer Sprache mit weniger Qualwörtern.
→ **Ich gewöhne mir eine Sprache mit weniger Qualwörtern an.**

Ich übe Skifahren.

→ **Ich mache mich mit dem Skifahren vertraut.**

Ich büffele Französischvokabeln.

→ **Ich präge mir Französischvokabeln ein.**

Ich möchte, dass wir an unserer Kommunikation arbeiten.

→ **Ich möchte, dass wir unsere Kommunikation verbessern.**

Ich arbeite zurzeit an meinem neuen Buch.

→ **Ich schreibe zurzeit mein neues Buch.**

Ich arbeite an meiner Kunst.

→ **Ich schaffe Kunst.**

Ich lese mir lieber das Internet durch, statt an meinem Buch zu arbeiten.
Ich brauche mehr Selbstdisziplin!

→ **Ich will mich von nun an stärker aufs Schreiben fokussieren und
weniger das Internet durchlesen.**

Die Filmproduktion geht in die Schlussphase. Die nächsten Wochen werden hart.

→ **Die nächsten Wochen werden intensiv.**

Wir bemühen uns, den Menschen in der Region zu helfen.

→ **Wir setzen uns für die Menschen in der Region ein.**

Ich arbeite im Wahlkampf.

→ **Ich engagiere mich im Wahlkampf.**

Ich will mich mehr anstrengen.

→ **Ich will mich mehr einbringen.**

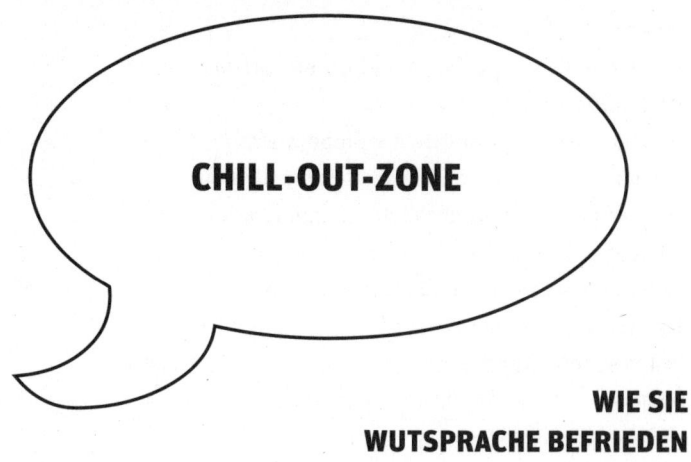

CHILL-OUT-ZONE

WIE SIE
WUTSPRACHE BEFRIEDEN

Seinen Ärger auszudrücken hat Vorteile. Denn manchmal müssen Dinge beim Namen genannt werden. Wutsprache schafft ein Ventil. Meist ist sie jedoch die schlechtere Alternative, weil sie verletzt und eine Sogwirkung hat. Wütende Wörter vergrößern unsere eigene Wut und vergrätzen unseren Gesprächspartner, der automatisch eine Abwehrhaltung einnimmt. Gehen wir zu leichtfertig mit Wutwörtern um, bringen wir uns um den Spielraum, auch anders zu reagieren. Übrigens: Bereits im eigentlich unverfänglichen Wort »kriegen« hören wir den Krieg mit.

→ 20. TIPP

Uns müssen nicht ständig Friedenstäubchen aus dem Mund flattern. Doch eine mildere Wortwahl kann die Welt schon ein Fitzelchen besser machen. Häufig lassen sich positive oder neutrale Begriffe und Inhalte anstelle von kriegerischen Wörtern finden.

Ich kriege 300 Gramm vom Feta, bitte.

→ **Ich bekomme 300 Gramm vom Feta, bitte.**

Ich hasse Til Schweiger.

→ **Ich bin kein großer Fan von Til Schweiger.**

Ich krieg die Krätze bei Elektromusik.

→ **Elektromusik liegt mir nicht.**

Ich verabscheue Kälte.

→ **Ich mag warmes Wetter lieber.**

Sprich nicht in diesem Ton mit mir.

→ **Ich wäre dir dankbar, wenn du deine Stimme senkst.**

Lass das nicht fallen!

→ **Bitte sei sorgfältig.**

Ich bin enttäuscht.

→ **Mir wurden die Augen geöffnet.**

Ich bin stinksauer.

→ **Ich bin irritiert.**

Mit Sprache bewältigen und verschärfen wir Konflikte. Hier also eine Handvoll Hinweise, wie man Konflikte sprachlich entschärfen kann.

WAS TUN, WENN DAS GESPRÄCH KIPPT?

Der 23-jährige David zu seiner Mutter: »Ich weiß jetzt, wofür ich Opas Treuhandkonto einsetzen werde.«

Seine Mutter: »Du willst doch weiterstudieren?«

David: »Ich werde einen mexikanischen Foodtruck kaufen!«

Mutter: »Einen was?«

David: »Mexikanisches Essen auf Rädern. In den USA ist das längst der letzte Schrei. Die stehen vor Baustellen genauso wie vor

Clubs und machen eine Mordskohle. Das wird jetzt DAS Ding nach panasiatischer Küche und Luxus-Hamburgern! Das Essen muss natürlich genial sein, echter Food Porn!«

Mutter: »Das ist ja ein Irrsinn. Deine Erfahrung mit mexikanischer Küche beschränkt sich darauf, Tiefkühl-Burritos in die Mikrowelle zu werfen …«

David: »Aber schau doch mal, Mutter, Streetfood ist gerade schon DER Trend, da lässt sich echt Kohle verdienen, und klar braucht man einen guten Koch, ich wäre ja für nur das Geschäftliche zuständig.«

Mutter: »Der Trend, mit dem sich ganz viel Kohle machen lässt? Das dachte dein Cousin Hardy auch von Bubble Tea. Sein Geschäft hielt drei Monate, jetzt ist da ein Shop für Prepaid-Handykarten in seinem alten Laden. Und Hardy arbeitet am Beschwerdetelefon der Deutschen Bahn …«

In dieser Gesprächsphase ist Davids Mutter nicht mehr empfänglich für Argumente. Wenn ein Gespräch kippt, weil sich beim Gesprächspartner Widerstände bilden, weil er verblüfft, überrumpelt, erschrocken oder sogar verärgert ist, gehen bei ihm augenblicklich die Jalousien hinunter. Wenn beim anderen Fluchtoder Angriffsmechanismen in Kraft treten, nützt es nichts, auf der Sachebene einfach weiterzudiskutieren. Der andere kann Argumente und Ausführungen gar nicht mehr hören.

→ 21. TIPP

Eine Möglichkeit, das Gespräch zu »retten«: Sie geben die Empfindung des anderen in Ihren eigenen Worten wieder. Damit zeigen Sie, dass Sie den anderen verstehen und seine Gefühle akzeptieren, ihnen sogar Raum geben, statt sie ersticken zu wollen.

Im Falle von David und seiner Mutter könnte sich das so anhören: »Mutter, ich verstehe, dass dich das überrascht und dass es dir lieber wäre, ich würde wieder zur Uni gehen. Wenn du magst, erkläre ich dir jetzt oder später meine Beweggründe und was ich mir genau vorgestellt habe.«

Um die Erregung ihres Gesprächspartners zu spiegeln, können Sie Ihre Sätze wie folgt beginnen:

Du bist jetzt sehr erstaunt.
Ich merke, dass du total überrascht bist.
Jetzt habe ich dich verärgert.
Womöglich habe dich jetzt verwirrt …
Du zweifelst noch.
Du bist sehr skeptisch …

WOHLFÜHLWORTE

Wörtern wird seit jeher magische Wirkung zugesprochen. Im Gebet etwa sind sie der Weg zu Gott, sie stellen sich aber auch als Weg in die Hölle dar, deren Schleusen sich durch Beschwörungsformeln öffnen lassen. Worte können verhexen, ein Fluch ist nichts als eine Wortfolge mit unguter Wirkung. Wörter sind Hauptbestandteil jedes Exorzismus, der den Verfluchten von seinem Bann befreien soll. Worte besitzen tatsächlich eine magische Wirkung, denn das Bezeichnende ist in unserem Gehirn derart mit dem Bezeichneten verknüpft, dass es die gleichen Gefühle auslöst. Die folgenden Worte sind sorgsam ausgewählt. Sie wirken wie eine Yoga-Session.

Mentales Training

Erleben Sie den Reichtum unserer Welt, unserer Sprache und die Grenzenlosigkeit Ihrer Vorstellungskraft: Lesen Sie sich in entspannter Atmosphäre jedes Wort langsam vor und achten Sie auf Ihren inneren Film. Welche Bilder sehen Sie und welche Farben? Sind diese Farben leuchtend oder matt? Scharf oder weichgezeichnet? Spüren Sie Wärme? Hören Sie Laute? Nehmen Sie vielleicht sogar Gerüche wahr? Wie verändern sich Atmung und Körperhaltung, während Sie die Wörter lesen? Was assoziieren Sie mit diesen Wörtern? Welche Erlebnisse, welche Personen, echte oder fiktive, treten vor Ihr inneres Auge? Welche Wünsche fallen Ihnen dazu ein? Unterstreichen Sie drei Wörter, bei denen Sie die stärksten Reaktionen erleben. Was sagen diese Wörter über Sie aus? Welche Bedeutung haben diese Wörter für Sie? Formulieren Sie einen Satz, der mit »Ich« beginnt und in dem das jeweilige Wort vorkommt. Nehmen Sie sich vor, morgen jedes der drei Wörter wenigstens einmal zu benutzen.

▸ Abenteuer	▸ Einhorn
▸ Aberwitz	▸ Empfängnis
▸ Antlitz	▸ Federkleid
▸ Aroma	▸ Fell
▸ behüten	▸ friedfertig
▸ Beletage	▸ Frühling
▸ berühren	▸ Gedicht
▸ bierernst	▸ Gewölbe
▸ Bonmot	▸ Herz
▸ Dachgeschoss	▸ Honig
▸ Dämmerlicht	▸ Hotel
▸ Diamant	▸ innig
▸ Echo	▸ Insel
▸ Edelstein	▸ Jubel

- Kirche
- Kristall
- Landpartie
- leger
- Licht
- liebäugeln
- liebkosen
- Lust
- Manieren
- Nadelholz
- närrisch
- naturtrüb
- nonchalant
- opulent
- pittoresk
- Pusteblume
- rauschen
- Reigen
- Saft
- schlummern
- See
- Sommer
- sonnendurchflutet
- Spiel
- spitzbübisch
- Springbrunnen
- Tasse
- Teich
- trödeln
- üppig
- Vase
- vergnügt
- verrucht
- vis-à-vis
- Welle
- Wiese
- Wunder
- Zweig

→ 22. TIPP

Ob Sie im Internet surfen, ein Buch lesen oder eine Zeitschrift, notieren Sie Wörter, Redewendungen und Sätze, die Ihnen gefallen. Achten Sie auf Überschriften, die Sie dazu verleitet haben, das Lesen aufzunehmen oder abzubrechen. Achten Sie auf Artikel, die Sie beim Lesen stimuliert haben. Stöbern Sie immer wieder in Ihrer Wortsammlung. Nehmen Sie sich vor, ein Wort oder eine Redewendung noch am selben Tag zu gebrauchen. Sie werden erleben, wie flexibel anwendbar die meisten sind.

Oder Sie gehen zu Ihrem Bücherschrank und nehmen sich willkürlich ein Buch heraus, egal, ob Sie es schon gelesen haben oder ob es sich um eine Schrankleiche handelt. Lesen Sie irgendeine aufgeschlagene Seite und schreiben Sie sich Wörter oder Redewendungen heraus, die in Ihnen eine Erinnerung oder ein Gefühl auslösen.

Sie lernen mit diesen Methoden eine Menge über die Wirkung, die bestimmte Wörter auf Ihr Gefühlsleben haben. Sie können Ihren inneren Poeten entdecken, mit Wörtern spielen, mit Ihnen Spaß haben. Wenn bestimmte Wörter Gefühle bei Ihnen auslösen, vielleicht lösen sie ähnliche Gefühle auch bei anderen aus?

Eine Übung, mit der man sein Sprachgefühl trainieren kann, beinhaltet das Nachsprechen:

Schalten Sie eine Nachrichtensendung im TV oder Radio oder eine Hörbuch-CD ein. Sprechen Sie leicht zeitverschoben das nach, was der Sprecher sagt, so fehlerfrei wie möglich.

Mit dieser Methode erweitern Sie Ihren Wortschatz und verbessern Ihre Aussprache. Sie lernen zudem, schneller zu reagieren, weil Sie gleichzeitig zuhören und unter Zeitdruck sprechen müssen. Das beste Training für lebhafte Gespräche im Job und im Privatleben!

HAST DU NICHT WAS VERGESSEN?

DAS SAGEN DIE WORTE ÜBER SIE, DIE SIE NICHT SAGEN

»Er straft mich mit Missachtung«, klagt Jana über ihren Freund. Aber was genau missachtet er, und was tut er stattdessen? (Um es aufzuklären: Als Jana von ihrem Zwölf-Stunden-Arbeitstag nach Hause kam, hatte er nicht gefragt, wie es im Büro war. Lieber schaute er weiter seine Youtube-Videos über bekloppte Fußball-Eigentore).

»Ich wurde bei meinem letzten Job ganz schön gemobbt«, erzählt Fred. Aber wer genau hat ihn gemobbt und wie? »Man will ja nicht als Depp dastehen«, sagt Max, der sich genötigt sah, sich auf sein berufsvorbereitendes (unbezahltes!) Praktikum akribisch vorzubereiten. Wen meint Max mit »man«? Natürlich sich selbst.

»Es ist besser, erst einmal zuzuhören«, mahnt der Lehrer seine Schüler, als sie seinen Vortrag mit Zwischenfragen unterbrechen. Für wen ist es besser? Für ihn oder für die Schüler? Für den Fortgang des Unterrichts? Oder ist es seiner Meinung nach allgemein im Leben besser, erst einmal zuzuhören?

»Das ist doch nicht normal«, sagt eine irritierte Maike, als sie von ihrem Date erzählte. Der Mann präsentierte ihr in seiner Wohnung stolz seine Schlumpfsammlung. Aber für wen ist das nicht normal? Und, die alte Frage: Wer bestimmt, was normal ist? Würden wir »normal« erkennen, wenn wir es auf der Straße sehen?

»Das muss noch besser werden«, sagt die Artdirectorin über den Layout-Entwurf ihres Mitarbeiters. Aber was könnte den Entwurf verbessern? Woran fehlt es? In welche Richtung soll es gehen?

Nichts sagt so viel über uns aus wie das, was wir nicht sagen. Hinter jeder unserer Äußerungen liegt eine tiefere Ebene, in der sich all die Informationen verbergen, die wir nicht ausgesprochen haben. Diese Tiefenebene zu rekonstruieren kann lohnend sein: Wir lernen uns selbst kennen, gewinnen Einsichten aus unserem Unbewussten. Wir identifizieren Einschränkungen und begreifen, wo wir uns selbst begrenzen. Indem wir Glaubenssätze, Regeln und Verallgemeinerungen hinterfragen, werden wir freier und kreativer.

Wenn Sie in der Lage sind, Ihre Auslassungen zu identifizieren, können Sie beim nächsten Mal entscheiden, ob Sie die Leerstellen in Zukunft mit Aussagen füllen möchten. Ihre Kommunikation wird im Laufe dieses Lernprozesses konkreter, verständlicher und erfolgreicher. Sie verbessern Ihre Beziehungen und erreichen Ihre Ziele leichter als bisher. Denn es ist das Ergebnis, das bei der Kommunikation zählt. Und für dieses Ergebnis sind Sie verantwortlich. Es geht also darum, wie Sie Ihre Tiefenebene entschlüsseln.

→ 23. TIPP

Rufen Sie nach einem Gespräch in einer ruhigen Minute Ihre Sätze noch einmal ab und spüren Sie die Variablen darin auf. Stellen Sie sich selbst gezielte Fragen, mit denen Sie die Hintergründe Ihrer Sätze ins Bewusstsein rücken. Welche

entscheidenden Inhalte haben Sie ausgelassen? Wie hätten
Sie sich konkreter und genauer ausdrücken können?

Natürlich können Sie die Fragen auch Ihrem Gesprächspartner
stellen, etwa um ihn besser zu verstehen oder um einen diffusen
Konflikt zu begreifen. Das erfordert jedoch Behutsamkeit und
Feingefühl. Ihre Fragen können sonst bedrängend und sogar
aggressiv wirken. Sich anderen gegenüber als Psychologe aufzu-
spielen wirkt unangemessen und grenzüberschreitend.

Hier die häufigsten Muster mit den entsprechenden Fragen. Sie
orientieren sich am Meta-Modell der Sprache, wie es der Linguist
John Grinder in Zusammenarbeit mit dem Psychologen Richard
Bandler entwickelt hat.

»WAS HABEN SIE DA WIEDER ALLES VERTILGT?«

Kati hatte Fred gefragt, ob er beim von ihr organisierten Stadtteil-
fest am Texmex-Maisfladen-Stand helfen wolle. Seine Antwort sei
ein knurriges »Ich kann nicht.« gewesen, erzählt Kati. Ob sie
nachgehakt habe, warum er nicht kann, will ich wissen.

Kati zuckt mit den Schultern. »Nein, hab ich nicht. Extra nicht.
Weil ich das Gefühl hatte, er *wollte* gefragt werden.«

Bei Auslassungen (Ellipsen) fehlen Bausteine im Text, die für
das Verständnis wichtig sind. Der Sprecher hat sie jedoch, wenn
auch meist unbewusst, nicht ohne Grund weggelassen. Tatsächlich kann jemand, der sich kryptisch ausdrückt, den Eindruck
vermitteln, er wolle eine bestimmte Reaktion bei seiner Umwelt
hervorrufen, etwa Neugierde wecken oder sich interessant machen. Hinter seinen Auslassungen lauert eine verdeckte Aufforde-

rung: »Frag nach!« Doch die Umwelt hat, wie im Beispiel von Kati, nicht immer Lust dazu. So wirken zurückgehaltene Informationen mitunter passiv-aggressiv. Sie sind eine Verhaltensweise zwischen Trotz und Widerstand. Besser ist es, von sich aus und präzise zu benennen, was los ist.

1. Beispiel: *Es ist wichtig, dass Dora bei dem Meeting dabei ist.*
Fragen: *Für wen ist es wichtig? Warum?*
Neue Variante: *Es ist mir wichtig, dass Dora bei dem Meeting dabei ist. Wir werden Inhalte ansprechen, die ihren Bereich betreffen.*
2. Beispiel: *Mir geht es schlecht.*
Fragen: *Körperlich? Psychisch? Was ist passiert?*
Neue Variante: *Ich leide heute unter Migräne (und nein, nicht, was du denkst. Wenn es mir nur darum ginge, dein Gegrabbel abzuwehren, würde ich schlicht sagen: Heute nicht, Honey).*
3. Beispiel: *Ich möchte zeigen, dass ich ein guter Partner bin.*
Fragen: *Wie will ich das zeigen? Was wäre ein guter Partner?*
Neue Variante: *Ich möchte gern das nächste Wochenende mit dir verbringen und einen Kurztrip machen. Und ja, ich zahle.*
4. Beispiel: *Du machst mich wahnsinnig.*
Fragen: *Wie macht der Angesprochene das? Was genau macht mich wahnsinnig? Was passiert, wenn ich wahnsinnig bin?*
Neue Variante: *Ich merke, dass ich es als taktlos empfinde, wie du hier jammerst, dass die bei* Game of Thrones *Ramsay haben sterben lassen, wo ich gerade meine Tante verloren habe.*
5. Beispiel: *Ich fasse es nicht, dass du jetzt gehst!*
Fragen: *Was ist so unverständlich? Warum möchte ich, dass er/sie bleibt? Was passiert, wenn er/sie jetzt geht?*
Neue Variante: *Ich verstehe, dass du auf die Party gehen möchtest. Zugleich wünsche ich mir, dass du hierbleibst, weil ich schon gestern allein mit den Kindern war und es mich erschöpft, sie alleine ins Bett zu bringen.*

6. Beispiel: *Da müssen Sie schon genauer hinschauen.*

Fragen: *Wohin genau? Hat der Angesprochene etwas übersehen? Wenn ja, was?*

Neue Variante: *Sie sind als Unternehmer in der Aufsichtspflicht und müssen prüfen, ob Leiharbeiter menschenwürdig untergebracht sind.*

BIST DU »AKTIV« ODER »PASSIV«?

»Seien Sie doch nicht so passiv!« In jedem Grundkurs der Journalistenschule warnen die Dozenten vor der grammatischen Passivkonstruktion. »Dem Passiv gilt die Liebe von Gebrauchsanweisungen, Kochbüchern und Behördenbriefen. In allen anderen Texten sollte es vermieden werden«, schreibt Wolf Schneider in *Deutsch fürs Leben*. Das Passiv nimmt einem Satz nicht nur die Bewegung und macht ihn lebloser, sondern unterschlägt vor allem die verantwortliche Person. Passiv-Konstruktionen schreiben uns häufig die Opferrolle zu. Wie jede sprachliche Konstruktion hat auch das Passiv seinen Sinn: Es ist da berechtigt, wo die handelnden Personen nichts zur Sache tun oder unbekannt sind: »Wir müssen woanders hin, das Freibad wurde bereits geschlossen.« Ansonsten aber wirkt ein Satz im Aktiv mutiger, verständlicher und persönlicher.

→ **24. TIPP**

> Gewöhnen Sie sich an, dort, wo es Ihnen sinnvoll erscheint, Passivsätze durch einen Aktivsatz zu ersetzen, der den Handelnden benennt.

1. Beispiel: *Mir wurde übel mitgespielt in der Firma.*

Frage: *Wer hat was mit mir gemacht in der Firma?*

Neue Variante: *Nach drei Jahren scheinselbstständiger Arbeit, befristeter Verträge und ewigem Hinhalten hat meine Chefin mich einfach nicht mehr weiter beschäftigt.*

2. Beispiel: *Mir wurden schon Komplimente gemacht wegen meiner neuen Make-up-Technik.*

Frage: *Von wem denn?*

Neue Variante: *Erst gestern hat mich eine Frau angesprochen und gesagt, ich sehe aus wie die Drittplatzierte einer Misswahl in Bulgarien.*

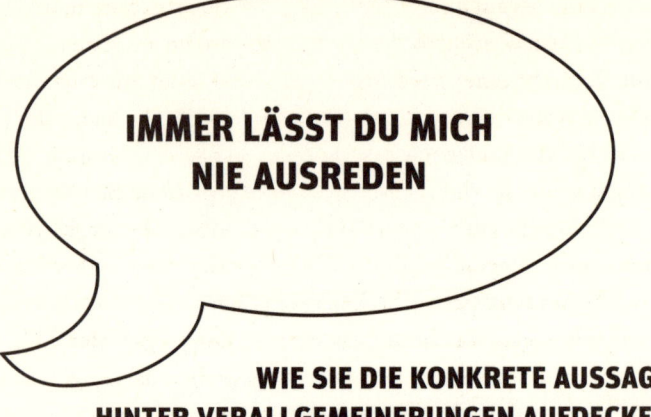

IMMER LÄSST DU MICH NIE AUSREDEN

WIE SIE DIE KONKRETE AUSSAGE HINTER VERALLGEMEINERUNGEN AUFDECKEN

Tremm + Inhyotim

»Das machst du immer«, zetert der 13-jährige Tom in Richtung seiner Mutter, »dauernd spionierst du mir hinterher.« Grund der Aufregung: Sarah reihte sich mit einem Tarnnamen in die Follower von Toms Instagram-Account ein, um zu recherchieren, was ihr Sohn so treibt und was ihn beschäftigt. Als er dahinterkam, blockte er seine Mutter.

»Nie hörst du mir zu!« »Immer unterbrichst du mich!« »Es ist doch jedes Mal das Gleiche mit dir!« »Dauernd machst du mir Vorwürfe!« Warum verallgemeinern wir in familiären und romantischen Beziehungen und schließen von einer Situation in der Gegenwart auf eine Gesetzmäßigkeit? Nur vordergründig geht es bei Konflikten in solchen hochsensiblen sozialen Bindungen um die Sache, die besprochen wird. Vielmehr verhandeln wir die großen Themen: Liebe und Macht. *Wie stehst du zu mir und wie stehen wir zueinander?* Wenn *er* sich also beschwert, dass *sie* ihn unterbricht, geht es ihm nicht nur darum, dass er seinen Satz gern hätte beenden wollen. Vielmehr empfindet er sich, wenn sie ihm ins

Wort fällt, als entwertet. Vorangegangene Situationen, in denen er bereits ebenso empfunden hatte, schwingen in seinem Vorwurf mit. Er zieht eine Schlussfolgerung und leitet aus einzelnen Beispielen eine allgemeine Gesetzmäßigkeit ab, die sich von nun an selbst bestätigt. Denn jedes Mal, wenn er seinen Gesprächsbeitrag beendet und sie daraufhin nicht eine ergriffene Schweigeminute einhält, wird es ihm so vorkommen, als ob er eine grobe Beschneidung seiner Persönlichkeitsrechte erdulden muss. Über kurz oder lang zementiert sich seine Überzeugung.

Psychologen sprechen hier vom Bestätigungsfehler. Wir verarbeiten neue Informationen durch die Brille unserer gesammelten Überzeugungen. Auf diese Weise richten wir unsere Aufmerksamkeit ganz auf alle Belege, die unserer These recht zu geben scheinen. Und wir werden diese Belege, wenn wir nur wollen, auch finden.

Besonders in Konflikten fügen wir unseren Du-Botschaften gern die Wörtchen »immer«, »jedes Mal«, »dauernd«, »nie«, »keiner«, »jeder«, »alle« bei. Diese Wörter verstärken die verallgemeinernde Wirkung des Hilfsverbs »sein« (»Du bist immer so faul.«) Oder wir verallgemeinern, wo ein Vollverb steht (»Immer stellst du mich bloß«, »Ich muss immer das Gleiche sagen«).

Beispiel: *Nie hörst du mir zu.*

Fragen: *Hört sie mir wirklich nie zu? Hab ich mich niemals von ihr verstanden gefühlt? Welchen Anteil habe ich daran, dass sie bei meinen Geschichten über meine Kindheit in der DDR ihre Kopfhörer aufsetzt und Rammstein hört?*

Neue Variante: *Du hast offenbar nicht zugehört, als ich dir vorhin von den Fresken im Petersdom erzählte. Sonst hättest du mich nicht direkt danach gefragt, ob ich auch schon mal in Rom war.*

Beispiel: *Du hast mich schon wieder unterbrochen. Das machst du immer.*

Fragen: *Wirklich immer? Unterbricht er mich jedes Mal, wenn ich etwas sage? Oder sind es nur einige Situationen, in denen er mich unterbricht? Gleichen sich die Situationen vielleicht?*

Neue Variante: *Ich habe beobachtet, dass du mich vor unseren Freunden genau dann unterbrichst, wenn ich etwas von dir erzähle. Fürchtest du, dass ich Dinge erzählen könnte, die dir unangenehm sind?*

Beispiel: *Keiner mag mich.*

Fragen: *Wirklich keiner? Wer genau mag mich nicht? Wie zeigen mir die Menschen, dass sie mich nicht mögen?*

Neue Variante: *Ich fühle mich gerade ungeliebt, allerdings gebe ich auch den Leuten, die mir nahe sind, wenig Gelegenheit, mir ihre Liebe zu zeigen, weil ich mich derzeit zurückziehe und sogar schroff verhalte.*

→ 25. TIPP

Prüfen Sie, wo Sie Adverbien wie »immer«, »nie«, »keiner«, »jeder«, »alle« verwenden, und isolieren Sie das Wort mit einer Frage, die Sie sich innerlich stellen. Hört Ihr Partner Ihnen wirklich NIE zu? Finden Sie Ausnahmen. So können Sie entschlüsseln, in welchen Situationen Sie sich tatsächlich von Ihrem Partner ignoriert fühlen, und ihn gezielt darauf ansprechen. Versuchen Sie, den Satz zu formulieren, ohne eines der Signalwörter zu benutzen.

Auch über uns selbst haben wir Glaubenssätze verinnerlicht, die wir nicht mehr hinterfragen, die aber unser Selbstbild beeinflussen und unser Handeln einschränken. »Ich konnte mir noch nie Namen merken.«, » Ich rede immer dummes Zeug, wenn ich aufgeregt bin.«, »Ich war immer schon eine Niete im Sport.« Hier flüstern Stimmen aus der Vergangenheit. Vielleicht sind es die Stimmen von Eltern, von Geschwistern, von früheren Schulkumpeln, von Lehrern. Von Menschen also, die glaubten zu wissen, wer und wie wir sind, was wir können und was nicht. Wir haben verinnerlicht, was sie uns vielleicht vor langer Zeit an Eigenschaften zugeschrieben haben.

»In Sport war ich noch nie gut.« – Wirklich noch nie? Verglichen mit wem eigentlich? Mir werden Situationen einfallen, in denen ich sehr wohl Sportlichkeit bewiesen habe. Welche Umstände oder welche Personen haben mir die natürliche Freude an der Bewegung vermiest? Wer aus meiner Vergangenheit spricht da in mir? Ein Sportlehrer womöglich, der angsteinflößend war, mich vorschnell abgeschrieben hatte und mich dahin gebracht hat, dass ich Sport vermied? Oder aber ein Elternteil, der mich in Sportarten drängen wollte, die mir nicht lagen?

Die Fähigkeit, Muster zu erkennen, verhalf uns Menschen in unserer Evolutionsgeschichte zu oft lebenswichtigen Vorhersagen. Menschen, die nicht zu meinem Familienverband gehören, sind eine Gefahr? Ich fliehe besser. Ich konnte noch nie gut schwimmen? Also meide ich unübersichtliche Gewässer. Viele Glaubenssätze aber lassen uns starr denken und unflexibel handeln. Sie verhindern, dass wir sicheres Terrain verlassen. Sie setzen unserer Wirklichkeit enge Grenzen. Sie verführen zu Vermeidungstaktiken, in deren Zuge sich unsere Glaubenssätze bestätigen. Ohne Übung kann ich tatsächlich nicht gut schwimmen oder eine mathematische Aufgabe lösen. Außerdem führen uns unsere eigenen Dogmen zu einer veränderten Wahrnehmung. Uns fällt dann vorrangig auf, was unseren Glaubenssatz bestätigt, und wir vernachlässigen Gegenbeispiele. Das kann zu einer pessimistischen Weltsicht führen.

Wir glauben, etwas müsste immer misslingen, weil es zwei- oder dreimal schiefgegangen ist. Bei bestimmten Verallgemeinerungen schreiben wir die ganze Verantwortung für ein Unglück uns oder anderen zu und übersehen die Außenfaktoren: »Alles, was ich anpacke, geht schief«, klagt Sarah, nachdem ihre Party aufgrund eines Streits zwischen zweien ihrer Gäste im Desaster endete. Aber lag das Gelingen der Feier tatsächlich in ihrer Macht, oder scheiterte die Party an situativen Umständen? Wie hätte sie vorhersehen können, dass Mike und Sonja sich zoffen, und was hätte sie dagegen tun können?

Wenn wir die Beschwörungen, die unser Denken auf unsere Grundhaltung reduzieren, erkennen und abbauen, wird unser Leben vielfältiger. Der Verleger Hubert Burda sagte im Februar 2015 dem *Süddeutschen Magazin:* »Der größte Feind des Lebendigen ist die Routine: Kenn ich schon, weiß ich schon – deine Urteile sind fertig. Das ist der Tod. Die Welt muss immer wieder fremd werden für dich …«

Beispiel: *Alle reden schon über dich.*

Fragen: *Wirklich alle? Wer genau? Was reden sie?*

Neue Variante: *Ich habe gehört, dass die Gruppe von Hipstern dort drüben über deine Zehenschuhe getuschelt hat. Und ja, ich gebe zu: Mir tun sie auch auf der Netzhaut weh.*

Beispiel: *Es ist alles meine Schuld.*

Fragen: *Sind nicht eher viele Faktoren dafür verantwortlich, dass etwas gelingt oder schiefgeht? Welche hatte ich in der Hand, welche nicht? Was kann ich besser machen?*

Neue Variante: *Ich konnte nicht ahnen, dass Sonja und Mike sich auf meiner Party streiten. Ich hätte dazwischengehen und einen der beiden hinausbitten müssen, auch wenn es nicht möglich gewesen wäre, eine gerechte Entscheidung darüber zu treffen, wer von den beiden das hätte sein sollen.*

Beispiel: *Ich bin wohl nicht gut im Bett.*

Fragen: *Sagt wer? Waren wirklich immer alle unzufrieden? Von wem habe ich jemals negatives Feedback erhalten? Ist Sex überhaupt eine Leistungsshow? Braucht es nicht immer zwei, um einen guten Tango zu tanzen?*

Neue Variante: *Womöglich stimmt mit meiner neuen Flamme die Chemie noch nicht. Woran das liegt, kann ich noch nicht sagen.*

Beispiel: *Schon wieder wurde ich abgewiesen. Keiner will mich.*

Fragen: *Wurde ich wirklich immer abgewiesen? Will mich wirklich keiner? Hieße das nicht im Umkehrschluss, dass ich es schon bei allen versucht habe?*

Neue Variante: *Ich wurde in dieser einen Situation abgewiesen. Es gibt andere Situationen, in denen ich nicht abgewiesen wurde. Die Gründe für die Abweisung liegen in der Biographie des anderen und haben nichts mit mir zu tun haben. Und schließlich gilt: »Rejection is God's protection!« Es sollte nicht sein, und das ist aus irgendwelchen Gründen bestimmt auch gut so.*

→ 26. TIPP

Werden Sie sich Ihrer verallgemeinernden Schlüsse bewusst. Signalwörter sind »nie« und »immer«, aber auch »alle« oder weitere diffuse Allianzen wie »die Firma«, »die Leute«, »die ganze Stadt«. Versuchen Sie lieber, Situation und Personen zu benennen, um die es geht.

DAS WIRD MAN JA WOHL NOCH SAGEN DÜRFEN!

VERSTECKEN SIE SICH NICHT HINTER IHREM »MAN«.

»Man bereut einiges. Man würde einiges anders machen, man hat einiges falsch gemacht«, sagte ein zerknirschter Ben Tewaag, Problemsohn der Schauspielerin Uschi Glas, im Promimagazin *Exclusiv* auf RTL. In derselben Sendung kam auch Schlagersängerin Michelle zu Wort, die über ihr Leben als Single sprach. »Viele wollen ja was von einem«, sagte sie, »ist nur die Frage, was sie wollen.« Natürlich ist es völlig berechtigt, das unbestimmte Personalpronomen »man« zu verwenden. Es gibt aber drei Fälle, in denen es wert ist, das »man« zu überdenken.

MAN IST ICH.

Häufig benutzen wir »man«, wenn wir eigentlich von uns selbst sprechen, also die erste Person Singular (»ich«) angebracht wäre, so wie bei Ben Tewaag oder Michelle. Wir setzen das »man« als seelischen Schutzschild ein. Das »man« schafft Distanz und relativiert die immer heikle Selbstoffenbarung, indem es den Inhalt entpersönlicht. Der Kommunikationspsychologe Friedemann Schulz von Thun spricht in solchen Fällen von ich-ferner und selbstverbergender Kommunikation.

1. Beispiel: *Man weiß gar nicht mehr, wen man noch um Hilfe fragen soll.*
Frage: *Wer braucht denn Hilfe?*
Neue Variante: *Ich weiß gar nicht, wen ich noch um Hilfe fragen soll.*
2. Beispiel: *Man darf sich nicht entmutigen lassen.*
Fragen: *Wer sagt das? Was würde geschehen, wenn mich der Mut verließe?*
Neue Variante: *Ich fürchte, dass ich weniger wert bin, wenn ich aufgebe.*

MAN IST EIN ANDERER.

Wir sagen »man«, wenn wir verschleiern wollen, wer eigentlich gemeint ist.

1. Beispiel: *Man müsste die Broschüre noch mal überarbeiten.*
Frage: *Wer genau ist zuständig?*
Neue Variante: *Die Text-Abteilung müsste die Broschüre noch mal überarbeiten.*
2. Beispiel: *Man hat mich aus dem Job gemobbt.*
Frage: *Wer genau hat gemobbt?*
Neue Variante: *Mein Vorgesetzter hat mich aus dem Job gemobbt, meine Teamkollegin hat ihm dabei zugespielt.*

Außerdem verwenden wir »man«, wenn wir uns einen nicht näher spezifizierten Alliierten ins Boot holen wollen. Mit der anonymen Verstärkung im Rücken wollen wir unseren Kommunikationspartner schwächen und unseren Willen durchsetzen.

Beispiel: *Man lästert schon über dich.*

Frage: *Wer lästert?*

Neue Variante: *Gaby und Benny haben auch gesagt, dass dir die Männer-Leggins nicht besonders gut stehen.*

MAN SIND ALLE.

Wir drücken mit »man« einen gesellschaftlichen Konsens aus: »Das macht man nicht.« »Man« steht dann für eine abstrakte Autorität. Meist wollen wir dem Kommunikationspartner unseren Willen aufdrängen und ihm verklickern, dass sein Verhalten, welches uns gerade nicht passt, gegen ein allgemeingültiges Gesetz verstößt. Damit ähnelt der Gebrauch des »man«, das alle meint, dem des »man«, das einen anderen meint, nur dass wir hier als Alliierten gleich die ganze Gesellschaft auf unserer Seite wissen wollen. Ungeschriebene Gesetze (und manchmal auch geschriebene) sollten wir jedoch immer hinterfragen. Ab und an stellen wir fest: Sie sind Unsinn. Manchmal ist die Beschneidung unserer individuellen Vorteile aber berechtigt, weil sie dem Allgemeinwohl zugutekommt.

So lauschte ich an einem heißen Sommertag im überfüllten Freibad folgender Diskussion von Bekannten:

Tina, alleinerziehende Mutter, zu Jonas, schwul: »Du hast dich in der Schlange vorgedrängelt, indem du am Eingang sagtest, du müsstest deine Kinder abholen? Du kommst lieber in die Nähe eines ausgehungerten Stechmückenschwarms als in die von Kindern! Das macht man doch nicht.«

»Doch, das kann man machen«, wehrte Jonas sich matt.

Tina, erzürnt: »Wieso sollte man das machen können? Nenn mir einen Grund!«

Jonas: »Es ist eine Grauzone.«

Tina: »Es gibt keine Grauzonen. Entweder man macht etwas oder man macht etwas nicht.«

Tina und Jonas hätten die ins Dadaistische abrückende Diskussion noch fortsetzen können. Doch dann ließ Tina das »man« sausen und ballerte Jonas handfeste Argumente um die Ohren: »Mich ärgert es persönlich, dass du dich mit einem Trick vorgedrängelt hast. Ich musste 20 Minuten in der prallen Sonne Schlange stehen. Wenn die am Einlass nachher sehen, dass du das Schwimmbad zwar mit einem Kerl verlässt, der dein Sohn sein könnte, aber andererseits auch beim besten Willen kein Kind mehr ist, wissen sie, was los ist. Und wenn dann wirklich mal eine Mutter oder ein Vater zu den Kindern will, werden sie misstrauisch sein.«

Jonas gab sich geschlagen. So ziemlich: »Du hast zwar recht, aber ich finde meine Meinung besser.«

→ **27. TIPP**

> Oft macht es die Kommunikation offener, genauer und persönlicher, wenn Sie sagen, wer gemeint ist, statt den Gemeinten mit dem generalisierenden Pronomen »man« zu verschleiern.

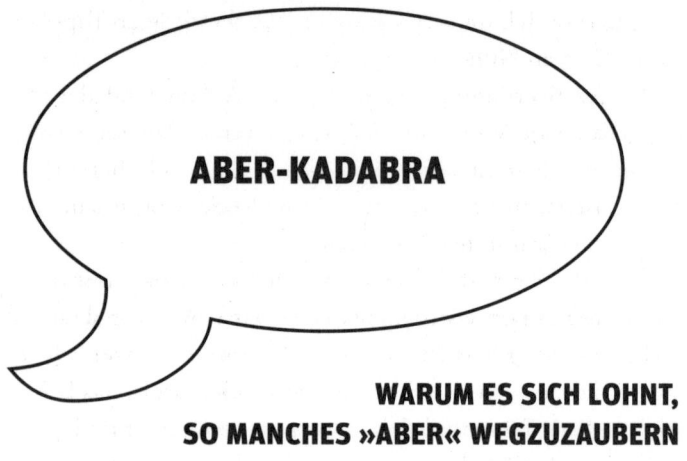

ABER-KADABRA

WARUM ES SICH LOHNT, SO MANCHES »ABER« WEGZUZAUBERN

Die im Konferenzraum wartenden Mitarbeiter überspielten ihre Anspannung durch betont gelassene Gesten, ironischen Smalltalk und kleine Witzchen. Bis die Artdirectorin den Raum betrat. Sie setzte sich langsam hin und musterte die Männer und Frauen am Tisch mit einem festen Blick, der sagen wollte: »Vor euch habe ich keine Angst.« Dann begann sie zu sprechen: »Ich bedanke mich für die zahlreichen Vorschläge zur neuen Kampagne. Sie sind gut.« Sie machte eine Pause. »Aber sie sind nicht außergewöhnlich.«

»Du hast meine gesamte Wäsche ruiniert!«, zeterte Karla in der WG-Küche in Richtung ihrer Mitbewohnerin Simone. »Alles ist rosa! Hast du etwa Miss Piggy mitgewaschen?« Nein, die Schweinedame war es nicht. Simone hatte noch schnell ihr neues rotes Spannbetttuch in die Waschtrommel gestopft, das aufdringlich auf Karlas komplette Wäsche abgefärbt hatte. Neue, rote Spannbetttücher sind etwas wie die Alphatiere unter der Wäsche. »Es tut mir leid«, sagte Simone und fügte kaltschnäuzig hinzu: »Aber es war vielleicht auch mal nötig, dass du dich von dem

Zeug trennst. Ich meine, bauchfreie Spaghettiträger-Tops?! Es ist zu früh für ein Nullerjahre-Revival!«

Bei der Beerdigung meines Onkels Achim fand der Pfarrer wertschätzende Worte für den Verstorbenen, hob seinen Familiensinn und sein Engagement für die Gemeinde hervor. »Aber hey«, flüsterte mir mein neben mir stehender Cousin zu. »Er war schon ein verdammtes Arschloch.«

Es ist die Kraft des kleinen Wörtchens »aber«, mit der alles, was vorher gesagt wurde, entwertet wird. Was vor dem »aber« gesagt wurde, gilt nicht mehr. »Ich liebe dich, aber ich werde dich verlassen.« Es ist nicht das Liebesbekenntnis, das bei einem solchen Satz hängenbleibt. »Aber« wirkt einschränkend und berichtigend. Für die *Zeit*-Autorin Fabienne Hurst ist es das »beklopteste Wort« des Jahres 2015, eine »Allzweckwaffe irregeleiteter Ideologieverdreher und ewiger Bedenkenträger«. Als Beispiele nennt sie Horst Seehofers »Die CSU steht zur Kanzlerin, aber …«, das »Wir müssen den Flüchtlingen helfen, aber …« der EU und das »Ich bin kein Nazi, aber, …« des, nun, des Nazis. »Aber« bezeichnet einen Einwand, eine Gespaltenheit im Urteil und im Empfinden. »Aber« ist die Peitsche, nachdem uns ein Stück Zuckerbrot hingeschmissen wurde. Ein »Aber«-Satz nach einer Entschuldigung macht die Entschuldigung, wie im Fall von Karla, Simone und der gefärbten Wäsche, völlig zunichte.

Aufs »aber« verzichten …? Ja, aber das geht doch nicht! Nein, tatsächlich nicht. Wir brauchen keine »aber«-freie Sprache. »Aber« ist so häufig, weil es in unserer widersprüchlichen Welt so nützlich ist. »Aber« verbindet These und Antithese. Doch »aber« ist selten ohne Alternative. Was würde passieren, wenn wir ohne »aber« formulierten? Zunächst weichen wir bei diesem inneren »Tabu«-Spielchen auf »aber«-Synonyme aus. Zu ihnen gehören »jedoch«, »trotzdem«, »andererseits«, »dennoch«, »allerdings«. Viel besser wird es dadurch nicht. Was wäre, wenn wir uns auch die nicht gestatten würden? Dann geschieht etwas Wundersames. Plötzlich wird unser Gespräch wahrhaftiger.

Beispiel: *Mir geht es gut, aber mich belastet gerade meine Arbeit.*
Neue Variante: *Mir geht es gerade nicht so gut. Meine Arbeit belastet mich.*
Klingt ehrlich. Es wird klar: Den ersten Satzteil braucht man nicht, er entspricht einer sozialen Erwartung und nicht der Wahrheit.

Beliebt sind »aber«-Konstruktionen, die mit scheinbarer Empathie starten: »Ich verstehe dich, aber …« Die schnörkellose Variante ohne »aber« ginge in etwa so: »Ich kann dich nicht verstehen …«

Auch die Artdirectorin müsste umdenken, wollte sie ihren Konferenzraum zur »aber«-freien Zone erklären. Das könnte sich in etwa so anhören: »Mir haben die Vorschläge bisher gut gefallen. Um den Kunden zufriedenzustellen, brauche ich noch Ihre wirklich außergewöhnlichen Ideen.« Eine solche Ansage wäre hart, aber fair.

Die Mitbewohnerin wiederum könnte den WG-Frieden wiederherstellen, indem sie einfach dabei bleibt, dass ihr das Drama um die verfärbte Wäsche leidtut – und sich den aufmüpfigen zweiten Teil ihrer Botschaft schenkt. Ihr liegt offenbar schon länger auf der Zunge, dass sie Simones Kleidung als Affront gegen ihr eigenes ästhetisches Empfinden betrachtet. Der Konflikt um die geschändete, ehemals weiße Wäsche ist einfach kein guter Anlass, um Simones Modestil zu kritisieren. Es handelt sich um den leicht durchschaubaren Versuch, den Konflikt auf einen Nebenkriegsschauplatz zu verlagern.

Der Cousin auf der Beerdigung hätte sagen können: »Das, was der Pfarrer da sagt, ist nicht die ganze Wahrheit. Du weißt es, und ich weiß es. Onkel Achim konnte ein ziemliches Arschloch sein.« Oder er hält einfach mal die Klappe.

Manchmal kann ein »und« für ein »aber« einspringen. Der zweite Teil der Botschaft ist dann eine Ergänzung, bestenfalls ein Ausblick, statt den ersten zu entwerten. Im Falle der Artdirectorin könnte sich das so anhören: »Die bisherigen Vorschläge waren gut. Und wenn wir jetzt noch etwas finden, bei dem der Kunde denkt: ›Wow, das ist außergewöhnlich‹, dann ziehen wir diesen großartigen Auftrag an Land.« Elegant wirkt auch ein »zugleich« anstelle des »aber«.

Beispiel: *Mir gefällt das Drehbuch sehr gut. Aber ich wünsche mir ein weniger schablonenartiges Ende.*

Neue Variante: *Mir gefällt das Drehbuch sehr gut. Zugleich wünsche ich mir ein weniger schablonenartiges Ende.*

→ **28. TIPP**

Versuchen Sie gelegentlich, einen »Aber«-Satz einzusparen. Prüfen Sie: Ist es wirklich nötig, den ersten Teil Ihrer Aussage zu entwerten. Oder ist der erste Teil Ihrer Aussage der unnötige?

Umgekehrt können Sie das »aber« auch nutzen, um eine negative Aussage aufzuwerten. Ein Schachzug gelang dem damaligen Regierenden Bürgermeister von Berlin, Klaus Wowereit, mit seinem legendären Satz über seine Stadt. Nach dem »Und das ist auch gut so.« gelang ihm ein zweites geflügeltes Wort – eine Topbilanz für einen Politiker. Seitdem ist Berlin: »Arm, aber sexy.« Das »arm« störte nicht weiter, es war das »sexy«, das bei diesem Slogan im Gedächtnis blieb. Berlin hatte seinen lasterhaften Ruf weg – und wirkte wie ein Magnet auf Besucher aus aller Welt. Und ganz so arm ist die Hauptstadt inzwischen auch nicht mehr.

DU KANNST MICH MAL!

WIE DAS WÖRTCHEN »MAL« UNS UNVERBINDLICH MACHT

Maja und Jeanette laufen sich zufällig am Bahnsteig in die Arme, begrüßen sich jauchzend, als träfen sie sich erstmals nach zehn Jahren sibirischer Kriegsgefangenschaft wieder. »Wir müssen uns unbedingt mal wieder treffen!« Ja, das wäre bestimmt lustig! Doch Maja weiß es, Jeanette weiß es und ich weiß es auch: Aus dem Treffen, so richtig im wirklichen Leben, vis-à-vis, wird nichts. Man sieht sich auf Facebook …

Gäste, die sagen »Wir gehen dann mal nach Hause«, wollen vielleicht aufgehalten werden und entwickeln womöglich noch ein ausgeprägtes Sitzfleisch. Der Stapel unserer »mal«-Aussagen ist hoch. Er wächst stetig und baut sich niemals ab. »Wir müssten mal wieder in die Berge fahren.«, »Wir können doch mal in eine Ausstellung gehen.«, »Man müsste mal Yoga machen.«, »Ich will mal nach Australien.« In einem Paralleluniversum sind wir hoffentlich der tolle Hecht mit dem abwechslungsreichen, erfüllten Leben, der all das erlebt. In diesem Universum schmuggeln wir lieber noch ein »mal« in unseren Satz. Kostet ja nichts.

Auch in Sätzen in der Vergangenheitsform kommt das »mal« zum Einsatz. »Es gab da mal einen Vorfall ...«, heißt es dann, und das erinnert an den Beginn einer Märchenstunde. Es will sagen: Eigentlich tut die folgende Story nix (mehr) zur Sache. Aber dann ist es doch ganz amüsant zu hören, dass die schicke Jolanda nach ihrer Scheidung vor vier Jahren einen Nervenzusammenbruch erlitten hatte. Sie war damals in Unterwäsche über das Schulfest ihrer Ex-Stiefkinder geflitzt, hatte ihren Ex-Mann beschimpft und versucht, die völlig überrumpelten Daddys zu knutschen.

»Ja, ich war mal im Knast«, gibt Carolas neues Date zu, ein schneidiger Immobilienmakler. Sie verlangt ja kein Führungszeugnis von den Männern, mit denen sie sich trifft. Aber in dem Fall hatte sie ihn vorsichtig darauf angesprochen, denn ihr war etwas von einem nicht ganz unerheblichen Steuervergehen zu Ohren gekommen ist. In Wahrheit war er erst seit zwei Wochen draußen. Aber er ging immer schön brav zum Bewährungshelfer.

Was ist eigentlich mit »mal« gemeint? In den genannten Zusammenhängen ist das Modalpartikel »mal« ein Synonym für »irgendwann«. Gleichzeitig schwingt noch die Beiläufigkeit und Unverbindlichkeit mit, die es auch als Partikel in Zusammenhängen wie »Ich lese das mal eben.« oder »Ich muss noch mal los.« hat. »Mal« ist ein unscheinbares Wörtchen, das sich schnell mal in den Satz schleicht. Aber es hat es faustdick hinter den Ohren. Es ist der diplomatische Abstandhalter.

»Mal« ist aber auch das faule, feige, oberflächliche Miststück unter den Adverbien, das uns und anderen gern was in die Tasche lügt. Taucht »mal« als Begleiter eines Verbs in der Vergangenheit auf, soll es scheinheilig darauf hindeuten: lange her, tut nichts mehr zur Sache. Aber das Gegenteil ist der Fall. Die Story ist hochbrisant, so wie die von Jolandas Zusammenbruch, sonst würden wir sie ja nicht erzählen.

Weil wir mit »mal« unverbindlich bleiben, ist es so beliebt geworden. Wir lassen uns im Zeitalter der beschleunigten und unendlichen Möglichkeiten ungern auf etwas festnageln, weder auf einen Partner noch auf einen Job und auch nicht darauf, was wir Freitagabend unternehmen.

→ **29. TIPP**

Ersetzen Sie das »mal« in seiner »irgendwann«-Bedeutung mit einer Zeitangabe. Wenn Sie etwas wirklich wollen und es Ihnen nicht nur darum geht, höfliche Floskeln auszutauschen, dann werden Sie konkret.

Das heißt nicht, dass Sie sich noch während der zufälligen Begegnung am Bahnsteig einen Termin für die Verabredung vereinbaren müssen. Aber Sie können einen nächsten Schritt ansteuern: »Ich ruf dich nächste Woche an, und dann machen wir was aus.« Sie wollen gar keine Verabredung? Dann sagen Sie gar nichts. »Es war schön, dich wiedergetroffen zu haben«, reicht als Ausstieg aus dem Gespräch. Und wenn Ihnen jemand damit kommt, Sie unbedingt »mal« treffen zu wollen? Versuchen Sie es mit einem »Klar, wann denn?«. Der andere wird Sie möglicherweise angucken, als seien Sie ein potenzieller Stalker, und panisch flüchten. Oder er wird erfreut sein, dass Sie es ernst meinen.

Zeitangaben statt »mal« zu verwenden tut gar nicht weh. Es setzt Dinge in Bewegung und lässt uns einen Schritt vorankommen. »Wollen wir uns nächstes Wochenende treffen und unseren Bergtrip planen?« Oder: »Wo kann man denn gut Yoga machen, weißt du was?« Oder aber, statt des Märchen-»mals«: »Vor etwa vier Jahren gab es einen Vorfall ...«

Probieren Sie es mal aus. Halt, nein, versuchen Sie es direkt heute!

**NOCH IST
NICHT ALLES GESAGT!**

**WAS DAS WÖRTCHEN
»NOCH« BEWIRKT**

Es ist unscheinbar, es ist allgegenwärtig: das Adverb »noch«. Allerdings wäre es ein Fehler, das Wörtchen zu unterschätzen. Es besitzt die Macht, Untergangszenarien genauso heraufzubeschwören wie eine Vision vom gelobten Land. Es hat verschiedene Bedeutungen. Im Sinne von »gegenwärtig« und »zurzeit« entfaltet »noch« sein ganzes Können. »Noch können wir die Sache stemmen.« »Die Trinkwasserspeicher sind noch voll.« Hier weist es darauf hin, dass in Zukunft etwas anders aussehen könnte als gerade noch. Es beinhaltet, dass unsere Welt sich stetig ändert. Es zeigt Gefahren auf, aber auch Chancen, Ausblicke und Möglichkeiten. Es regt die Phantasie an. Es stimuliert unsere Motivation. Sätze mit »noch« können uns aber auch drohen oder manipulieren. So oder so, »noch« fordert uns zu schnellem Handeln auf.

→ 30. TIPP

Nutzen Sie die Kraft des Wörtchens »noch«. Sie können es einsetzen, um etwa Vorwürfen zu begegnen, einen optimistischen Ausblick zu bieten. Außerdem können Sie Ihrem Gegenüber bei einem Angebot zu verstehen geben, dass er nicht auf dem Holzweg ist, sondern Ihre Bedingungen bisher nicht erfüllt sind.

In den folgenden Fällen verleiht »noch« dem Satz Bewegung und Entwicklung. Oder zumindest Hoffnung, wo der Satz zuvor allein Resignation ausdrückte.

Beispiele:

Was, das weißt du nicht?
→ **Ich weiß das noch nicht.**
Das kannst du nicht.
→ **Ich kann das noch nicht.**
Ich weiß darauf keine Antwort.
→ **Ich weiß darauf noch keine Antwort.**
Ich will nicht mit dir schlafen.
→ **Ich will noch nicht mit dir schlafen.**
Ich schaffe das nicht allein.
→ **Ich schaffe das noch nicht allein.**
Ich kann damit nicht aufhören.
→ **Ich kann damit noch nicht aufhören.**

Bei einem Verkaufsgespräch, wirkt »noch« manipulativ und auf subtile Weise drängend:

Verkäufer: »Sie haben sich noch nicht entschieden?«

Es setzt voraus, dass man eines der Produkte kaufen soll. Als Antwort können Sie dem »noch« eine Abfuhr erteilen:

Sie: »Ich möchte mich nur informieren und gar keine Entscheidung treffen.« (Eigentlich wollen Sie die Ware billig und bequem im Internet bestellen.)

Im folgenden Fall hat »noch« die Bedeutung von »außerdem«, verleiht der Aussage aber eine subtil ungeduldige und bedrängende Note:

Beispiel: *Können Sie mir noch sagen, mit wem ich das Vorstellungsgespräch führen werde?*

Dieses »noch« können Sie durch »schon« ersetzen. Dann fühlt sich der Angesprochene nicht in der Defensive, weil er ein vermeintliches Versäumnis wettmachen soll. Seine Antwort erscheint ihm vielmehr als eine Bonus-Information.

Neue Variante: *Können Sie mir schon sagen, mit wem ich das Vorstellungsgespräch führen werde?*

Kannst du mir noch sagen, wann du ankommst?
→ **Kannst du mir schon sagen, wann du ankommst?**

Wo kein »schon« passt, können Sie das »noch« oft ersatzlos streichen.

Mir fehlt noch der Bericht von letzter Woche.
→ **Mir fehlt der Bericht von letzter Woche.**

Ein Beispiel:
Chef: *Sie sind also noch unentschlossen, ob Sie unser Jobangebot annehmen wollen.*

Hier unterstellt der Gesprächspartner, dass sich Ihre Meinung noch ändern könnte. Wenn er sich irrt, sagen Sie das entschieden:
Sie: *Nein, ich möchte den Job nicht annehmen.*

Wenn es tatsächlich eine Möglichkeit gibt, nennen Sie die Bedingungen.

Sie: *Ich kann mir den Job zu anderen Konditionen vorstellen.*

An Satzanfängen beschwört »noch« Zukunftsszenarien. Meistens sind sie düster:

Noch komme ich allein klar.

Hier handelt es sich um eine indirekte, aber unterschwellig Unheil ankündigende Aufforderung an Sie. Sie sollen helfen. Vielleicht haben Sie nach Meinung des Gesprächspartners den idealen Zeitpunkt, ihn zu unterstützen, schon versäumt. Sie können auf die unausgesprochene Aufforderung eingehen und versuchen, sie durch Fragen zu konkretisieren.

Sie: *Wann brauchst du denn Hilfe, und woran merke ich, dass es so weit ist?*

Noch können wir uns unsere Wohnung leisten.

Hier fürchtet der Sprecher, dass bald ein Umstand eintritt, der es ihm unmöglich macht, weiter in seiner Wohnung zu bleiben, etwa eine steigende Miete. An dieser Stelle können Sie nachfragen, was denn genau die Umstände wären, unter denen der Gesprächspartner ausziehen müsste.

Sie: *Wann könnten Sie sich Ihre Wohnung denn nicht mehr leisten?*

In engem Zusammenhang mit dem »noch« steht das Wort »sobald«. Die Konjunktion ist ein weiteres kleines Wort mit großer Kraft. Sie stellt eine Wenn-dann-Bedingung auf. Wenn X zutrifft, dann trifft auch Y zu.

→ **31. TIPP**

Statt zu drohen oder in die Enge zu treiben, betont ein mit »sobald« eingeleiteter Nebensatz die Wahlfreiheit unseres

Gesprächspartners. Der »sobald«-Satz als positiver Satzteil steht dabei bestenfalls an zweiter Stelle.

Du musst erst einmal dein Handy weglegen. Dann können wir uns unterhalten.

→ **Sobald du dein Handy weggelegt hast, können wir uns unterhalten.**

Deine Ex ist immer noch Teil deines Lebens. Da sehe ich keinen Raum für uns beide.

→ **Sobald du dich von deiner Ex abgenabelt hast, sehe ich auch wieder Raum für uns beide.**

Statt abzuwimmeln oder einen Wunsch abzuschlagen, erzeugen Nebensätze mit »sobald« ein Bild vom Ziel. Sätze mit »sobald« heben eine Lösung hervor oder bieten eine Aussicht. Verneinungen lassen sich durch »sobald« auflösen.

Ich kann jetzt nicht telefonieren. Ich bin noch im Büro.

→ **Sobald ich zu Hause bin, können wir telefonieren.**

Wir können noch nichts zu Ihrer Bewerbung sagen. Wir sind noch mitten im Auswahlverfahren.

→ **Wir melden uns bei Ihnen, sobald wir das Auswahlverfahren abgeschlossen haben.**

Im Moment habe ich wenig Zeit. Ich stecke doch im Examen.

→ **Ich habe wieder mehr Zeit, sobald ich mein Examen abgeschlossen habe.**

JETZT MAL EHRLICH!

DIE *EHRLICH*-LÜGE

»Wohin soll ich gehen, was soll ich machen?«, fragt Vivien Leigh als Scarlett O'Hara in *Vom Winde verweht* (1939) ihren Geliebten Rhett Butler (Clark Gable). Der antwortet nur: »Ehrlich gesagt, meine Liebe, es ist mir verdammt egal.« Das *American Film Institute* wählte die letzten Worte Rhetts an Scarlett als den besten Filmsatz aller Zeiten. In der Buchvorlage von Margaret Mitchell fehlt übrigens das einleitende »Ehrlich gesagt«. »Ehrlich gesagt, sind wir hinter den coolen Kids her«, sagte Michael Jeffries, Chef der US-Mode-marke Abercrombie and Fitch, die nur Kleidergrößen für schlanke Konsumenten anbot. »Wir wollen die attraktiven, typisch amerikanischen Teenager mit einer tollen Ausstrahlung und vielen Freunden.« Die Worte lösten eine Empörungswelle aus. »Ich finde es ehrlich gesagt dumm«, sagte Vizekanzler Sigmar Gabriel, nachdem das schuldengebeutelte Griechenland von Deutschland Reparationszahlungen für die Verbrechen im Zweiten Weltkrieg forderte.

Wer also tief Luft holt und seinen Beitrag mit »Ehrlich gesagt« einleitet, der traut sich was und klopft sich für seinen Mut selbst auf die Schulter. Der sagt etwas Unangenehmes, das bisher unter den Tisch gekehrt wurde. Oft bezieht es sich auf uns, den Gesprächspartner, weswegen wir bei dem Signal »Ehrlich gesagt« schon einmal die Ohren anlegen wie ein Hund, der etwas ausgefressen hat. Jetzt können wir uns was anhören. Die nackte, schonungslose Wahrheit. »Ehrlich gesagt, der Männerdutt steht dir nicht.« Oder der Sprecher sagt etwas über sich, aber das, was er sagt, wird uns nicht in den Kram passen: »Ehrlich gesagt, mir drei Stunden lang *Anna Karenina* im Theater anzuschauen ist für mich so, als müsste ich eine dreiteilige Doku über den Kaiserschnitt über mich ergehen lassen. Gekaufte Karten, hin und her …«

Folgt nach einer »Ehrlich gesagt«-Eröffnung ein Statement über andere, hat man es mit einem geschmacklich fragwürdigen Verwandten der Phrase zu tun: »Das wird man ja wohl noch sagen dürfen« oder, noch schlimmer, »Unter uns Betschwestern« Weitere Varianten von »ehrlich gesagt« sind »machen wir uns nichts vor«, »um das Kind beim Namen zu nennen«, »jetzt mal ehrlich« oder »im Vertrauen«.

Der einleitende Partizipialsatz »ehrlich gesagt« markiert den nachfolgenden Satz als besonders erkenntnisreich. Er soll sich von allem abheben, was zuvor gesagt wurde. Also war alles davor eine Lüge? Tatsächlich nutzen wir die Einleitung »Ehrlich gesagt«, wenn wir nicht allzu viel Vertrauen haben, wenn wir glauben, dass unsere Gesprächspartner und ganz besonders wir selbst nur Lügen erzählen oder Wahrheiten verschweigen. Die Phrase zeugt von einer pessimistischen Weltsicht. Sie klingt, als erteile man sich im Vorfeld eine Absolution, jemanden vor den Kopf zu stoßen. Im Nachhinein erscheint diese Absolution gern in Form von »Ich bin eben ehrlich …« bzw. »Ist doch wahr!«: »Ja, ich habe deine Mutter gerade eine schwabbelige Schmarotzerin genannt, die nur zu Besuch kommt, um sich auf unsere Kosten den Wanst vollzuschaufeln. Ich bin eben ehrlich!« Einer musste es ja mal sagen!

Was 1939 bei einem liebesmüden, resignierten Rhett Butler noch dramatisches Gewicht hatte, ist zu einer Floskel verkommen, die unseren heiligsten Wert anzapft, die Ehrlichkeit. Wir nutzen sie dafür, um uns eine Meinung oder ein subjektives Empfinden als objektive Wahrheit zu verkaufen.

→ **32. TIPP**

> Wenn Sie Tacheles reden wollen, brauchen Sie die »Ehrlich«-Floskel nicht. Die Betonung des Ehrlichen macht Sie nur verdächtig. Alternativ können Sie Ihren Beitrag mit »Ich bin der Meinung« einleiten.

Ein Beispiel zur Entschärfung:

Ehrlich gesagt, es wird Zeit, dein Kind abzustillen. Es wird diesen Sommer eingeschult.
→ Ich bin der Meinung, du solltest dein Kind abstillen.

Sobald Sie auf diese schwierige Floskel verzichten, drücken Sie aus, dass Sie Ihre subjektive Wahrnehmung nicht zwangsläufig mit der Wirklichkeit gleichsetzen. Möglich, dass auf »ehrlich gesagt« die größten Lügen folgen. Oder nahm irgendjemand Rhett Butler ab, dass ihm seine geliebte Scarlett wirklich so egal war?

NICHT WAHR?

WO VERNEINUNG
VON VORTEIL IST UND WO NICHT

Eigentlich war Viviane nach ihrem Zwölf-Stunden-Tag nur noch in Stimmung, sich ihre Kauschiene in den Mund zu schieben und sich eine Folge *Homeland* auf Netflix reinzupfeifen: Doch ihr Freund Richard startete eine Grabbeloffensive, die sie entschieden zurückwies. Richard grunzte beleidigt. Viviane legte ihre Beißschiene noch einmal zurück auf den Nachttisch und richtete sich auf: »Ich bin nun mal nicht die Frau, die sich nach Feierabend noch in heiße Reizwäsche wirft und ihrem Typen wilde Ganzkörpermassagen verpasst.« Richard blickte sie daraufhin an wie ein ausgehungerter Hund eine Dose Chappi. Viviane rollte mit den Augen, seufzte resigniert: »Du hast nur Reizwäsche und Massage verstanden, richtig?«

Bei einer Verneinung haben wir automatisch das Objekt vor Augen, das negiert wird. Die Verneinung wird vom Unbewussten gar nicht mitverstanden. Ein häufig bemühtes Beispiel: »Denken Sie nicht an einen rosa Elefanten.« Wir können den Satz nicht lesen, ohne uns den rosa Elefanten vorzustellen. Deswegen ist es vorteilhaft, Ziele positiv zu formulieren:

Ich möchte nicht mehr über andere lästern.

→ **Ich möchte nur noch freundlich über andere sprechen.**

→ **33. TIPP**

> Wandeln Sie Verneinungssprache in positive Sprache um.
> Denn im Unbewussten bleibt der negative Begriff haften.

Deutlich wird das beispielsweise beim Adjektiv »sorglos«, in dem die Sorgen durch das Suffix »-los« negiert werden. Trotzdem bleiben die Sorgen im Ohr. Und so meinen wir, wenn wir »Du bist sorglos.« sagen, tatsächlich: »Du hast eigentlich Grund, dir Sorgen zu machen. Ich verstehe deine Unbeschwertheit nicht.«.

Hab keine Angst vor der Prüfung.

→ **Du schaffst die Prüfung!**

Ich will dich eine Weile nicht sehen.

→ **Ich brauche eine Weile Zeit für mich.**

Ich möchte heute nicht ausgehen.

→ **Ich möchte heute lieber zu Hause bleiben.**

Kein Problem.

→ **Klar, gern.**

Mach dir keine Sorgen.

→ **Alles wird gut.**

Ich bin fast nie zu spät.

→ **Ich bin fast immer pünktlich.**

Reg dich nicht auf!

→ **Bleib ruhig.**

Keine Panik.

→ **Alles ist gut.**

Es gibt keinen Grund zur Beunruhigung.

→ **Alles läuft wie vorgesehen.**

Mach dir doch keinen Kopf.

→ **Bleib doch zuversichtlich.**

Vergiss nicht, dass wir um drei Uhr verabredet sind.

→ **Denk dran, dass wir um drei Uhr verabredet sind.**

Der Eingriff wird nicht weh tun.

→ **Der Eingriff ist harmlos.**

Lass nicht alles in der Küche herumliegen.

→ **Hinterlass die Küche bitte sauber.**

Ich möchte nicht verletzt werden.

→ **Ich möchte gut behandelt werden.**

Jetzt sieh bloß nicht hin!

→ **Bitte weiter mich anschauen.**

Bitte stell die Musik nicht so laut.

→ **Bitte stell die Musik leiser.**

Waren Sie mit unserem Service unzufrieden?

→ **Wo können wir unseren Service verbessern?**

Was ist schiefgelaufen?

→ **Was können wir anders machen?**

Auch wenn der negierte Begriff kein negatives Wort ist, erzeugt eine positive Formulierung ein positives, weil dynamisches und auf die Zukunft gerichtetes Bild.

Ich weiß es im Moment nicht.

→ **Ich erkundige mich.**

Es liegt nicht in meiner Verantwortung.

→ **Verantwortlich ist die externe Agentur.**

Heute geht es nicht mehr.

→ **Morgen geht es wieder.**

Du hast mich missverstanden.

→ **Ich wollte etwas anderes sagen.**

Du kannst es nicht.
→ **Du musst es noch üben.**

→ **34. TIPP**

> Andererseits können Sie eine Verneinung nutzen, um ein positives Wort in den Satz aufzunehmen. Hier bewirkt die Verneinung einen Blick nach vorne und bringt eine Vorstellung vom Ziel ins Spiel.

Ich bin pleite.
→ **Mir fehlt das Geld.**
Ich habe heute schlecht gespielt.
→ **Ich habe noch nicht gut gespielt.**
Ich fühle mich krank.
→ **Ich fühle mich nicht gesund.**
Es ist schwer.
→ **Es ist nicht leicht.**
Die Gegend ist hässlich.
→ **Die Gegend ist nicht schön.**

Überprüfen Sie Ihre Verneinungen, etwa in Ihrer nächsten E-Mail, und testen Sie, wo sie sich durch eine positive Formulierung ersetzen lassen. Wie verändert sich dadurch die Tonart? Wahrscheinlich klingen Sie zugänglicher, zielstrebiger und freundlicher.

Lieber Kai, danke für dein Angebot. Montag kann ich nicht telefonieren, weil ich den ganzen Tag in der Produktion stecke, und vorher habe ich auch den Kopf nicht frei. Also nicht vor Dienstag. Gruß Oliver
→ **Lieber Kai, danke für dein Angebot. Ich schlage vor, dass wir Dienstag telefonieren, dann habe ich die Produktion hinter mir und den Kopf frei. Gruß, Oliver**

IHR WISST JA, DASS IHR NICHTS WISST

WIE SIE VERSTECKTE VORWÜRFE ERKENNEN UND VERMEIDEN

»Ihr habt doch sicherlich auf dem Schirm, dass Thomas Gottschalk morgen 60 wird«, sagte mein Chefredakteur vor Jahren
in der Morgenkonferenz. Verlegenes Räuspern und In-die-Luft-
Gucken. Niemand hatte dran gedacht. Kein Interview war ange-
fragt, keine Bildergalerie mit 60 Aufnahmen seiner kreischbunten
Anzüge und seiner spektakulärsten Star-Begegnungen war fürs
Internet vorbereitet. Nichts. Derart ertappt, blieb uns nur, uns an
der Kaffeemaschine zu solidarisieren. Wir tuschelten uns unsere
Würde zurück: »Wenn dem Chef so klar war, dass morgen Gott-
schalks Geburtstag ist, dann hätte er das Thema ja selbst recht-
zeitig zur Sprache bringen können. Der ist doch auch erst heute
Morgen beim gemütlichen Zeitungsblättern drauf gestoßen.«

Wörtchen wie »ja«, »sicherlich« oder »doch« kommen scheinbar
unauffällig daher. Sie dienen unter anderem dazu, Übereinstimmung zwischen Sprecher und Hörer zu stiften. Sie markieren das,
was Sprachwissenschaftler eine Präsupposition nennen: Der Sprecher weist mit Hilfe dieser Wörtchen über die aktuelle Gesprächs-

situation hinaus und setzt ein übereinstimmendes Wissen oder eine Übereinkunft voraus.

Beispiel: *Der Chef kann ja nie zugeben, wenn er selbst was verpeilt.* Die sogenannten Abtönungspartikel können einem Satz auch Schärfe verleihen. Nämlich dann, wenn sie eine »Wisst ihr …«-Frage paraphrasieren. So wie mein Chef in der Konferenz. Vorgeblich setzte er als selbstverständlich voraus, dass wir alle über den runden Showmaster-Geburtstag informiert und entsprechend vorbereitet seien. Auf einer Tiefenebene aber hielt er uns vor, dass wir etwas vergessen hatten, das wir nicht hätten vergessen sollen.

Subtext des Chefs: *Ihr Vollpfosten habt also den runden Geburtstag von Deutschlands größtem Showmaster verschwitzt! In der guten alten Journalisten-Zeit hätte man jedem Einzelnen von euch einen Aschenbecher an den unnützen Schädel geschmissen. Schämt euch!*

In solchen Fällen zweifelt der Sprecher an, dass das vorgeblich vorausgesetzte Wissen beim Hörer tatsächlich besteht. Während er vordergründig eine Aussage bestätigt, unterstellt er in Wahrheit ein Versäumnis. Er meint: »Wir müssten es beide wissen, aber ich habe den Verdacht, du weißt es nicht.«

»Ihr wisst ja«-Sätze schaffen ein Ungleichgewicht in der Gesprächssituation. Wie jeder Vorwurf provozieren sie den Hörer zu einer Abwehrreaktion. Der Angesprochene glaubt, sich rechtfertigen zu müssen. Solche Sätze geben ihm das Gefühl, dumm oder inkompetent zu sein, wenn er nicht weiß, was zu wissen selbstverständlich ist. Der Angesprochene fühlt sich ertappt, weil er eben nicht weiß, worum es geht, es vergessen hat oder die Wichtigkeit nicht erkennt. Er ist offenbar ein Ignorant, ein Arbeitsverweigerer, ein Dilettant. Denn das Wissen, das verhandelt wird, wird als selbstverständlich vorausgesetzt. Als so selbstverständlich, dass es sich erübrigt, danach zu fragen. Und dennoch bezweifelt der Sprecher, dass der Hörer über diese Selbstverständlichkeit informiert ist. Er kennt schließlich seine Pappenheimer. Manchmal wird am Ende solcher Sätze die Stimmlage angehoben wie bei einer Frage, auch wenn es sich grammatisch um eine Aussage handelt. Der Sprecher tarnt die Frage in einer vergewissernden Aussage, um einen Vorwurf zu verpacken. Deswegen fühlt sich der Empfänger solcher Botschaften gegängelt, belehrt und vor den Kopf gestoßen. Der Sprecher legt auf überhebliche Weise einen Finger in die Wunde.

»Es ist ja so, dass man vorab Karten kaufen muss, um da Vincis *Abendmahl* zu besichtigen.« Aha, wusste ich nicht, danke für die Information. »Du weißt doch, dass ich nächste Woche operiert werde.« Nein, hatte ich unsensibler Klotz total vergessen. »Dir ist ja sicherlich bekannt, dass ich Vegetarier bin.« Nein, ich hatte keine Ahnung, aber jetzt weiß ich, dass ich, eine Stunde bevor die Gäste kommen, noch eine Alternative zum Schweinefilet herzaubern muss.

Folgende Beispiele zeigen, wie man den erhobenen Zeigefinger vermeidet:

Wisst ihr, dass Gottschalk morgen 60 wird? Haben wir dazu was vorbereitet?

Weißt du noch, dass ich nächste Woche operiert werde?

Hast du vor deiner Mailand-Reise online Tickets für Da Vincis *Letztes Abendmahl* bestellt? Sonst kommst du nämlich kaum in die Kirche rein.

→ **35. TIPP**

> Statt unsere Mitmenschen mit einer »Du weißt ja«-Paraphrase zu quälen, können wir unsere Zweifel offenlegen und die voraussetzende Schein-Aussage auch grammatisch als Frage formulieren.

**HALTEN SIE DOCH
EINFACH MAL DEN MUND!**

**VON DER
MACHT DES SCHWEIGENS**

**»WENN DU REDEST,
DANN MUSS DEINE REDE BESSER SEIN,
ALS DEIN SCHWEIGEN GEWESEN WÄRE.«**
Arabisches Sprichwort

Wort-Inflation auf allen Kanälen! Vom Meeting über den Stammtisch bis zur Talkshow, von Facebook bis Twitter – gerade vor der Bundestagswahl wird debattiert und geschlaumeiert. Mit Hilfe von Coaches wollen wir mithalten und trainieren uns Redegewandtheit und Schlagfertigkeit an. Aber braucht man wirklich auf alles eine Antwort? »Ja«, sagt Dr. Cornelia Topf, Kommunikationstrainerin und Autorin des Buchs *Einfach mal die Klappe halten. Warum Schweigen besser ist als reden,* zu mir. »Aber das kann auch Schweigen sein. Eine meist beredte Art der Antwort.«

Auch Holm Friebe erklärt in seinem Buch *Die Stein-Strategie. Von der Kunst, nicht zu handeln* die machtvolle Wirkung des Schweigens. Nichts zu sagen »kann dröhnen wie ein Donnerhall«, meint der Autor. Aber worin liegt die Kraft der Stille? Warum ist Schweigen tatsächlich Gold?

- Schweigen wirkt! Wenn etwas nicht funktioniert, neigen wir dazu, mehr vom Gleichen zu tun, um endlich die gewünschte Wirkung zu erzielen. »Action bias«, Handlungsneigung, nennen Psychologen das Phänomen. Wir plappern, wenn wir nervös sind oder glauben, in der Bredouille zu stecken. Jede Wirkung geht jedoch im Wortschwall verloren. Plappermäuler nimmt keiner ernst.

  Aber wann schweige ich besser? Cornelia Topfs Empfehlung klingt naheliegend: »Wenn mir spontan keine wirklich gute Antwort einfällt.« Wie Schweigen wirkt, können wir bei Kindern beobachten: Großvaters strenger Blick hat mehr Autorität als Muttis oder Papis bemühte Diskussion. Ob bei Kindererziehung, in der Debatte oder im Verkaufsgespräch: Laut Holm Friebe sollte nach einem guten Schlussargument nichts mehr kommen. Denn wer dann als Erster redet, steht automatisch als Verlierer da.

- Taten zählen mehr als Worte! Wer Ahnung oder Argumente hat, kann sich präzise und knapp erklären. Redeschwalle sollen oft Inkompetenz und Unsicherheit verschleiern. Wer sich dauernd rechtfertigt und im Job keinen Arbeitsauftrag annehmen kann, ohne 100 Fragen und Einwände zu formulieren, wirkt handlungsunfähig.

- Schweigen macht mächtig! Ob es nicht wahnsinnig schwierig oder sogar unmöglich ist, als Superstar eine erfüllende Beziehung zu führen, wurde Madonna einmal in einem MTV-Interview gefragt. Ihre Antwort: »Nein.« Nichts weiter. Keine Erklärung. Mit knappen Antworten hält Madonna Interviewer, die ehrgeizig an ihr Innerstes wollen, auf Distanz und behält die Oberhand. »Mächtige Menschen beeindrucken, indem sie wenig sagen«, schreibt der britische Autor Robert Greene in seinem Klassiker *Power. Die 48 Gesetze der Macht*. Er empfiehlt, vieles nur anzudeuten und weniger auszusprechen als nötig.

- Schweigen schafft Charisma! Menschen, die nicht viel reden, wird schnell Tiefsinn unterstellt. Expertin Topf: »Schon die Römer wussten: Wenn du geschwiegen hättest, hätte man dich für einen Philosophen gehalten.« Schließlich macht Verknappung interessant. Bestens vorgelebt von Supermodel Kate Moss, die fast nie öffentlich spricht und deswegen ein Mythos ist.

- Gemeinsam schweigen verbindet! Der Volksmund weiß: Mit guten Freunden lässt sich auch schweigen. Trotzdem empfinden wir Gesprächspausen oft als Bedrohung. Laut Topf lässt es sich jedoch lernen, Schweigen auszuhalten und anders zu bewerten. »Sagen Sie sich Dinge wie: ›Endlich mal Schluss mit dem Gequassel‹ oder ›Wir verstehen uns auch wortlos‹. Oder schließen Sie die Augen, das wirkt entspannt.«

- Schweigen schützt vor Streit! Sie kennen das? Beim Streit verheddern wir uns in einem Schwall aus Argumenten und Gefühlsäußerungen. Am Ende haben wir Dinge gesagt, die uns leidtun. Und es gibt nur Verlierer. Cornelia Topf sagt dazu, dass Stille »generell als Unterbrecher« wirkt. »Sie verhindert Eskalation. Wer nichts sagt, kann auch nichts Falsches sagen. Außerdem ist Stille ansteckend und beruhigend. Und wer sich beruhigt hat, ist besonnener, beziehungsachtsamer und lösungsorientierter.« Holm Friebe ergänzt diesen Rat: »In emotionalen Extremsituationen neigt man zu hitzigen Überreaktionen und ein Wort gibt dann das andere. Diese Spirale der Eskalation zu durchbrechen und etwas Zeit ins Land ziehen zu lassen, ist das Beste, was man tun kann.«

- Schweigen ist souverän! Wenn wir auf jeden Angriff reagieren, geben wir ihm erst Raum. Oft ist es besser, eine Beleidigung zu überhören und nicht zu akzeptieren. Motto: Was kümmert's den Mond, wenn ein Hofhund ihn anbellt. Sobald Sie sich verteidigen, sind Sie in der Defensive. Topf: »Wer sich verteidigt, klagt sich an und zeigt, dass er angreifbar ist. Wer stark ist, entscheidet selbst, was er als Angriff empfindet.« Im Zweifelsfall besser als ein Wortschwall: einen Vorwurf knapp, entschieden und sachlich zurückweisen.

- Schweigen ist höflich! Es zeugt von Respekt, wenn wir dem anderen Raum schenken, ohne ihn zu unterbrechen. Dauerredner gelten als ordinär, rechthaberisch und aufdringlich. Schweigen und zuhören sind die beste Art, Infos einzuholen. Topf: »Wer spricht, erfährt nichts.«

- Schweigen ist taktisch! Durchs Klappehalten oder wenige, vage Worte Sagen vermeiden wir, in Fallen zu tappen. Denn wenn wir uns vorschnell entscheiden oder etwas Falsches versprechen, können wir später auf unsere Worte festgenagelt werden. Dieses Schweigen ist eine Taktik von Politikern wie Barack Obama oder Angela Merkel. Topf: »Man hört es auch in jedem Krimi: Ohne meinen Anwalt sage ich nichts!«

- Kunstpausen sind rhetorisch klug! »Ungeschulte, unerfahrene und unüberlegt Sprechende machen generell zu wenige Pausen – sie reden ohne Punkt und Komma«, erklärt Kommunikationsexpertin Topf. »Die meisten Menschen machen nicht einmal am Satzende eine Pause – man kann ihre Sätze gar nicht verdauen, also nicht wirklich verstehen. Für Anfänger ist die Pause am Satzende schon anspruchsvoll. Fortgeschrittene pausieren wirkungsvoll auch und gerade – (Pause) – vor den wichtigen Wörtern oder Satzteilen, die sie dann entsprechend auch betonen. Das setzt voraus, dass man weiß, welche Wörter und Satzteile von dem, was man sagt, wichtig sind.«

- Stille tut gut! In der Stille schöpfen wir Kraft und Kreativität, sie bringt uns zur Besinnung. Nicht umsonst spielt Stille in fast allen Religionen eine Rolle, ob im christlichen Schweigekloster oder in der fernöstlichen Meditation. Fast jedem gefällt es, in einsamer Natur zu sein. Warum nur sind wir dort so selten?

Reden und Schweigen ergänzen sich wechselseitig und sollten in ausgewogener Balance verwendet werden. Wer es in den Augen der Expertin richtig macht? »Barack Obama wählt seine Worte mit Bedacht, setzt viele Pausen und betont (meist) deutlich und akzentuiert«, sagt Topf. »Horst Seehofer liefert ebenfalls schöne Betonungen und sehr natürliche Pausen.«

Für heute genug geredet.

→ **36. TIPP**

Nutzen Sie die Macht des Schweigens.

**DAS MACHT DOCH
ALLES KEINEN SINN!**

**ABER WIE MACHT MAN
EINEN SINN?**

Gehasst, geschasst, nicht totzukriegen: Schon 2003 hatte Bastian Sick in seiner *Zwiebelfisch*-Kolumne »Stop making sense!« auf *Spiegel Online* vor einer Inflation der Redewendung »das macht Sinn« bzw. »das macht keinen Sinn« gewarnt. Genauso gut hätte er schreiben können, die Leute sollten in Zukunft weniger auf ihr Handy gucken oder weniger Internet-Pornos konsumieren. Doch mit seiner Kolumne trat er eine Lawine los: »Sinn machen« wurde zum Lieblings-Hassobjekt aller Sprachpolizisten.

Die Formulierung ist eins zu eins aus dem Englischen *(making sense)* übernommen, so heißt es, und damit kein korrektes Deutsch. Ausrotten ließ sich die wackere kleine Floskel dadurch nicht, im Gegenteil. Jetzt, zwölf Jahre später, macht alles mehr Sinn als je zuvor. Oder es macht eben keinen Sinn. Sick hatte noch kulturpessimistisch prophezeit, der weichgeklopfte Duden, längst kein Bollwerk gegen die Verschmutzung der deutschen Sprache mehr, würde auch diese degenerierte Formulierung in ein paar Jahren aufnehmen. Hat er tatsächlich, wenn er die Floskel auch, distanziert die gelbe Nase rümpfend, unter Umgangssprache einsortiert.

Was immer »Umgangssprache« wieder heißen soll, denn welchen Sinn ~~macht~~ hat Sprache, wenn nicht für den Umgang. »Sinn machen« verdrängt sinngleiche bio-deutsche Formulierungen wie »Das ist sinnvoll« oder »Das ergibt Sinn« oder aber das herrlich kapitulierende Adjektiv »sinnlos«, so wie das amerikanische Grauhörnchen das europäische Eichhörnchen aus seinem Habitat verdrängt.

Gerüchteweise sorgte die 1:1-Synchronisierung von US-Serien wie *Dallas* in den 80er-Jahren für die Verbreitung der Floskel. Anderen Quellen zufolge war die Phrase neben Kaugummi und Elvis Presley eine weitere Gabe stationierter G.I.s, die sie hier aussetzten, als sie den Fräuleins ins Ohr raunten: »Anneliese, unserer Liebe makes no sense, ich habe zu gehen back zu Arizona.« Jedenfalls traf »Sinn machen« auf fruchtbaren Boden im deutschen Sprachraum. Im Netz wird heiß über die Formulierung diskutiert. Nicht ganz so heiß wie über Flüchtlingspolitik oder Kim Kardashians Hintern, aber immerhin. Die Floskel bekommt es nicht nur dicke ab, sie wird auch gegen Sprach-Spießer verteidigt: Der Sprachblog der Uni Bremen fand heraus, dass es sich beim »Sinn machen« gar nicht um neumodisches Ami-Zeug handelt, wie alle glauben. Die Autoren fanden Belege aus den 60er- und 70er-Jahren und sogar aus dem 18. Jahrhundert. Auf dem Blog von Anatol Stefanowitsch diskutierten User die Frage nach dem gemachten Sinn heiß. Einer der User spürte einen Brief von Lessing vom 10. Januar 1760 auf. Darin heißt es: »Ein Übersetzer muß sehen, was einen Sinn macht.« Lessing! Damit sollte »Sinn machen« doch eigentlich rehabilitiert sein.

In gut redigierten Zeitungen wird die Phrase dennoch so bald nicht auftauchen; sie würde sofort einen Leser-Shitstorm von Studienräten aus Tübingen entfachen. Warum aber hält die Formulierung sich trotz der ganzen Dresche so hartnäckig wie Ambrosia-Kraut? Vielleicht ist die Formulierung so erfolgreich, weil sie zwei mit viel Bedeutung aufgeladene Begriffe miteinander verbindet: erstens den (abstrakten) Sinn, nach dem wir alle suchen, besonders in der jetzigen Zeit, in der es weniger ums nackte Überleben geht. Und zweitens das Machen, das unserem Ethos entspricht, unsere Welt und unser Glück selbst zu gestalten: Wir alle wollen gern Macher sein. Unsere Präsentation, unser Essay, meine Erfindung eines glasförmigen Flaschenaufsatzes, mit dem sich nun auch Wein nach dem »Weg-Bier« und dem Coffee to go problemlos unterwegs genießen lässt, macht Sinn? *Wir* haben den Dingen Sinn verliehen, wir haben gehandelt, geschuftet, geschaffen. Oder aber wir haben etwas kapiert, das ist auch Arbeit.

Der Sprach-Blog »Privatsprache« (http://perspektiefe.privatsprache.de/) formuliert es so:

> *»Und vielleicht erscheint uns ein Kunstwerk, eine Fremdsprache,*
> *eine Formel oder ein Code auf den ersten Blick sinnlos,*
> *aber wenn wir uns damit beschäftigt haben,*
> *damit auseinandergesetzt, damit gerungen, kurz:*
> *wenn wir gehandelt haben, dann macht*
> *es, sie, er verdammt noch einmal Sinn!«*

Vielleicht sägt die Floskel unabhängig aller Vorbehalte, ob sie nun deutsch oder englisch oder, schlimmer noch, amerikanisch ist, deswegen auch an unseren Synapsen: Sie klingt nach Gestaltungsdruck. Wir aber sind erschöpft vom ewigen Machen und der ewigen Sinnsuche. Wir wollen einfach mal sinnlos in der Sonne liegen und uns vielleicht sogar ein kleines bisschen volllaufen lassen. Doch immer dann steht einer dieser Sinnmacher neben uns, sieht auf uns herab, schüttelt missbilligend bis angeekelt mit dem Kopf und sagt: »Das macht doch keinen Sinn.« Dann wendet er sich ab und widmet sich seinem sinnvollen Leben, in dem es um börsennotierte Unternehmen, bedürfnisweckende Apps, Video-Installationen oder um Mikrokredit-Projekte für afrikanische Frauen geht. Vielleicht ahnen wir, dass all die Errungenschaften, die Sinn machen, uns doch nicht die Frage nach dem einen ganz großen Sinn, dem des Lebens, beantworten. Vielleicht besteht der tatsächlich in nichts anderem als Leben. Stand zumindest kürzlich auf meinem Starbucks-Becher. Ich dachte mir: Macht Sinn.

→ **37. TIPP**

Statt »Sinn zu machen«, nutzen Sie öfter das Adjektiv »sinn-frei«. Es ist der Fuck-you-Punkrocker unter den Adjektiven, gemildert durch sanfte Hipster-Ironie. Das Suffix -frei negiert sein Substantiv auf eine fröhliche Art. Es zeigt an, dass das vom Substantiv Bezeichnete eine Last ist, die erfolgreich entfernt wurde. Gönnen Sie sich sinnfreie Abende, ach was, warum nicht mal eine ganze Woche, in der Sie alte Serien im TV gucken, die Sie schon auf abgenudelten DVDs haben. Führen Sie sinnfreie Gespräche, gern auch mit sich selbst.

DER PHRASENMÄHER

Fast alle der aufgeführten Phrasen habe ich schon selbst benutzt. Die wenigen anderen habe ich mir verkniffen. Glaube ich. Meine Hand dafür ins Feuer legen – Phrase! – würde ich nicht. Floskeln sind nützlich, sie bieten ein Geländer im Dunkel der Kommunikation. Ich habe drei Tage lang versucht, ganz ohne Floskeln auszukommen. Es war erstaunlich schwer. Der Verzicht machte meine Kommunikation befangen und überkontrolliert. Ich wurde unsicher, weil ich ständig das Gefühl hatte, etwas »Falsches« zu sagen, mich in Worthülsen zu verlieren. Mir wurde klar, wie viele

Phrasen ich benutze. Doch an Phrasen ist nichts falsch. Jeder nutzt sie. Außerdem ist die Grenze zwischen einer lebhaften, griffigen Metapher und dem, was abwertend Phrase genannt wird, fließend – und Geschmackssache. »Den Karren aus dem Dreck ziehen« oder »das Schiff wieder auf Kurs bringen« – sind das bereits abgenutzte Sprachbilder? Sicher ist: Treten Phrasen gehäuft auf, wirkt das Gespräch schablonenhaft. Wir fühlen uns nicht mehr angesprochen, und wir sagen nicht mehr, was wir denken. Wir verstecken uns hinter den Hülsen und werden weniger stimmig. Sosehr wir Phrasen selbst gern nutzen, so sehr nerven sie uns bei anderen. Motto: »Noch 'ne Phrase, gibt's was auf die Nase!«

Übung:

Versuchen Sie, drei Tage auf Ihre Phrasen zu achten. Meist sind sie so automatisiert, dass uns ihr Gebrauch gar nicht auffällt. Verzichten Sie nicht auf Ihre Phrasen, um sie zu eliminieren, sondern nur, um sich Ihrer Gewohnheiten bewusst zu werden. Schreiben Sie Phrasen, die Sie mehrmals benutzen, auf. Vielleicht wird Ihnen beim Schreiben bewusst, warum Sie sie benutzen, unabhängig von der jeweiligen Situation. So lernen Sie sich besser kennen.
   Beispiele:

Das klingt vernünftig.
Sehnen Sie sich nach mehr Vernunft in einer Umgebung, die Ihnen vielleicht zunehmend unkontrollierbar erscheint?
Ich werde verrückt.
Vermissen Sie Verrücktheit? Ist Ihnen Ihr Leben zu vorhersehbar geworden? Oder fürchten Sie Verrücktheit?
War ja nur eine Frage.
Haben Sie das Gefühl, Ihre Einwände und Anregungen finden nicht genug Gehör?

Heute ist nicht mein Tag.

Sind Sie schicksalsgläubig? Sehnen Sie sich danach, etwas von Ihrer Verantwortung loszuwerden? Glauben Sie, Hochs und Tiefs in Ihrem Leben würden durch eine Art höhere Macht, etwa einen Gott oder die Sterne, gelenkt?

Ich versteh nur Bahnhof.

Suchen Sie insgesamt nach mehr Verständnis? Was sagt die Bahnhof-Metapher über Sie aus – wollen Sie abreisen, etwa um einer Situation zu entkommen, in der Sie sich unverstanden fühlen?

Das war ja wohl der Oberhammer.

Sehnen Sie sich nach Superlativen, nach Dingen, die »reinhauen«? Möchten Sie – in welcher Hinsicht auch immer – mal wieder richtig zuschlagen, in die Vollen gehen?

Hier ist ja der Hund begraben.

Wollen Sie etwas Verborgenes in sich freischaufeln? Möchten Sie sich vielleicht sich mal wieder »tierisch« gehen lassen?

So viel Zeit muss sein.

Fühlen Sie sich gehetzt? Brauchen Sie mehr Freiräume?

Nützt ja nichts.

Wozu in Ihrem Leben müssen Sie sich überwinden? Haben Sie Zweifel, ob eine Sache Ihnen nützt? Vermissen Sie Nutzen in Ihrem Leben? Oder fühlen Sie Ihr Dasein auf Nützlichkeit beschränkt?

Das ist mir echt too much.

Sie setzen eine Grenze – aber warum distanzieren Sie sich davon, indem Sie einen Teil der Grenzziehung in englischer Sprache aussprechen?

Das wird schon wieder.

Aber wie? Macht Sie das Schicksal, das sie hier kommentieren, hilflos? Sind Sie sprachlos und reagieren darauf mit einer unspezifischen Formel?

Es läuft bei mir.

Was meinen Sie mit »es«? Wohin möchten Sie selbst laufen? Von etwas davon oder zu etwas hin?

Ich bin zum Umfallen müde.

Sind Sie es leid, immer »Ihren Mann stehen« zu müssen? Möchten Sie, dass jemand Sie auffängt?

Ich hab gerade viel um die Ohren.

Wen oder was können oder wollen Sie nicht mehr hören?

NOCH MEHR PHRASEN AUF DEM PRÜFSTAND

Mal schauen.

Nach dem ersten Date schmiedet Martin große Pläne fürs nächste Wochenende. Ob Gita Lust hätte auf eine Radtour am See, danach vielleicht ins Open-Air-Kino … »Mal schauen«, ist ihre kühle Antwort. Doch wohin soll sie schauen? Erst einmal in ihren Terminkalender? In ihr Herz? In die Kristallkugel? Im Klartext sagt sie: »Sollte ich wirklich gar nichts vorhaben, gucke ich immer noch lieber Astro TV, als den Tag mit dir zu vertrödeln. Also nein, auf gar keinen Fall.« Wer »mal schauen« sagt, ist nicht interessiert, macht sich aber nicht die Mühe, ordentlich abzusagen. Weil man angesichts seines Desinteresses schon so erschöpft ist, dass die Kraft dazu fehlt? Oder aus Höflichkeit? So richtig höflich ist »mal schauen« allerdings nicht. Eher ist es die Wort gewordene Geste, mit der man eine Fliege verscheucht.

Das soll mir erst einmal einer nachmachen.

Mit diesem Satz bekennt der Sprecher einen trotzigen Stolz auf sein Werk. Vielleicht spricht so ein Altstar in seiner Garderobe nach einer Gala, auf der er gerade einen Ehrenpreis erhalten hat. Vielleicht ein Politiker nach Ende seiner Amtszeit beim Großen Zapfenstreich. Ein Firmenjubilar bei seiner Feier. Das Geburtstagskind. Der Soundtrack zu dem Spruch ist Frank Sinatras »My Way«. Vielleicht hat man einiges vermurkst, war manchem Gegenwind ausgesetzt, aber, was soll's: Hier bin ich noch! Und ja, alles in allem stimmt die Bilanz. Wer »Das soll mir erst einmal einer nachmachen« sagt, weiß: Nörgler leben parasitär von denjenigen, die etwas auf die Beine stellen. Sollen sie es erst mal besser machen. Jürgen Peters wurde 2003 mit dem schlechtesten Ergebnis der Nachkriegsgeschichte zum neuen Vorsitzenden der IG Metall gewählt. Zuvor hatte es zermürbende Streiks und Machtkämpfe gegeben, die Gewerkschaft stand kurz vor einer Spaltung. Peters nach seiner Wahl in den *Tagesthemen:* »Das ist schon ein tolles Ergebnis. Das muss mir erst mal ein Politiker nachmachen.«

Volksmusik-Veteran Heino zum NDR, nachdem er sich als Rockstar neu erschaffen hatte: »Ich habe mein Publikum um 40 Jahre verjüngt. Das soll mir erst mal einer nachmachen.«

Wenden wir die Phrase an, wenn wir über andere sprechen, verteidigen wir damit oft vorsichtig bewundernd einen Leistungsträger, vor dem sich die meisten ein wenig gruseln. »Schon wieder rechtskräftig verurteilt, aber immer noch mit geilen Bräuten in Freiheit unterwegs. Das muss Berlusconi erst mal jemand nachmachen.« Oder: »Lies mal, Donald Trump hatte schon vier Gläubigerschutzverfahren … Jetzt ist er 70, Präsidentschaftskandidat und gibt sein Vermögen mit acht Milliarden Dollar an. Das muss ihm erst einmal einer nachmachen.« Oder wir sagen es, wenn wir auf dem Flohmarkt einen besonders begabten Beatboxer hören – das sind die Leute, die Musikinstrumente mit dem Mund imitieren. »Klingt wie echt. Klar, sieht irgendwie scheiße aus. Aber: Muss dem erst mal einer nachmachen.« Meistens, wenn der Spruch fällt, wollen wir jedoch in Wahrheit NICHTS von alldem nachmachen.

Er / Sie hat alles richtig gemacht.

In einer Welt, in der man so viel falsch machen kann, gibt es ein paar Leuchtturm-Menschen, die immer die richtige Entscheidung treffen. Leute, bei denen alles hinhaut und die noch nicht einmal größenwahnsinnig werden oder ekelhaft. Die vielleicht Helene Fischer heißen. Im Internet aber tritt die Phrase in Zusammenhang mit Angela Merkel, Mark Zuckerberg, Bastian Schweinsteiger oder Jogi Löw auf. Eine Spur neidischer Spott schwingt in der Bewunderung auch mit: Sind die wirklich so langweilig? Schulden die uns nicht mal einen Skandal?

Kommt drauf an.

»Was verdient man denn so als Pilot?« »Wie oft übst du denn Geige?« Universal-Antwort: »Kommt drauf an.« »Bloß nicht festlegen!«, ist die Haltung hinter dieser Phrase. Meiner Meinung nach gilt: lieber gar nichts sagen als »Kommt drauf an«. Es kommt immer irgendwo drauf an. Ob ich den Frühling auch so liebe? Kommt drauf an. Es gibt ja auch fiese Apriltage, an denen es schneit und hagelt. Was der Fragende will und ihm mit dieser Phrase verwehrt wird, ist ein Richtwert oder eine Tendenz, um eine ungefähre Vorstellung zu bekommen.

Da bin ich ganz bei dir.

»Klar ist es irgendwie blöd, dass du jetzt zwei Monate durchgearbeitet hast und dein Gehalt noch nicht da ist«, sagt der Geschäftsführer eines Start-ups zu seinem jungen Angestellten, der laut Visitenkarte der Editor of Content and Interaction Design ist. »Da bin ich ganz bei dir. Aber wenn wir alle an unsere Vision glauben, können wir zusammen was echt Gutes schaffen. Und ja, unser Geschäftsmodell wird über kurz oder lang funktionieren, ich glaube fest an Native Advertising.« Die Floskel »Da bin ich ganz bei dir« soll Wertschätzung ausdrücken. Sie heuchelt Übereinstimmung und will beschwichtigen. Sie steht aber meist vor einem großen »aber«. Und nach dem »aber« ist Schluss mit der Übereinstimmung. Ab da wird deutlich, dass sich die Gesprächspartner auf unterschiedlichen Planeten befinden. Der Sprecher hält den Satzteil nach seinem »aber« für den entscheidenden. Deswegen wird die Phrase meist von demjenigen verwendet, der sich in der hierarchisch höheren Position wähnt. Der Sprecher gibt mittels dieser Floskel vor, an den Gesprächspartner heranzurücken. In Wahrheit rückt er weg.

Wie gesagt

Häufig hat der Sprecher vorher noch gar nicht gesagt, was er nach dieser einleitenden Phrase von sich gibt. Sein Subtext: »Hast du meinen Punkt immer noch nicht verstanden?« Die Floskel offenbart eine gewisse Gereiztheit. Der Sprecher fühlt sich unverstanden und ist es langsam leid, sich zu erklären. Er vermittelt das Gefühl, sich mit seiner Argumentation im Kreis zu drehen.

Als ob ich es geahnt hätte. / Ich habe es ja kommen sehen.

Rückschaufehler nennen Psychologen das Phänomen, dass Menschen im Nachhinein glauben, sie hätten mit einer Vorhersage richtiggelegen. Wir halten die Welt für einschätzbarer, als sie tatsächlich ist. Wir unterschätzen das Chaos und den Einfluss nicht vorhersehbarer Ereignisse. Publizistisch schlägt sich der Rückschaufehler in folgender, regelmäßig wiederkehrenden Überschrift über Artikeln nieder, die als »Nachdreh« zu einem Unglück dienen sollen, über das sich im Moment nichts Neues berichten lässt: »Hätte die Katastrophe verhindert werden können?« Im Artikel kommen dann Experten zu Wort, die schon lange davor gewarnt hätten, dass es wieder ein Erdbeben in der Region geben könnte oder dass das eingestürzte Dach des Supermarktes nicht sicher gebaut worden sei. Tatsächlich könnte jede Katastrophe verhindert werden, hätte man vorher das gewusst, was man im Rückblick weiß. In der gesprochenen Sprache zeigt sich der Rückschaufehler in Aussagen wie »Als ob ich es geahnt hätte« und »Ich habe es ja kommen sehen«. Mitmenschen, die so etwas sagen, zaubern während einer Wanderung einen Regenschirm oder ein Pflaster aus dem Rucksack und verkaufen als siebten Sinn, dass sie derart ausgerüstet sind. Dabei haben sie immer Regenschirm oder Pflaster dabei. »Diese verzerrte Erinnerung an die eigene Meinung ist ein sehr robustes Phänomen«, sagt Hartmut Blank, Sozialpsychologe an der Universität Leipzig der *Süddeutschen Zeitung* vom 19. Mai 2010. »Es zeigt sich immer wieder und weitgehend unabhängig vom Persönlichkeitstyp.« Denn: Wer glaubhaft verklickert, schon alles gewusst zu haben, wertet sich auf und wirkt besonders vertrauenswürdig. Gleichzeitig lässt er die Welt ein bisschen weniger chaotisch erscheinen. Trotzdem fällt der Sprecher dieses Satzes mit seiner Besserwisserei allen auf die Nerven …

Was macht das mit dir?

Aus der Männergruppe: »Wenn deine Frau dich vor deiner gesamten Pokerrunde eine impotente Arschgeige nennt, was macht das dann mit dir?« Aus dem tröstlichen Sarah-Connor-Song *Wie schön du bist:* »Glaub mir, ich weiß, wo du bist und was es mit dir macht.« In einem Artikel vom 30. Juli 2015 beobachtet der *Stern,* dass Eltern aus Angst vor Pädophilen ihre Kinder nicht mehr nackt herumlaufen lassen, und fragt besorgt: »Aber was macht das mit den Kindern?« Die Phrase kommt wie gerufen in einer

Zeit, in der wir unsere Befindlichkeit beobachten. Sie vermittelt Mitgefühl, psychologisiert, kommt ein wenig ranschmeißerisch daher. Gleichzeitig legt sie die Rollen fest. Wenn ich frage: »Was macht das mit dir?«, und damit meine: »Wie verändert es dich?« oder »Wie wirkt es auf dich?«, nehme ich die Rolle des Therapeuten an. Den Angesprochenen objektiviere ich dabei. Mit ihm passiert offenbar etwas, das er nicht steuern kann, dem er ausgeliefert ist. Er ist nicht mehr Herr seines Erlebens und Empfindens. Die Phrase wird übrigens von denselben Leuten benutzt, die etwa sagen: »Der Lukas macht immer total zu.«, weil er um 3 Uhr morgens keine Lust hat, den letzten Streit noch einmal wiederzukäuen.

Ein Stück weit ...

Ein weiterer Spruch aus dem Achtsamkeitsseminar. Steht für »ein bisschen« oder »teilweise«. Aussagen wie »Ich verstehe Lukas ein Stück weit« lassen jedoch mehr Fragen offen, als sie klären. *Wie weit verstehst du Lukas denn? Welchen Teil verstehst du und welchen nicht?*

Wertschätzen

Wenn wir jemanden respektieren, dann aufgrund seiner Leistungen, seiner Taten, Eigenschaften oder auch aufgrund seines Amts, seiner Titel oder seiner Herkunft. Die Wertschätzung macht sich vorgeblich davon locker. Wertschätzung gebe ich einem Menschen für seine bloße Existenz. Sie ist leistungsunabhängig, das Äquivalent zum bedingungslosen Grundeinkommen. Dahinter steckt die 70er-Jahre-Prämisse »Ich bin okay, du bist okay« und ein zutiefst humanistischer Gedanke.

Scheinbar auf Ausgleich zielend kann der Begriff jedoch Ungleichheit betonen und eine Hierarchie untermauern. Denn die Wertschätzung ist eine Beurteilung nach dem Maße des Wertschätzenden. Sie geschieht von oben nach unten. Und der Wertschätzende vergibt seine Wertschätzung oftmals mit zusammengebissenen Zähnen als deeskalierenden Trostpreis. Der Chef, der seinem Mitarbeiter am liebsten um die Ohren hauen würde, dass er ihn für einen Vollpfosten hält, entsinnt sich an sein Führungskräfteseminar und tritt ihm beim »Feedback«-Gespräch wertschätzend gegenüber. Was für manchen Chef heißt: Er gibt ihm erst einmal die Hand, statt ihn direkt zu beleidigen und dessen Mutter noch dazu. So hören wir beim Wertschätzen oft die Zähne knirschen. Wertschätzung heißt leider oft: »Außer die Toilette zu benutzen ist dir nichts gelungen, aber ich beiße mir auf die Lippen und versuche deine Menschenrechte zu wahren. Am liebsten würde ich dir aber das Wahlrecht absprechen, so ein Idiot bist du.« Denn der Begriff beinhaltet in seiner Konstruktion schon einen Widerspruch: Wenn jeder Mensch seinen Wert hat, was muss dann noch geschätzt werden?

Der meint das nicht so.
Als Teenager im Ruhrgebiet sind wir nach der Disco oft noch zur Tankstelle, um dort sinnlos abzuhängen. Eines Morgens kam ein Bekannter von einer Bekannten ohne Vorwarnung auf mich zu und feuerte mir Tränengas ins Gesicht. Ich regte mich auf. Meine Bekannte, ein einfältiges Mädchen, zu dem ich völlig zu Recht den Kontakt abbrach, riet mir daraufhin: »Reg dich doch wieder ab. Das hat er doch nicht so gemeint.« Aber: Wie hat er es dann gemeint? In welchem Kulturkreis begrüßt man sich mit Pfefferspray, nach dem Motto: »Schön, dich zu sehen, auch wenn du jetzt nicht mehr sehen kannst?« Hier handelt es sich um eine hilflose Floskel, mit der jemand verteidigt werden soll, der sich nicht

mehr verteidigen lässt. Nah verwandt mit »Der will doch nur spielen«, vorgebracht von Frauchen oder Herrchen, wenn man von einem Listenhund wie einem Rottweiler ungebeten abgeschleckt wird, der auf die vorsichtige Zurückweisung noch knurrend reagiert. Ähnlich wie Eltern verhaltensauffälliger Kinder gehen Hundebesitzer schließlich davon aus, dass jeder ihren Liebling genauso niedlich findet, wie sie es tun.

Aus Gründen ...

In einem Verlag war ich einer der Empfänger einer Rund-E-Mail: »Liebe Kolleginnen und Kollegen, aus Gründen bitte keine privaten Pakete, die größer als ein Buch sind, mehr in die Redaktion schicken lassen.« Die als bekannt vorausgesetzten Gründe waren, dass die Kosten für den Paketdienst explodiert waren, seit die Internet-Shopping-Laune durch *Zalando* & Co. unter den Mitarbeitern und Mitarbeiterinnen überhandgenommen hatte. Eine Kollegin hatte sich sogar einmal ein Fahrrad in die Redaktion liefern lassen. In Mails kommt das auf unausgesprochenem Vorwissen hervorgegangene »aus Gründen« gern mit einem Zwinker-Smiley daher. Gemeint ist: »Diejenigen unter euch Pappenheimern, die es betrifft, wissen schon genau, warum ...«

Ich begegne ihm auf Augenhöhe.

Eine überstrapazierte Phrase, die sagen will, dass sich einer etwas kleiner macht und der andere etwas größer. Zunächst jedoch drückt die Phrase aus: Es gibt offenbar eine Ungleichheit. Denn einer von beiden wird für die Augenhöhe von seinem Ross steigen müssen.

Wie geil ist das denn?

Dieser Satz will freudige Überraschung ausdrücken. Er wird gern benutzt bei gelungenen Speisen (#foodporn), auf Holi-Festivals und ähnlichen Spaß-Events, bei grandiosen Ausblicken, bei Spezialeffekten im Kino, bei einer guten Popstar-Performance. Nur eine kurze Welle erlebte glücklicherweise das Sprachbild »leider geil«, das 2012 durch einen »Deichkind«-Song von 2012 zur Epidemie geworden war. Es handelt sich um ein Oxymoron, also eine Verbindung von Widersprüchlichem. Mit »leider geil« will der Sprecher ausdrücken, dass er sich einem Laster hingab, also einem Big-Mac-Menü, einer Video-Game-Nacht, dem Binge Watching (zig Folgen einer Serie hintereinander weggucken) oder aber einem unvernünftigen Sonnenbad in der prallen Sonne.

Das ist ja total Old School!

Mit diesem Satz, ein Verwandter von »Das ist ja voll retro«, belächelt der Sprecher Produkte, Kulturgüter oder Verhaltensweisen, die als veraltet gelten. Er lächelt allerdings voller Nachsicht, Milde und Nostalgie. Der Sprecher gibt zu verstehen, dass er durchaus zwischen modern und nicht modern unterscheiden kann und auf der Höhe der Zeit ist. Old School sind etwa Nokia-Handy-Knochen, Eurodance von *Snap!* und *Dr. Alban,* einen Brief schreiben und mit der Post abschicken, einen Musiksender im Fernsehen gucken, Bodybuilding ganz banal mit Gewichten, wo sich doch alle Welt gerade mit CrossFit, Turbulence Training oder TRX fit hält, außerdem Wörter wie »Kaputtnix«, »geilomat« oder »Radikalinski«. Der Old-School-Spruch kann mit folgendem Gag abgewechselt werden: »Die 90er haben angerufen, sie wollen ihre Cargohosen zurück.« Häufig von Menschen hervorgebracht, die sich wehmütig an Brauner-Bär-Eis oder Urzeitkrebse im Yps-Heft erinnern.

Ich bin fein damit.

Als Zustimmung auf einen Vorschlag, eine Idee oder eine Bedingung. Ähnlich wie »Sinn machen« eine 1:1-Übersetzung aus dem Englischen, die gerade populär wird. Soll Übereinstimmung und eine Wohlfühlatmosphäre schaffen, schafft aber auf jeden Fall eine Gänsehaut. Die Phrase hat es sogar ins deutsche Hit-Radio geschafft, gesäuselt von einem Befindlichkeitssänger, Mark Forster. In seinem Song *Bauch und Kopf* heißt es: »Du bist so fest und unerschütterlich/du ruhst in dir, und das ist gut für dich/ich bin fein damit/ich beneid dich drum.« Ein Song, den die Radiojockeys immer dann auflegen, wenn man nicht schon wieder Casper oder Andreas Bourani spielen kann.

**REDEWENDUNGEN AUS DEM
SCHÖNSTEN JAHRZEHNT ALLER ZEITEN**

- Das sind doch Peanuts!
- Ich hab jetzt einen eigenen Multimediaraum.
- Ich bin drin! (im Internet)
- Geh mal aus dem Internet, ich muss telefonieren.
- Was für ein Besserwessi!
- So ein Motzki.
- In dem Club war es voll leer.
- Lass mal wieder richtig abzappeln.
- 'ne Tüte Mitleid für …
- Lass mal chillen oder: Nimm doch mal 'ne Chill Pill. (Wenn jemand zu aufgeregt ist oder allen im Raum, außer ihm selbst, gerade klar ist, dass er sich wie ein Arschloch benimmt.)
- Was geht ab?
- Das soll noch interaktiv werden.
- Ist noch irgendwo eine Afterhour?
- Was ist denn das für eine Zonen-Gaby?
- Die ist ja total verstrahlt / verpeilt. (Meint ursprünglich den Zustand nach einer hohen Dosis Ecstasy, beschrieb aber zunehmend auch

einen durcheinandergebrachten oder verwirrten Geisteszustand, ganz ohne Einwirkung von Drogen.)

- Geld an die Sonne!
- Baum! (Meint: Wie dumm ich doch bin.)
- Ägypten!? (Meint: Ich verstehe nichts.)
- Null problemo.
- Na sichi.
- Ich flieg nach Amiland.
- Ich raff das nicht.
- Stück mal ein Rück.
- Alles klärchen!
- Das ist ja voll Millennium! (Meint: Das ist modern.)

KLUG GESCHISSEN!

**DIE LIEBSTEN PHRASEN
VON BESSERWISSERN**

DIE ALLGEMEINE PHRASENMASCHINE LÄUFT AN

Geht gar nicht.

In der Fernsehserie *Mann / Frau* des Bayerischen Rundfunks, die Geschichten aus dem Leben zweier Großstadtsingles erzählt, sitzen drei Freundinnen auf einem Bett und tratschen über Männer. Dabei tauschen sie sich darüber aus, was sie alles für unangemessen halten: Traumfänger über dem Bett. Bodybuilder, die sich überwiegend von Eiweißpulver ernähren. Weiße Tennissocken. Oder weiße Tennissocken beim Sex anlassen. Rechnung teilen. Profilbild so schneiden, dass man die Glatze nicht sieht.

Jedes Mal, wenn eine der jungen Frauen ein männliches »Vergehen« beigesteuert hat, wird der Beitrag mit einem übereinstimmenden »Geht gar nicht!«-Aufschrei besiegelt. Die (gespielt) empörte Phrase »Geht gar nicht« dient der nachdrücklichen Bestätigung. Oder auch der Abgrenzung. Der Anwender verdeutlicht und vergewissert sich so, was innerhalb einer sozialen Gruppe akzeptiert ist und was nicht. Darin unterscheidet sich die Phrase von Sätzen wie »Das gefällt mir nicht«. Deshalb erfolgen »Geht gar nicht«-Ausrufe so häufig in Bezug auf Signale der Gruppenzugehörigkeit, etwa Kleidung, Musik, Ausgehverhalten, Benehmen, Sprechweise, Wohnungseinrichtung, Essgewohnheiten. Eine noch verschärfte Variante lautet »Das geht ja so gar nicht«. Das anglisierende Äquivalent, das sich auch gern in der Schriftsprache wiederfindet, etwa in Modezeitschriften, ist das No-Go. »Minirock zu tiefem Ausschnitt – ein No-Go.« Solche Sätze klingen jedoch immer ein wenig gouvernantig. Also, die gehen irgendwie gar nicht.

Du hast es ja so gewollt.

Meint: Du hast einen anderen Willen als ich, und das Schicksal bestraft dich jetzt dafür. Hier schwingt Genugtuung mit.

Hab ich dir gleich gesagt.

Dahinter steckt enttäuschte Liebe, weil unsere Ratschläge nicht angenommen wurden.

Beispiele:

Dein Freund hat den PC zerdeppert, weil er bei Counterstrike verloren hat? Hab dir gleich gesagt, dass der seine Aggressionen nicht im Griff hat. Hab ich schon damals beim Public Viewing zur WM gemerkt, als er so ausflippte, weil Deutschland in letzter Minute einen reingesetzt bekam.

Guck dir die Schlange an! Hab dir gleich gesagt, dass wir besser vor Mitternacht zum Club kommen.

Hab dir gleich gesagt, dass du besser eine Jacke mitnimmst, weil es frisch wird.

Wir meinen es gut. Doch die meisten unserer Ratschläge verhallen zwar immerhin gehört, aber ungenutzt. Das Leben wäre ein so viel besserer Ort, wenn man doch nur auf uns hören würde! Leider empfinden unsere Mitmenschen Ratschläge viel zu oft als Bevormundung und fühlen lieber schmerzhaft, statt zu hören … Das mag an unserem Ego kratzen, sollte uns aber zu denken geben: Bei Problemen ist es für den anderen hilfreicher, wenn wir zuhören, versuchen zu verstehen und uns einzufühlen, als ungebeten mit Rat und Tat zur Seite zu stehen. Bei praktischen Angelegenheiten wird ein Hinweis (»Es wird frisch, ich halte eine Jacke für eine gute Idee«) besser aufgenommen als eine Aufforderung.

Ich wollte es nur gesagt haben.
Auch diese Phrase hat einen eingeschnappten und unterschwellig warnenden Unterton. Der Sprecher weiß es besser. Er ahnt aber, dass die andere Partei diejenige ist, die glaubt, es besser zu wissen – und in ihr verdientes Unglück segeln wird. Der Satz ist eine Vorstufe von »Auf mich hört ja keiner«, will aber die direkte Anklage vermeiden. Der Nervfaktor wird durch die englische Variante noch einmal nach oben geschraubt: »Just saying.«
Beispiele:

Toll, dass ihr endlich euren Urlaub gebucht habt. In Kuba ist im Oktober noch Hurrikansaison. Ich wollte es nur gesagt haben.
Du datest gerade Jenna? Freut mich für dich. Sei nur ein bisschen vorsichtig. Nachdem sie kurz mal was mit Joe hatte, hat er seltsame Abrechnungen auf seinem Kreditkartenkonto festgestellt. Ich wollte es nur gesagt haben.

Ach ja, und wo wir gerade dabei sind ...

Auszug aus dem Roman *Der Duft von Sandelholz* von Laila El Omari: »Und ich wäre dir dankbar, wenn du derartige Auftritte zukünftig unterlassen würdest. Ach ja, und wo wir gerade dabei sind: Ich untersage dir ausdrücklich, dich noch einmal abwertend über den Mann deiner Schwester zu äußern.«

Ein Vorwurf kommt selten allein! Ist die Schleuse erst einmal geöffnet, nutzt man die Gelegenheit gern, noch ein paar ungerupfte Hühnchen abzuschießen – angekündigt durch diese Phrase.

Darüber lässt sich streiten.

Menschen haben bereits um und über alles Erdenkliche gestritten. Um Frauen und Männer und Vermögen, um Kontinente, über Götter, über Maschendrahtzäune, darüber, ob man seine Kinder jetzt impfen lassen soll oder nicht. Heutzutage muss man zum Streiten nicht einmal vor die Tür gehen und seinem Gegner in die Augen sehen, schließlich gibt es die Kommentarfunktion im Internet und bei Twitter.

Auch über Geschmack wird gestritten. Da Geschmack der sozialen Abgrenzung dient, sind die Streite hier besonders bitter und gemein. Die generelle Streitbereitschaft der Menschen macht den »Darüber lässt sich streiten«-Satz zur Nullaussage. Denn streiten lässt sich über alles. Häufig wird der Satz markiert durch ein vorangestelltes »Also ...« oder »Nun ja«. Das signalisiert: *Achtung, jetzt kommt ein Geschoss, das dir nicht schmecken wird und das, was du gesagt, mit nur vier Wörtern entwertet. Denn ich denke anders als du und ich weiß noch nicht, ob ich Lust habe, meine Wahrheit auch noch zu rechtfertigen. Hab du ruhig deine dusselige Meinung, ich hab recht.* Bei meinen Recherchen bin ich nur auf einen gescheiten Zusammenhang gestoßen, in dem diese Phrase verwendet wurde. Der britische Naturforscher George Adamson

(1906-1989) sagte einst: »Darüber, wer die Welt erschaffen hat, lässt sich streiten. Sicher ist nur, wer sie vernichten wird.«

Hab grad was zu dem Thema gelesen.
Beispiel: *Habe gerade auf der* Huffington Post *gelesen, dass Dicke mehr Sexpartner haben.*

Zu jedem Thema gibt es einen Artikel, eine Statistik, eine Studie oder wenigstens ein Blog, in denen eigene Thesen unterstützt werden – und wenn es sich um die eigentlichen Hintergründe vom 11. September, die Gefahren der Masernimpfung oder die willentlich herbeigeführte Ebola-Epidemie handelt. Allein weil es im Internet steht, ist es für viele schon wahr. Doch Sie und ich – wir wissen es besser …

Musst du im Original gucken!
Die Phrase, gern verwendet bei den heutzutage so verbreiteten Gesprächen über amerikanische Serien, demonstriert: »Ich kann ziemlich gut Englisch.« Häufig verwenden sie Leute, die bei Gags im Originalton-Film lachen, während man selbst beschämt feststellt, dass man die Pointe nicht verstanden hat.

Die frühen Sachen waren gut.
Meint: *Ich bin ein Visionär. Ich habe gleich geahnt, dass diese Band / dieser Regisseur / dieser Autor Potenzial hat. Und das, bevor sein Song bei Radio Energy lief / ihr Film im Multiplex-Kino gezeigt wurde. Du hast sie erst jetzt entdeckt, wo der Künstler längst seine Seele verkauft hat.*

Gern von Leuten gesagt, die immer bemüht sind, sich in ihrem erlesenen Geschmack von der Masse abzuheben und denen jeder kommerzielle Erfolg verdächtig vorkommt.

Wenn ich da mal kurz einhaken darf ...

Meint: *Diese Dummheit kann ich mir nicht länger anhören. Dich nicht zu unterbrechen wäre schmerzhaft für mich.* Die Floskel ist doppelt trügerisch. Wer auf diese Weise einen anderen unterbricht, wartet nicht erst auf Erlaubnis. Und kurz wird es meist auch nicht, denn derjenige wähnt sich auf der richtigen Seite – und gibt den Staffelstab meist so schnell nicht wieder her.

Nee, lass mal ...

Meint: *Du willst mir beim Kochen helfen? Das würde alles nur noch schlimmer machen. Du hast letztens sogar den Tiefkühl-Burrito in der Mikrowelle verbrennen lassen. Du störst nur.*

Hier wird verschnupft bis herablassend ein Hilfsangebot zurückgewiesen. Meistens gibt es eine Vorgeschichte, um die es eigentlich geht. Die Phrase soll signalisieren: Es gibt einen Vertrauensbruch. Der Sprecher hat sich irgendwann einmal nicht auf sein Gegenüber verlassen können und versucht es nun zu kränken. Um den zurückliegenden Schaden wiedergutzumachen, bedarf es nach Meinung des Sprechers mehr als eines lapidaren Hilfsangebots.

Warum hast du nicht bei der Konkurenz geguckt, da gibt's das meist noch billiger.

Hervorgebracht von Leuten, die immer wissen, dass es das gleiche Markenteil bei TK Maxx für die Hälfte gibt, und die es schaffen, den Los-Angeles-Flug für 399 Euro zu buchen. In dieser Phrase ist ein Appell verborgen, der darin besteht, bitte mehr um Rat gefragt zu werden. Das ebenso belehrende Äquivalent: *Billig kaufen heißt doppelt kaufen.* Diesen Satz hörte ich einmal von einem finanziell bessergestellten Bekannten, der sich auf meinen neu erworbenen Balkonstuhl von Ikea gesetzt hatte – und der unter ihm zusammengebrochen war.

Suchst du was Bestimmtes?

Vordergründig bietet der Sprecher seine Hilfe an, ist aber in Wahrheit genervt, dass der Lebenspartner durchs Arbeitszimmer kramt, in dem man gerade den Abschlussbericht fertigstellen wollte. Oder aber ein Verkäufer bedrängt damit einen Kunden, der ratlos vor Regalen steht, ohne etwas zu kaufen oder wenigstens zu verschwinden. Der Verwender dieser Phrase beklagt eine Grenzüberschreitung. Leichter Sarkasmus schwingt mit, denn man traut seinem Gegenüber offenbar zu, wie ein Alzheimerpatient alles zu durchsuchen, ohne zu wissen, was er eigentlich finden will.

Bisschen schwierig.

Das »bisschen« ist ein sarkastischer Euphemismus. Es meint: »Das ist total unmöglich. Eigentlich ist allein Ihr Gedanke schon ein Affront.«

Beispiel: *Bisschen schwierig, wenn deine Cousine auch noch mitkommt auf die Party.*

Meint: *Dass du überhaupt auf die Idee kommst, ist unverschämt. Ich kann doch nicht drei Leute auf die Party mitnehmen. Und dann noch deine Cousine, die dann wieder einen ihrer Nylonpullis mit Tierapplikationen trägt, da nehmen wir doch alle einen Imageschaden.*

PHRASENSCHWEINEREI BEI DER ARBEIT

Besonders gut gedeihen Phrasen im Betriebsklima, wo sie auf wundersame Weise ihren Weg von einer Firma in die nächste finden. Über sie lässt sich vortrefflich lästern. Ohne sie auszukommen ist schon schwieriger. Jeder findet sie nervig, aber jeder benutzt sie. Was sind die Gründe für den Phrasen-Erfolg im Betrieb?

- Die Phrasen stillen das Bedürfnis nach einer funktionalen Sprache, die Appellcharakter hat, ohne befehlerisch zu wirken. Da der Einzelne nicht zu viel von seinem Innenleben preisgeben will, greift er auf Textbausteine zurück. Denglish, also Deutsch versetzt mit englischen Bruchstücken, ist ein häufig benutzter Ausdruck dieses Wunsches. Es erlaubt eine zusätzliche Distanzierung und soll gleichzeitig modern klingen.
- Phrasen entsprechen dem Wunsch, so präzise wie nötig und so allgemein wie möglich zu bleiben, um nicht festgenagelt werden zu können.
- Sie entsprechen auch dem Wunsch, sich seinem Rudel anzupassen, weswegen Floskeln automatisch übernommen werden.
- Sie zeugen von der Sehnsucht, gut dazustehen, weswegen viele Bürophrasen Inhalte aufblähen.
- Der Arbeitsplatz ist ein Umfeld, in dem wir permanent kontrolliert und bewertet werden. Phrasen bieten uns in diesem unsicheren Gewässer ein Floß.

Von allen Phrasen die nervigste ist übrigens wohl diese: »Fünf Euro für das Phrasenschwein.«

Wir müssen den Kunden abholen.

Beim Kunden soll Interesse geweckt werden, aber auf raffinierte Weise. Er soll entführt werden in ein Wunderland, für dessen Eintritt er gern zahlt. Früher sagte man in solchen Zusammenhängen, dass der Fisch mit einem Köder gefangen werden soll, der ihm schmeckt.

Er macht einen guten Job.

Hier handelt es sich um die jovial-amerikanische Version von »Er arbeitet gut«. Anders als der Ausspruch »Er ist ein guter Programmierer« bezieht sich die Anerkennung auf die Tätigkeit, nicht auf den Mitarbeiter an sich. Wird daher oft als schulterklopfendes Lob für Personen verwendet, gegen die man ein, zwei Vorbehalte hat. »Gut, es ist irritierend, dass dieser Programmier-Nerd ständig Horrorfilmzitate in seinen eigelbverkrusteten Bart nuschelt, aber er macht einen guten Job.«

Das zieht mich (nicht) rein.

Alles muss faszinierend sein und eine magische Anziehung besitzen im härter werdenden Kampf um die knappe Ressource Aufmerksamkeit. Nichts ist schlimmer, als nicht beachtet zu werden! Ein Artikel, eine Präsentation, eine Kampagne, aus der nicht eine riesige Hand zu mir schnellt und mich in eine magische Welt zieht, hat ihr Ziel verfehlt.

Vielleicht sind wir schon betriebsblind.

»Da sieht jemand vor lauter Bäumen den Wald nicht«, sagte man früher. Und wünscht sich eine frische Perspektive sowie eine neutrale Einschätzung.

Da bin ich leidenschaftslos.

Gemeint ist: »Sie gehen mir zu sehr ins Detail, das spielt für mich keine Rolle mehr. Manches müssen Sie auch selbst entscheiden.« Oder aber: »Da bin ich ratlos.«

Da sind wir gut aufgestellt.

Diese Aussage ist eine aus dem Sport oder dem Militär entlehnte Phrase, die Sicherheit durch gute Vorbereitung vermitteln will: »So schnell fallen wir nicht um.«

Ooookay!?

Wird mit skeptisch erhobener Stimme vorgetragen. Es meint: »Das meinen Sie doch nicht ernst? Das ist so abwegig, was die da erzählen, da muss ich nicht einmal mehr gegenargumentieren.«

Wir müssen sehen, dass wir uns das Controlling mit ins Boot holen.

Jemand soll mit in ein Projekt eingebunden werden. Manchmal auch jemand Ungeliebtes. Aus der Phrase hört man oft ein leichtes Zähneknirschen heraus. Aber die Angst davor, auf diesen Partner zu verzichten, überwiegt angesichts der Vorstellung, ohne diese Allianz zu kentern.

Da müssen Sie jetzt aber Gas geben.

Das ist Antreiber-Phrase, die nach PS, Geschwindigkeit, Fahrtwind klingt und nach Diesel riechen soll, wo eigentlich der Karren schon gegen die Wand gefahren ist.

Wir sind auf einem guten Weg.
Eine beschwichtigende Phrase. Getönt beispielsweise von Karsten Mühlenfeld, Chef des Berliner Chaos-Flughafens BER, im Juli 2015 auf einer Sitzung des Sonderausschusses im brandenburgischen Landtag. Meint: »Ja, es ist eine Menge schiefgelaufen. Haben uns oft verirrt wie Hänsel und Gretel im Wald. Aber wir versuchen, aus unseren Fehlern zu lernen.«

Das haben wir auf dem Schirm.
Gemeint ist: »Wir sind gewappnet. Wir versuchen, alles im Blick zu behalten. Beruhigen Sie sich!«

Absolut
Soll entschlossen und beipflichtend klingen. Vielleicht, weil einem selbst gerade nichts Eigenes einfällt?

Das finde ich spannend / sexy.
Da werden die Möglichkeiten des neuen Datenverwaltungssystems als »spannend« bezeichnet, als handle es sich um die finale Staffelfolge von *Homeland*. Oder aber eine Kampagne des Deutschen Buchhandels soll vermitteln, dass Lesen sexy ist. Nun gibt es viele Gründe, die fürs Lesen sprechen. Es bildet, regt die Phantasie an, schult die Sprache und lässt am Wissen teilhaben. Wissen ist Macht. Muss Lesen bei all diesen Vorteilen auch noch sexy sein? Hinter diesen Lieblings-Adjektiven der Marketingabteilungen, verwendet in eher langweiligen und unerotischen Zusammenhängen, steckt der Anspruch, dass alles mit Leidenschaft getan werden soll. Es darf nicht mehr einfach nur erledigt werden. Dafür brennen müssen wir!

Jetzt müssen wir die Kuh vom Eis holen.
Notfallaktion, der durch ein witziges Sinnbild ein wenig von ihrer Brisanz genommen werden soll.

Da habe ich ein Zeitfenster. / Bitte zeitnah erledigen?
Früher sagte man: »Ich habe zwischen 12.30 und 13 Uhr Zeit.« Jetzt hat man dann ein Zeitfenster. Früher musste etwas bald erledigt werden, jetzt bitte zeitnah, dem ein unterschwelliger Druck, wenn nicht gar eine Warnung innewohnt. Präziser wird »zeitnah« dadurch auch nicht.

Nennen Sie mal eine Hausnummer.
Leitet eine Verhandlung ein. Jetzt geht es ans Eingemachte: Geld.

Wir müssen uns neu erfinden.
Alles, was vorher war, zählt nicht mehr. Wir wissen nicht weiter. Und das Rad lässt sich sowieso nicht neu erfinden.

Wer hat hier den Hut auf?
Gemeint ist: »Wen kann ich jetzt zur Schnecke machen?« Häufig von Chefs verwendet, wenn sie sich in diejenigen Niederungen begeben, deren interne Hierarchie ihnen nicht mehr geläufig ist.

Das ist doch alles kein Hexenwerk.
Soll beruhigend wirken, wenn man noch nicht ganz weiß, wie man etwas schaffen soll. Dann bestehen Zweifel, ob man die not-

wendigen Ressourcen schon beisammen hat. Verwandt mit der Formel »Die kochen auch nur mit Wasser«, wobei »die« ein konkurrierendes Unternehmen oder eine Abteilung meint, die man ebenso bewundert wie beneidet.

Leg dich wieder hin.

Augenzwinkernde Abschiedsformel am Telefon. Zwischen Gleichgestellten meist in solidarischer Absicht geäußert. Gemeint ist: »Ich musste dich stören, hab ich auch nicht gern getan, aber jetzt lasse ich dich wieder in Ruhe.« Kann aber auch, je nach Tonfall, frotzelnd bis vorwurfsvoll gemeint sein. Ausgesprochen vom Vorgesetzten heißt es dann: »Komm mal aus dem Quark!«

Fragen? Fragen!

Nach einem Vortrag oder zum Abschluss einer informationslastigen E-Mail. Als wäre es das Schönste der Welt, naseweise Fragen zu beantworten, die meist darauf zielen, den Redner oder Verfasser auf Lücken oder Widersprüche seiner Ausführungen aufmerksam zu machen.

Danke für das angenehme Gespräch.

Häufig der Einstieg in E-Mails, die einem Treffen oder Telefongespräch folgen, sogenannten »Follow-ups«. Und zwar verfasst von derjenigen Seite, die etwas von der anderen Seite will. Gut, das Gespräch, auf das hier Bezug genommen wird, war nicht zu einem Battle darüber eskaliert, wer nun die verkommenste Mutter hat. Aber war es deswegen auch schon ein »angenehmes« Gespräch? Trotzdem: Der Schreiber zeigt damit, dass er auf ein Klima der freundlichen Kooperationsbereitschaft angewiesen ist.

Apropos Klima: Solche Mails schließen häufig mit einem Wetterbericht: »Beste Grüße aus dem verregneten Hamburg.«

Da ist noch Luft nach oben.
Ein Euphemismus. Gemeint ist: »Das war unter aller Kanone. Noch mal komplett neu machen.«

Das wird sportlich.
Gemeint ist: »Ihr habt es völlig versemmelt, rechtzeitig anzufangen. Eigentlich nicht mehr zu schaffen.«

So, das hab ich jetzt eingetütet.
Hier schwingt Stolz darüber mit, einen Vertragspartner zum Unterschreiben gebracht zu haben. Ein erhebendes Gefühl, vergleichbar mit dem, ein neues glitzerndes Produkt in einem schicken Tütchen aus einem Laden zu tragen.

Guter Hinweis!
Gemeint ist: »Ach, halten Sie doch einfach mal die Klappe, was soll ich damit jetzt anfangen? Wollen Sie mich aus meinem Flow bringen?«

Wir fahren auf Sicht.
Gemeint ist: »Wir sind völlig orientierungslos.«

Ich freue mich auf Sie!

Gern in Mails, mit denen ein Termin bestätigt wird. Es steht also ein Wochenend-Workshop zum Thema Qualitätsmanagement an? Oder ich habe als Handelsvertreter einem abgehetzten Arzt drei Minuten abgezwackt, in denen ich ihm ein neues Gerät zur künstlichen Beatmung schmackhaft machen wollte? Luftsprung! Es reicht nämlich nicht, irgendetwas einzuhalten. Man hat sich auf den Termin zu freuen wie einst aufs Christkind!

Lassen Sie uns dann noch mal zusammentelefonieren.

Natürlich würde es reichen, einfach nur noch einmal zu telefonieren. Das »zusammen« soll darauf hinweisen, dass an einem Strang gezogen werden sollte.

Ich schick das jetzt mal kommentarlos.

Soll vorwegnehmen, dass auf Höflichkeitsfloskeln in der Mail verzichtet wird. Man weiß ja, worum es geht.

Ups, jetzt auch mit Anhang.

Folgt häufig auf die kommentarlos geschickte Mail.

Lassen Sie uns da noch mal drauf rumdenken.

Keiner hatte eine Lösung, bestenfalls keimte mal eine vage Idee auf. Zweifelhaft, ob die Saat jemals aufgeht. Denn kaum fällt der »rumdenken«-Satz, der die Lösungssuche glücklicherweise vertagt, drückt man auch schon auf den inneren Reset-Knopf. Und macht den Kopf frei für die wirklich wichtigen Themen. Feierabend, Essen oder sein Tinder-Date zum Beispiel.

Wie man so schön auf Neudeutsch sagt

Der Sprecher entschuldigt sich mittels dieser Selbstdistanzierung für seine Wortwahl (Denglish, Worthülsen). Etwas Besseres ist ihm aber im Moment nicht eingefallen.

Das nur mal für den Hinterkopf.

Gemeint ist: »Okay, ich geb zu, was ich grad gesagt habe, tut eigentlich nichts zur Sache.«

Das Budget ist auf Kante genäht.

Gemeint ist offiziell: »Jetzt müssen wir präzise arbeiten. Keine Ressourcen dürfen verschwendet werden.« Eigentlich aber heißt es: »Fehlkalkuliert! Kein Zaster da! Wir sind am Sack!«

Das ist eine Operation am offenen Herzen.

Gemeint ist: »Wir arbeiten hier in eine Ausnahmezustand, da sind Kunstfehler inklusive.«

Stand: Jetzt.

Digitale Sprache, mit der schnittig auf Unabwägbarkeiten vorbereitet werden soll. Gemeint ist: »Nagelt mich nicht drauf fest, morgen schon kann alles ganz anders sein. Wenn ihr glaubt, dass ich darüber eine verbindliche, verlässliche Aussage treffen werde, seid ihr Knalltüten. Was weiß denn ich?«

PHRASEN IM REMIX

Die meisten Sprichwörter bringen mittels einer schlauen Metapher einen Gedanken auf den Punkt, den wir alle kennen. Wir verstehen durch das Sprachbild, was gemeint ist. Deswegen sind Sprichwörter so erfolgreich. Doch oft gleichen sie dem Hit des vergangenen Sommers: Sie wirken abgenudelt.

→ **38. TIPP**

> Wenn Sie ein Sprichwort abwandeln, machen Sie sich das Vertraute und Verständliche des Original-Sprichwortes zunutze, gleichzeitig überraschen Sie und brechen die Erwartung.

Im Grunde ein ähnlicher Effekt, auf den der (inzwischen ebenfalls abgenudelte) Sommerhit 2015 baute, *Ain't Nobody* von Felix Jaehn und Jasmine Thompson. Der Song klang eine Weile neu und frisch und weckte gleichzeitig eine Erinnerung, nämlich die an das Original von *Rufus & Chaka Khan*. Ihre Phrasen-Remixe können ruhig sinnfrei oder absurd sein. Sie legen dann das Sprichwort nicht nur neu auf, sondern parodieren es auf Ihre Weise.

Hier sehen Sie Beispiele, wie man alte Sprichwörter sampeln kann:

Aller guten Dinge sind drei.
→ **Aller guten Dinge sind vier und ein paar Gequetschte.**
Kommt Zeit, kommt Rat.
→ **Kommt Zeit, kommt Handwerker.**
Man muss die Feste feiern, wie sie fallen.
→ **Man muss die Feste feiern, bis die Ersten hinfallen.**

Er hat Geld wie Heu.

→ **Er hat Geld wie ein Oligarch.**

Das ist wie Perlen vor die Säue werfen.

→ **Das ist wie Perlen vor die Austern werfen.**

ICH LIEBE DICH, DU KLEINES ARSCHLOCH

DIE DOPPELTE BOTSCHAFT

Ein Lebkuchenherz auf dem Münchener Oktoberfest hatte folgende Zuckerguss-Aufschrift: »Du miese Ratte«. Ein Fall von doppelter Botschaft. Das Herz signalisiert Liebe, die Aussage Hass. Ein weiteres Beispiel. »Ich habe Sehnsucht nach dir. Bist du auch so müde?« Carola runzelte die Stirn, als sie mir die Message ihres neuen Freundes vorlas. »Was bedeutet das nun, dass er mich sehen will oder dass er zu müde ist, mich zu sehen?« Der Grund für Carolas Ratlosigkeit lag in der doppelten Botschaft ihres Freundes. Einerseits wollte er sie sehen, andererseits war er zu müde. Sie fühlte sich herangezogen und gleichzeitig weggestoßen. Sie wusste nun nicht, auf welchen Teil der Botschaft sie reagieren sollte.

In einer doppelten Botschaft steckt ein Appell, der zugleich befolgt und nicht befolgt werden soll. Egal, wie der Angesprochene nun reagiert, es kann gegen ihn verwendet werden. Er hat das Gefühl, es dem anderen nicht recht machen zu können, und denkt meist, der Fehler liege bei ihm.

Früher gingen Psychologen davon aus, dass Eltern, die in Doppelbotschaften sprechen, ihr Kind der Gefahr aussetzen, eine spätere Schizophrenie zu entwickeln. Man meinte, diese permanente, ausweglose Verwirrung würde das Kindeswohl schädigen. Heute geht man von wesentlich komplexeren Ursachen für Schizophrenie aus. Auch weiß man mittlerweile, dass doppelte Botschaften viel häufiger vorkommen als geahnt. Sie sind also keineswegs pathologisch, sondern ein Bestandteil der alltäglichen Kommunikation. Niemand kann immer nur eindeutig kommunizieren. Ungelöste innere Konflikte, also sich widersprechende, meist verborgene Wünsche und Ängste, tragen dazu bei, dass unsere Botschaften oft paradox sind. Denn wir alle haben permanent widersprüchliche Gefühle in uns. In uns besteht das Bedürfnis nach Nähe genauso wie das nach Distanz, nach Vertrautheit genauso wie nach Abenteuer. Wir sind neugierig und vorsichtig, hilfsbereit und egoistisch.

So sind wir Doppelbotschaften ebenso ausgesetzt, wie wir sie versenden: Unser Chef will, dass wir kreativ sind, aber uns an Vorgaben und Abläufe halten. Männer wollen, dass ihre Frauen Luder sind und Heilige zugleich. Frauen wollen einen abenteuerlustigen Mann, aber zuverlässiger und treu sollte er schon sein – eben potenzielles Ehemann-und-Vatermaterial. Wir wünschen uns einen sexuell aufgeschlossenen Partner, aber aufgeschlossen soll er bitte nur innerhalb der Beziehung sein. Wir wollen, dass unser Kind mutig ist und vorsichtig zugleich, (eines Tages) in die Welt hinausgeht, aber sich nicht zu schnell abnabelt, sondern seinen Eltern möglichst ein Leben lang innig verbunden bleibt. Wir wollen, dass unsere Kollegen gut arbeiten, aber nicht besser als wir.

Auch Behörden, Institute und Länder senden Doppelbotschaften, etwa der deutsche Staat an Flüchtlinge: Sie alle erhalten Leistungen, gleichzeitig soll ein Großteil wieder verschwinden. Flüchtlinge, die selber aus keinem Sozialstaat kommen, können diese Doppelbotschaft nicht einordnen: Wieso will das Land mich nicht, obwohl es mich versorgt?

Im Alltag drückt sich die doppelte Botschaft oft dadurch aus, dass Mimik und Gestik eine andere Sprache sprechen als die Worte. So wie bei Carlos und Frida. Die Luft bei ihnen war dick. Er hatte vergessen, sie von ihrem Karatekurs abzuholen. »Ist schon okay«, winkte sie ab, als er sich entschuldigte. Fridas Stimme aber klang distanziert, ihre Körperhaltung war abgewandt. Sie sah Carlos nicht an, während sie diese Worte aussprach. Was sie eigentlich meinte: *Gar nicht okay, dass du unsere Verabredung vergessen hast. Ich mache jetzt aber kein Fass auf. Musst du schon selber merken, dass was nicht stimmt.* Carlos verstand: *Ich will, dass du dich schuldig fühlst.*

Der Grund: Frida sendete in diesem Fall eine Doppelbotschaft. Sie gab vor, es sei okay, aber Tonfall und Körpersignale straften ihre Worte Lügen. Dieser Widerspruch ließ Carlos keinen Raum, sein vermeintliches Versäumnis zu erklären. Denn sie hätte dann entgegnen können: »Was ruderst du so rum? Ich hab doch gesagt, es ist okay.« Nur mit einer Entschuldigung hätte er die Situation aufbrechen können. Dazu lassen sich Partner aber ungern drängen. Wünschenswert wäre hier eine klare und stimmige Kommunikation, nach dem Motto: »Ist da ein ungerupftes Hühnchen? Dann raus damit.«

Eine Spezialform der doppelten Botschaft ist das, was der Kommunikationsforscher Paul Watzlawick als »Sei spontan!«-Paradoxie beschrieb. Es ist uns nicht möglich, einer Aufforderung nach Spontaneität nachzukommen, ohne gegen sie zu verstoßen.

Beispiele:

Überrasch mich doch mal mit Blumen! Bringt er dann Blumen mit, ist sie nicht mehr überrascht.

Sei doch mal dominanter im Bett. Käme sie der Aufforderung

nach, würde sie sich dadurch seinem Willen unterwerfen und ver-
hielte sich eben nicht dominant.

Ich vermisse Harmonie zwischen uns. Harmonie lässt sich nicht
verschreiben. Dadurch, dass ein Problem geäußert wird – die fehlende Harmonie –, wird ebendiese verhindert.

Entspann dich doch mal! Niemand entspannt sich auf Befehl.
Die Aufforderung erzeugt stattdessen (zusätzliche) Anspannung,
weil mir vermittelt wird, ich solle etwas ändern und müsse dazu
handeln. Entspannung aber ist doch das Gegenteil von Aktivität!

→ **39. TIPP**

> Doppelbotschaften erschweren die Kommunikation, weil sie
> den Gesprächspartner verwirren und in eine unlösbare Situ-
> ation manövrieren. Sie können es aber vermeiden, mit dop-
> pelter Zunge zu sprechen. Häufig hilft es schon, seine Zer-
> rissenheit und den dahinterliegenden inneren Konflikt zu
> erkennen und sich zu sagen: »Aha, so ist das also.«

Wir nehmen dank solcher Erkenntnisse Abstand zu uns selbst
und können dann mit dem inneren Konflikt umgehen. Wir sind
nicht mehr Opfer unseres Konflikts, sondern Beobachter. Er
beherrscht uns nicht mehr. Er muss auch gar nicht gleich gelöst
werden. Einmal erkannt, können wir diesen Konflikt kommunizieren, statt uns und andere in widersprüchliche Aussagen zu verstricken.

Nach der verwirrenden SMS ruft Carola, eine Frau der Tat, bei
ihrem Freund Frank an und schlägt ihm vor, abends noch vorbei-
zukommen. Frank reagiert erneut mit einer Doppelbotschaft und
antwortet mit einem mürrischen »Meinetwegen«. Carola ist irritiert. »Was hast du?«, fragt sie. »Willst du mich nicht sehen?«

Frank dazu: »So ein Quatsch, ich hab doch gesagt, komm vorbei.«
Schon sind die beiden wieder in einen saftigen Streit verwickelt.

Entwickelt Frank nun einen Sinn für Doppelbotschaften und seine innere Unstimmigkeit, könnte er genau das kommunizieren: *Ich bin noch unentschlossen. Ich möchte dich einerseits gern sehen, andererseits bin ich müde.*

WIE KÖNNEN SIE SOLCHE INNEREN KONFLIKTE LÖSEN?

Horchen Sie in sich hinein. Welche sich widersprechenden Wünsche hegen Sie? Welche unterschiedlichen Absichten stecken dahinter? Identifizieren Sie die inneren Stimmen, die unterschiedlicher Meinungen sind.

Geben Sie den Parteien Namen. Im Fall von Frank etwa wäre das der »Liebhaber«, der gern nachts noch seine Freundin empfangen will. Aber da gibt es auch den »Wächter«, der darauf achtet, dass er genug Schlaf bekommt. Mit ihm verbindet sich der »Beziehungs-Saboteur«, der ihn davor bewahren will, sich an die Ketten seiner Partnerin legen zu lassen, und der Carolas Wunsch, den Abend mit Frank zu verbringen, schon wieder zu viel ist.

Setzen Sie die Parteien an einen inneren Konferenztisch und plazieren Sie sich als Teamleiter dazu. Die Sitzordnung verleiht Ihrem Konflikt Struktur. Zeichnen Sie das Team auf ein Stück Papier.

Ändern Sie die Sitzordnung so, wie es Ihnen angemessen scheint. Vielleicht setzen Sie den inneren »Liebhaber« rechts neben sich und verbannen den »Beziehungs-Saboteur« auf die Fensterbank.

Befragen Sie jede Stimme zu dem Konflikt und lassen Sie sich deren Ansicht erklären. Unterstellen Sie, dass jede einzelne Absicht eine positive ist, die dem Gesamtteam zugutekommen soll. Jede Stimme hat ihre Berechtigung und verdient es, gehört werden.

Vermitteln Sie zwischen den inneren Stimmen. Welche Bedingungen braucht die eine Seite für ein Zugeständnis an die andere? Welches Gegenangebot macht eine Stimme, wenn sie eine Anfrage zurückweist? Hinterfragen Sie die Wünsche hinter den inneren Stimmen. Bedeutete es für Frank wirklich, zu schnell in eine Beziehung hineinzuschlittern, wenn er Carola doch wieder zu sich einlädt? Und wenn ja, was wäre so verkehrt daran? Und an den »Schlaf-Wächter«: Wäre eine Liebesnacht nicht vielleicht beflügelnder für den nächsten Arbeitstag als satte acht Stunden Nachtruhe? Vielleicht sieht der Kompromiss so aus, dass Frank sich noch mit Carola auf einen Wein trifft, aber von vornherein sagt, dass er zu Hause schlafen will. Den Vorsatz kann Frank immer noch wieder über Bord werfen, wenn der »Liebhaber« in ihm doch die Oberhand gewinnt.

Fragen Sie alle Parteien, ob sie Einwände gegen die Lösung haben.

Da Sie mit sich selbst ins Reine gekommen sind, können Sie nun Ihre Position nach außen klar darstellen. Sie kommunizieren stimmiger und deutlicher.

→ **40. TIPP**

Wenn Sie mit einer doppelten Botschaft konfrontiert sind, sprechen Sie offen an, dass Sie verwirrt sind. »Du deutest an, dass du mich gern sehen würdest, und zugleich, dass du zu müde dazu bist. Ich weiß nicht, wie ich reagieren soll.« Erst durch eine solche Metakommunikation entkommen Sie der Gesprächsfalle.

DIE UNDICHTE SEELE

WARUM SICH MUT
ZUR ICH-BOTSCHAFT LOHNT

Der Esel nennt sich immer zuerst? Aufzählungen wie »Ich und Martin fahren nächste Woche in Urlaub« gelten als unhöflich. Ansonsten haben Sätze, die mit »ich« beginnen, einen ganz anderen Effekt: Der Sprecher steht für sich und seine Sache ein, er übernimmt Verantwortung. Er ist mutig, weil er etwas von sich offenbart und sich damit angreifbar macht. Er wirkt authentisch und ehrlich. Große Sätze von großen Menschen der Weltgeschichte begannen mit einem »ich«: »Ich bin ein Berliner.« (John F. Kennedy). »Ich habe einen Traum« (Martin Luther King). »Ich kam, sah und siegte!« (Julius Cäsar). »Ich bin, wie ich bin. Die einen kennen mich, die anderen können mich.« (Konrad Adenauer). Auch der wohl stärkste Satz, den man sagen oder hören kann, beginnt mit einem »ich«: »Ich liebe dich.«

Wer in der ersten Person von seinen Gefühlen spricht und seine Seele öffnet, erntet Aufmerksamkeit und Sympathie. Die Hörer fühlen sich an ihre eigenen Gefühle erinnert. Die Leute werden meist vergessen, was Sie gesagt haben. Sie werden aber nicht vergessen, wie sie sich dabei gefühlt haben. Gefühle hinterlassen tiefer gehende Erinnerungen als Inhalte.

Paartherapeuten empfehlen die Ich-Aussage als deeskalierendes Mittel im Konflikt. Die Selbstkundgabe in Ich-Form steht im Gegensatz zur Du-Aussage, bei der ich dem anderen eine Eigenschaft zuschreibe. Aus einer Du-Aussage hört der Gesprächspartner wie schon beschrieben oft einen Vorwurf oder eine Unterstellung heraus.

→ **41. TIPP**

Beschreiben Sie eigene Gefühle, statt den anderen zu interpretieren und zu bewerten. Denn die Du-Aussage bringt den anderen schnell in Verteidigungshaltung.

Beispiele für die Umwandlung von Du- in Ich-Botschaft:

Du hast so wenig Zeit für mich.
→ **Ich fühle mich von dir vernachlässigt.**
Du hörst mir einfach nicht zu.
→ **Ich fühle mich von dir missverstanden.**
Du gehst mir aus dem Weg.
→ **Ich habe das Gefühl, dass du mir aus dem Weg gehst.**

Manchen gelingt es, auch in der Ich-Aussage zu beleidigen. Beispiel Frida und Carlos. Sie: »Ich habe das Gefühl, dass du ein Arschloch bist.« Er: »Ich fühle, dass ich mich von dir scheiden lassen will.« Sie: »Ich finde, das ist die erste gute Idee von dir seit langem.« Er: »Ich möchte, dass du jetzt das Haus verlässt.« Es geht also! Man kann sich auch mit der Ich-Aussage Beleidigungen um die Ohren hauen, wenn man wirklich will. Aber es fällt schon ein wenig schwerer.

Besonders Unterstellungen, Diagnosen (»Du blockst gerade total ab.«) oder vermeintlich gelesene Gedanken rufen bei unserem Gegenüber Abwehr hervor. Wir sehen es als Grenzüberschreitung an, wenn der andere glaubt, unseren inneren Zustand zu kennen. Ein Freund erzählte mir, warum es ihm immer schwerfällt, mit seiner Mutter zu telefonieren. Sie sagt dann ständig zu ihm »Du bist erschöpft«, »Du hast sicherlich anderes zu tun, als mit mir zu telefonieren«, »So, jetzt hast du deine Pflicht (sie meint das Telefonat) erfüllt, da bist du sicherlich froh«. Der Freund zu mir: »Es nervt mich, dass sie immer glaubt zu wissen, wie ich mich fühle, und mir unterstellt, dass ich eigentlich keine Lust habe, mit ihr zu telefonieren.« Das führt dazu, dass er tatsächlich keine Lust mehr hatte und schließlich nur noch aus Pflichtbewusstsein anrief. Letztendlich behielt die Mutter auf diese Weise recht.

Weitere Beispiele für gedankenlesende Du-Botschaften:

Du hältst mich für einen Idioten.
Du willst mich bloß ärgern.
Du blockierst total, weil du dich deinen Gefühlen nicht stellen willst.
Du hältst mich für einen Freak, nur weil ich Perücken und Schaufensterpuppen sammle.

Formulieren Sie auch hier lieber ein Gefühl in Ich-Form als eine Zuschreibung.

→ Ich frage mich gerade, ob du mich für einen Idioten hältst.
→ Ich weiß nicht, was deine Absicht ist. (Etwa mich zu ärgern?)

Stellen Sie sich selbst folgende Fragen, wenn Sie zu Du-Botschaften neigen. Sie können mit diesen Fragen auch auf die Du-Botschaft Ihres Gesprächspartners reagieren:

Was bringt mich/dich auf diesen Gedanken?

Was veranlasst dich, das zu glauben?

Woher weißt du das?

Gedankenlesen wird auch umgekehrt angewandt. Ich setze dann voraus, dass der andere weiß, was in mir vorgeht.

Er müsste doch merken, dass es mir schlechtgeht.

Siehst du nicht, dass ich das nicht will?

Hier lautet die schlichte Gegenfrage:

Woher sollte ich das wissen?

Verwandt mit diesem unheilvollen Gedankenlesen ist die unbewiesene Schlussfolgerung.

Er war so enthemmt, er hat doch wieder heimlich Drogen genommen.

Er kommt zu spät, er will mich demütigen.

Du tippst ja auf deinem Handy. Dich interessiert die Show wohl nicht?

Hier können die inneren Fragen lauten:

Welche Beweise gibt es dafür?

Bedeutet es das immer? (Will er mich mit wirklich jeder Verspätung demütigen?)

→ **42. TIPP**

> Auf vorwurfsvolle Du-Aussagen können Sie reagieren, indem Sie darum bitten, den Begriff, den der andere Ihnen zuschreibt, zu definieren.

Du warst sehr ungehalten.

→ **Was ist für dich ungehalten?**

Du bist ja ein ganz schöner Softie.

→ **Was ist für dich ein Softie?**

Oder Sie setzen der Zuschreibung des anderen einen neuen, Ihren eigenen, positiven Rahmen. Auf diese Weise sehen Sie die Aussage des anderen durch ihre eigene Brille.

Du bist verbissen.
→ Ja, ich kann sehr zielstrebig sein.
Du bist eifersüchtig.
→ Ich bin leidenschaftlich.
Du bist so wortkarg heute.
→ Ich höre gern zu, was andere zu sagen haben.
Mein Gott, bist du penibel.
→ Ja, ich bin gründlich.
Du warst ganz schön geschwätzig auf der Party.
→ Ich hatte den Leuten eine Menge zu erzählen.
Du bist stur.
→ Ich bin konsequent.
Du bist leichtsinnig.
→ Ich bin abenteuerlustig.
Du bist faul.
→ Ich kann das Leben gut genießen.

ALTERNATIVEN ZUM ICH-SATZ

Eine Ich-Aussage wirkt selbstbewusst und kann im Konfliktfall sogar deeskalierend sein. Beginnen jedoch zu viele Sätze mit »ich«, lässt uns das schnell egozentrisch aussehen, mal abgesehen davon, dass es stilistisch monoton ist. Das gilt besonders für die schriftliche Kommunikation. In E-Mails geht es jedoch oft um unser Anliegen, in einer Bewerbung etwa stellen wir uns schließlich dar. Deswegen ist die Versuchung groß, jeden Satz mit »ich« zu beginnen.

→ 43. TIPP

In E-Mails ist es ratsam, das »ich« immer mal wieder durch grammatische Kniffe in den Hintergrund treten zu lassen. Man betont damit das Objekt, das ja immerhin Fähigkeiten und Tätigkeiten näher beschreibt.

Ich besitze hervorragende Kenntnisse in Java.
→ **Meine Javakenntnisse sind hervorragend.**
Ich spreche verhandlungssicher Mandarin.
→ **Mein Mandarin ist verhandlungssicher.**
Ich möchte bei einem Praktikum gern mehr über die Arbeit in einer Lokalredaktion lernen.
→ **Das Praktikum bietet mir die Möglichkeit, mehr über die Arbeit in einer Lokalredaktion zu erfahren.**

Oft lässt sich ein »ich« durch eine Konjunktion weiter hinten im Satz plazieren.

Ich besitze fundierte Kenntnisse in XML.
→ **Außerdem besitze ich fundierte Kenntnisse in XML.**

SAGEN SIE, WAS SIE WOLLEN

»Viele Leute haben Angst davor zu sagen, was sie wollen. Das ist der Grund, warum sie nicht bekommen, was sie wollen.« So lautet ein Zitat von Madonna, einer Frau, die nach allem verlangte und alles bekam. Wir bekommen schließlich nicht, was wir verdienen, sondern was wir verhandeln. Es geht in diesem Buch zwar nicht darum, Millionär oder Politiker zu werden. Doch der Mut, Wünsche direkt zu äußern, lohnt sich. Für den Kommunikations-experten Friedemann Schulz von Thun ist der offene Appell der »Heilmacher« einer kranken Kommunikation. Warum aber verschlüsseln wir unsere Wünsche so oft, verklausulieren sie oder äußern sie indirekt?

Folgende Situation. Martin und Lore haben sich herausgeputzt. Die beiden wollen ausgehen. Sie ziehen die Haustür hinter sich zu und steuern auf ihr Auto zu. Prüfen Sie die drei Varianten!

1. Variante: Die als Behauptung getarnte Bitte

Martin zu Lore: »Ich bin in letzter Zeit dauernd gefahren und konnte nie was trinken.« Zwar versteht Lore den indirekt geäußerten Wunsch Martins, heute auf dem Beifahrersitz Platz zu nehmen, um sich einen zwischen die Hörner zu gießen. Gleichzeitig ist sie verärgert über seine Behauptung. Seine Worte waren rückwärtsgerichtet und schleppten Gepäck aus der Vergangenheit mit sich herum. Im Grunde hat er einen Vorwurf formuliert. Das »dauernd« ist eine Verallgemeinerung, über deren Zutreffen sich streiten lässt. Tatsächlich fällt Martin ein Gegenbeispiel ein, bei dem er sehr wohl am Steuer saß und seine beschwipste Freundin durch die Nacht chauffierte. »Bin ich nicht letztens, als wir …« Und schon stecken die beiden in einem Streit.

2. Variante: Die als Frage formulierte Bitte

Martin zu Lore: »Könntest *du* heute fahren, damit ich auch mal was trinken kann?« Der Wunsch ist schon deutlicher, in dem »auch mal« steckt zusätzlich ein Vorwurf, der in einem Hinweis auf die Vergangenheit besteht. Der Subtext: »Sonst kann ich ja nie was trinken.« Garantiert fiele Lore wenigstens ein Gegenbeispiel ein, bei dem sie am Steuer saß und ihren beschwipsten Freund durch die Nacht kutschierte.

3. Variante: Die direkte Bitte

Martin zu Lore: »Bitte fahr du heute, ich möchte gern etwas trinken.« Hier hat der Appell ein Heimspiel im Imperativ, der grammatischen Form für eine Handlungsaufforderung. Martin klingt vorwärtsgewandt und selbstsicher. Er hält seinen Wunsch für legitim und nicht weiter diskussionswürdig. Er braucht keine Geschütze aus der Vergangenheit, um sein Anliegen zu rechtfertigen.

Warum verschlüsseln wir Aufforderungen meist?

Kommunikationsexperte Friedemann Schulz von Thun nennt als Grund die Angst vor Zurückweisung. Dabei kann und darf eine direkte Bitte ebenso direkt abgeschlagen werden, wie sie vorgetragen wurde. Außerdem spricht er von der Angst vor Selbstoffenbarung. Jeder Wunsch verrät schließlich etwas über uns selbst. Wohl jeder kennt das Unbehagen, seinem Partner sexuelle Wünsche mitzuteilen. Aber auch schon weniger heikle Bedürfnisse halten wir lieber zurück, aus Furcht, der andere könnte uns einen Strick daraus drehen.

Natürlich könnte auch Lore das tun, einen Nebenkriegsschauplatz eröffnen und schnippisch erwidern: »Es scheint dir sehr wichtig zu sein, dir einen anzusaufen. Als wärst du nicht erst letzte Woche stramm gewesen wie ein Ex-Disney-Star am letzten Abend vor seinem Entzug.« Wir fürchten, durch den direkten Appell zu dominant, bevormundend oder gängelnd zu wirken, und erwarten eine trotzige und auflehnende Reaktion. Deswegen tarnen wir die Aufforderung lieber als Frage, auch wenn sie rein rhetorisch ist. Denn eigentlich handelt es sich um einen Befehl, und die Alternative, die Nein-Antwort, ist eine Scheinalternative (»Herr Stöwing, können Sie bitte in mein Büro kommen?«). Die meisten von uns haben nie gelernt, Wünsche und Vorschläge klar zu äußern. Sie verklausulieren sie durch eine Frage, die dann häufig im Konjunktiv gestellt wird (»Hätten Sie ...«, »Könnten Sie ...«, »Würden Sie ...«).

Üben lässt sich die direkte Bitte hervorragend, wenn wir Dienstleistungen in Anspruch nehmen, etwa im Lokal. Ein Freund, der jahrelang bei Starbucks arbeitete, sagte mir, er hätte immer diejenigen Gäste als angenehmer empfunden, die ihre Bestellung mit »Ich möchte gern« oder »Geben Sie mir bitte« beginnen, und eben nicht fragten: »Hätten Sie bitte einen Latte macchiato Haselnuss Soda für mich?« Wenn ein Gast direkt dazu sagte, in welcher Größe er den Kaffee will und ob zum Mitnehmen, hatte er die beste Chance, dass er das gewünschte Getränk tatsächlich zügig bekam.

Beispiele für indirekte Bitten, die in direkte Bitten verwandelt werden:

Es wäre schön, wenn ich noch etwas Pfeffer für meinen Tomatensaft haben könnte.
→ Bitte geben Sie mir noch etwas Pfeffer für meinen Tomatensaft.
Hättest du vielleicht Zeit, die Regionalausgaben zu überprüfen?
→ Bitte überprüfe die Regionalausgaben.
Ich würde das noch etwas mit Paprika würzen.
→ Würze das doch noch etwas mit Paprika.
Könntest du bitte die Tür zumachen.
→ Bitte mach die Tür zu.
Ich wollte fragen, ob wir unsere Verabredung auf morgen verschieben können.
→ Können wir unsere Verabredung auf morgen verschieben?
Ich denke, ich würde eigentlich gern eine andere Aufgabe übernehmen.
→ Geben Sie mir bitte eine andere Aufgabe!

Nicht nur Bitten, auch Einwände tarnen wir oft als Frage, was vorsichtig und unentschlossen wirkt:

Laufen wir nicht Gefahr, unser Pulver vorschnell zu verschießen, wenn wir jetzt schon an die Medien gehen?

→ Ich finde, wir laufen Gefahr, unser Pulver vorschnell zu verschießen, wenn wir jetzt schon an die Medien gehen.

Oft versuchen wir, die Bitte in einen Nicht-Satz einzubetten. So drücken wir aus, dass wir mit einer Absage rechnen, und bringen uns in die unterlegene Position. Wir vermitteln damit: »Ja, es ist unangenehm, worum ich dich bitte.« Häufig taucht in solchen Bitten das Adverb »zufällig« auf. Unser Subtext lautet dann: *Es wäre schon ein (für mich glücklicher) Zufall, wenn das, worum ich dich bitte, möglich wäre.*

Weitere Beispiele:

Du könntest nicht zufällig Mittwoch arbeiten kommen?

→ Kannst du Mittwoch arbeiten?

Du hast nicht Lust, zum Elternabend zu gehen?

→ Hast du Lust, zum Elternabend zu gehen?

Häufig äußern wir ein Gefühl und hoffen, der andere möge unseren indirekten Wunsch verstehen und bestenfalls erfüllen. Meist ist es von Vorteil, wir äußern unseren Wunsch direkt.

Beispiele:

Es ist sehr heiß im Abteil.

→ Bitte überprüfen Sie die Klimaanlage, es ist sehr heiß im Abteil.

Ich fühle mich unwohl.

→ Ich möchte bitte nach Hause fahren, weil ich mich unwohl fühle.

Ich habe kein gutes Gefühl, was den Weg betrifft.

→ Lass uns bitte nachschauen, ob wir noch auf dem richtigen Weg sind.

Mir ist ganz schwindelig.

→ Bitte fahre langsamer.

Oh, es ist schon so spät.

→ Ich möchte dich bitten, jetzt zu gehen, weil ich morgen früh aufstehen muss.

Es kann geradezu heilsam sein, seine Wünsche direkt zu äußern. Genauso heilsam kann es sein, die Wünsche anderer entschieden abzulehnen, auch ohne große Begründung und Rechtfertigung. Denn mit jedem Argument liefern wir dem anderen nur ein Gegenargument. Wie man Anfragen abschlägt, ohne sich in Erklärungen zu verstricken, machte der berühmteste Arbeitsverweigerer der Literaturgeschichte, Bartleby, der Schreiber aus Herman Melvilles gleichnamiger Erzählung, vor. Egal, was an Bartleby herangetragen wurde, er lehnte alles mit einem sanften »Ich möchte lieber nicht« ab. Jede weitere Diskussion war damit im Keim erstickt. Viel zu oft stimmen wir zunächst zu, um uns hinterher die Haare zu raufen und uns zu fragen: »Was habe ich da nur gesagt? Und wie komme ich da wieder raus?«

Es gibt vier Möglichkeiten, auf einen Wunsch zu reagieren:

1. Zustimmung: *Klar, mache ich.*
2. Ablehnung: *Nein, das ist nichts für mich.* Sie können einen Grund nennen, müssen es aber nicht.
3. Die aufgeschobene Entscheidung: *Ich bin mir noch nicht sicher. Ich bitte um Bedenkzeit.* Vorteilhaft ist es, wenn Sie möglichst konkret sagen können, wie lange Sie brauchen, um sich zu entscheiden.
4. Die eingeschränkte Zustimmung: *Ich kann dir helfen, und zwar von 13 bis 15 Uhr.* Hier handelt es sich um eine eingeschränkte Zusage. Sie nennen die Bedingungen, unter denen es Ihnen möglich ist, dem Wunsch des anderen nachzukommen.

→ **44. TIPP**

Reduzieren Sie sprachliche Weichmacher wie den Konjunktiv (»würde«, »hätte«, »könnte«). Sie wirken schnell gekünstelt. Äußern Sie Ihre Wünsche direkt, anstatt sie zu verschnörkeln.

Wie verhält es sich, wenn mein Appell keinen Erfolg erzielte, ich mich aber mit der Zurückweisung noch nicht zufriedengeben möchte? Statt rückwärtsgewandt zu argumentieren (»Ich bin die letzten drei Mal gefahren und habe dich außerdem am Dienstag abgeholt, als ihr nach dem Yoga angefangen hattet, euch Wodka ins Zitronen-Minze-Wasser zu schütten«), kann man die rhetorische Frage benutzen. Im Gegensatz zu Argument-Monologen ist sie interaktiv. Sie zielt auf Austausch und Verständnis füreinander, auch wenn die rhetorische Frage auf keine (informative) Antwort zielt. Sie ist jedoch in der Lage, Argumente zu verstärken, für Aufmerksamkeit zu sorgen und den anderen zum Nachdenken anzuregen. Bestenfalls verleitet sie den Gesprächspartner dazu, die Welt kurz durch meine Augen zu sehen. Die rhetorische Frage kann auch da zum Einsatz kommen, wo ein direkter Appell nicht angemessen wäre.

Beispiele:
Kannst du verstehen, dass ich mir nach dieser harten Woche heute Abend ein paar Drinks genehmigen will? Verdeckter Appell: Bitte, ich will immer noch nicht fahren, fahr du!

Wollt ihr im Müll leben? Verdeckter Appell: Räumt endlich den Dreck weg oder baut wenigstens eine Schneise von der Tür zum Bett.

Möchten Sie zwei Wochen ohne Internet und Telefon sein? Verdeckter Appell: Bringen Sie endlich meinen Anschluss in Ordnung, so leid es mir für Sie persönlich tut, dass Sie diesen nervigen Job bei der Störungsstelle haben.

Sieht das Hotelzimmer für Sie sauber aus? Verdeckter Appell: Lassen Sie dieses verwahrloste Wanzenloch reinigen, oder ich sperre meine Kreditkarte und lasse Sie auf der Rechnung sitzen!

Glaubst du nicht auch, dass es ein gutes Gefühl sein wird, wenn wir endlich mit dem Streichen fertig sind? Verdeckter Appell: Lass uns dieses Streichen hinter uns bringen, dann kannst du weiter an deinem *Call of Duty*-Rekord arbeiten.

Wie fändest du das, immer dem Abschlussbericht hinterherlaufen zu müssen? Verdeckter Appell: Schreib endlich den Abschlussbericht, oder ich schreib dir die Kündigung.

Willst du dir das wirklich gefallen lassen? Verdeckter Appell: Lös dich aus deiner Beziehung. Und nein, irre guter Versöhnungssex ist kein Grund, mit einer Frau zusammen zu sein, die mit ihrem Handy auf dich eindrischt.

Wollen Sie eine glänzende Zukunft für unsere Gemeinde? Verdeckter Appell: Wählen Sie mich (und nicht wieder den jetzigen Bürgermeister, der so dumm ist, dass er sich, als er das Band bei der Einweihung der neuen Feuerwache durchtrennen wollte, zwei Finger abgeschnitten hat).

Glaubst du, das Tattoo gefällt dir in, sagen wir, zehn Jahren immer noch? Verdeckter Appell: Nein, lass dir keine Justin-Bieber-Tätowierung stechen.

Hast du das gern, wenn jemand laut Musik hört, während du deine Masterarbeit schreibst? Verdeckter Appell: Dreh die CD endlich leise, ich habe das Gefühl, *The Prodigy* treten direkt in unserem Wohnzimmer auf!

WIE SIE AUFHÖREN, SICH SELBST ZU VERKLEINERN

Die Sprache von Frauen ist mehr auf Ausgleich und Harmonie ausgerichtet, ergaben Studien wie die der Soziolinguistin Deborah Tannen. Sie vermeiden tendenziell eine hierarchische Sprache. Denn Frauen wurde es von Kindheit an beigebracht, es allen recht zu machen und nett zu sein. Entsprechendes Verhalten wurde belohnt und somit verstärkt. Männer sprechen direkter und unverblümter. Sie scheuen sich nicht, ihren Status zu betonen. In der Berufswelt ist die direkte Sprache oft vorteilhafter, wobei die Effekte der »weiblichen«, ausgleichenden Sprache auch positiv sein können. Die Vorteile der »weiblichen« Sprache nutzen häufig der Gemeinschaft, während die »männliche« Sprache eher einer Einzelperson zugutekommt. Gemeinhin eher Frauen zugeschriebene Sprachmuster verbessern das Betriebsklima, stärken das Team und bringen die Qualitäten auch derjenigen Mitarbeiter zur Entfaltung, die eher zurückhaltend sind und im allgemeinen Getrommel überhört werden. Sie betonen eher Verbundenheit und Gemeinsamkeit. So wie eine Kollegin, die einen Kollegen mit streikendem Computer mit ihrer Hilfe überraschte und schnell hinzufügte: »Ich weiß das auch nur, weil ich das gleiche PC-Problem kürzlich auch hatte« – obwohl längst klar ist, dass sie technisch ein Ass ist. Es gibt jedoch keinen Grund, sich als Zufallsretter zu vermarkten und selbst zu verkleinern, nur damit der andere sich größer fühlen darf. Aber wie kann man formulieren, was einem wichtig und relevant erscheint? Viele Frauen, aber auch Männer, formulieren ihr Wissen als Frage, um nicht belehrend zu wirken.

Beispiel:

Die Überschrift gefällt mir gut, aber schreibt man in diesem Fall nicht »Leben« groß, weil es hier ein Substantiv ist?

→ **Die Überschrift gefällt mir gut. Nur eine Anmerkung: In diesem Fall schreibt man »Leben« groß, weil es hier ein Substantiv ist.**

Oft flüchten wir uns in überflüssige Satzeinstiege, die uns unentschlossen und vorsichtig wirken lassen. Als ich in einer Konferenz einmal meinen Beitrag mit »Ich glaube …« begann, herrschte mich mein damaliger, sehr ungemütlicher Chef an: »Sprechen Sie darüber, was Sie wissen, nicht darüber, was Sie glauben.« Wie es so ist, die unangenehmen Worte sind die, die man nicht vergisst. Sie sind es aber auch, die einen am meisten dazu anregen, sein Verhalten zu ändern.

Weitere Beispiele:

Ich glaube, wir müssen das Insulin erhöhen.

→ **Wir müssen das Insulin erhöhen.**

Ich würde gern noch anmerken, dass wir bisher keine umfassende Anamnese erstellt haben.

→ **Wir müssen erst noch eine umfassende Anamnese erstellen.**

Ich denke, wir sollten erst einen Ultraschall machen.

→ **Wir sollten erst einen Ultraschall machen.**

Laufen wir nicht Gefahr, unser Pulver vorschnell zu verschießen, wenn wir jetzt schon an die Presse gehen?

→ Wir laufen Gefahr, unser Pulver vorschnell zu verschießen, wenn wir jetzt schon an die Presse gehen.

Ich möchte nur mal kurz anmerken, dass unser Budget dafür nicht reicht.

→ **Unser Budget reicht dafür nicht.**

Ich habe das Gefühl, dass wir uns im Kreis drehen.

→ **Ich bin der Meinung, wir drehen uns im Kreis.**

Passt der Slogan wirklich zu unserer Marke?

→ **Meiner Meinung nach passt der Slogan nicht zu unserer Marke.**

Ich bin ja kein Zoologe, aber kann es sein, dass das Meerschweinchen tot ist?

→ **Das Meerschweinchen scheint tot zu sein.**

Ich bin ja kein Experte, aber macht Codein nicht fahruntüchtig?

→ **Meines Wissens macht Codein fahruntüchtig.**

→ **45. TIPP**

Sagen Sie, was Sie wissen. Schwächen Sie Ihre Beiträge nicht durch Einstiege wie »Ich glaube« oder »Meines Erachtens« oder aber durch die Frageform.

DAS UNBEWUSSTE GLAUBT, WAS ES HÖRT

SPRACH-COACH JESSICA WAHL IM INTERVIEW

Sprache wirkt! Und mit Kommunikationstrainerin Jessica Wahl wirkt sie sogar noch besser. Sie bringt in ihrem Institut für Personal Performance in Berlin und in der nahe gelegenen Taborkirche ihren Klienten Töne bei, die nicht nur gehört, sondern auch verstanden werden, und Worte, die ankommen. Ein Gespräch über Motivations-Mantras, Sprachticks und den Mut zur Pause.

Frau Wahl, heute schon mit Ihren Klienten Sätze eingeübt wie »Tschaka, Tschaka, ich schaffe es!«?
Wahl: Meine Kunden sind Geschäftsführer, Topmanager und Kreative. Denen kann ich nicht mit einem Tschaka-Tschaka-Spruch kommen. Ich hatte gerade einen Manager bei mir, den das Bullshit-Bingo seiner Kollegen furchtbar nervt. Also diese Phrasen wie »als Global Player Synergien on demand nutzen«. Und gleichzeitig suchte er eine zu ihm passende Methode, die sein firmeninternes Selbstmarketing verbessert, um künftig seinen beruflichen Wert zu steigern. Solche Menschen kommen nicht zu mir, um Binsen zu hören. Ein »Ich schaffe das«-Mantra wäre zu banal und zu vereinfacht.

Was tun Sie dann?

Wahl: »Wir legen Ziele fest und schauen, was es braucht, um sie zu erreichen. Das Sprechen vor Publikum übe ich mit meinen Klienten u. a. in
einem Altarschiff. Mit siebenfachem Echo von der Kanzel zu sprechen
kann ein sehr erhebendes Gefühl sein. Gleichzeitig ist es hier besonders leicht, ausdrucksvoll, deutlich und prägnant sprechen zu lernen.
Anhand von Videoaufzeichnungen gebe ich Feedback zur Sprache.
Meine Aufgabe ist es, das anzusprechen, was dem Klienten oft nicht
bewusst ist. Das ist schon ein wichtiger Schritt, ein Gespür für sich zu
bekommen und sich klarzuwerden, wie man eigentlich spricht. Das
sagt einem nämlich sonst niemand. So hatte einmal ein Klient einen
Sprachtick, auf den er niemals aufmerksam gemacht wurde. Er sprach
seine Frau darauf an und fragte sie, ob ihr nie aufgefallen sei, dass er
dauernd diese bestimmte Wendung benutze. Sie antwortete darauf:
›Klar, das sagst du, seitdem ich dich kenne.‹ Nur mitgeteilt hatte sie
ihm das nie.«

*Die Sprache der anderen ist vermintes Gebiet, sie beim anderen zu kritisie-
ren ist heikel. Das beweist doch, wie bedeutungsvoll und intim unsere
Sprache ist.*

Wahl: »Ja, denn mit Sprache beschreiben wir Innenwelten, die wir schützen wollen.«

Wie verfahren Sie dann mit so einem sprachlichen Tick?

Wahl: »Wir prüfen, in welchen Situationen der Tick auftaucht, und analysieren, was ihn auslöst, was der verborgene Grund dafür ist. Wir
schauen uns also den Output des Klienten genau an, blicken aber
auch nach innen. Allein sich seiner Sprechweise bewusst zu werden
ändert schon sehr viel. Denn unsere Sprache läuft zum großen Teil
automatisch. Durch Übungen und Rollenspiele versuchen wir, diese
unerwünschten Automatismen zu erkennen und zu verändern.«

Was konkret können Methoden gegen einen Tick sein?

Wahl: »Die gewählte Methode muss immer zur Person passen. Ich hatte
z. B. eine Klientin, die beim Sprechen, ohne es zu merken, ständig mit

ihren Augen klimperte. Da sie sehr auditiv wahrnahm, haben wir ihr Klimpern mit dem gleichen Sound verknüpft, den die Maus beim Augenschließen in der *Sendung mit der Maus* macht. Plötzlich registrierte die Klientin ihren Lidschlag, während sie sprach, und konnte ihn schließlich unterlassen.«

Muss ich mir denn jeden Tick abgewöhnen? Sollen wir alle optimierte, glatt-gecoachte und damit identische Normwesen werden? Ich weiß, dass ich manchmal lispele, aber ich betrachte es nicht als Störung, sondern eher als Varianz …

Wahl: »Das eigene Empfinden ist entscheidend. Es gibt jedoch einen ge-sellschaftlichen Konsens darüber, was als normal gilt. Alles, was davon abweicht, schafft Aufmerksamkeit. Wichtig ist, wie Sie persönlich diese Aufmerksamkeit empfinden und wie Sie von anderen wahrge-nommen werden möchten. Erst dann sollten Sie entscheiden, ob Sie sich z.B. Ihr Lispeln abgewöhnen oder bewusst zu Ihrem Markenzei-chen machen.«

Es ist also auch okay zu sagen: Ich bleib so unperfekt, wie ich bin …

Wahl: »Oft macht gerade das Unperfekte Menschen sympathisch und liebenswert. Viel eher sollten wir uns fragen, wie weit eine Abwei-chung von der Norm uns einmalig macht oder wie stark unsere eigene Art uns behindert, unsere Ziele zu erreichen. Als Interviewer wirken Sie mit Ihrem leichten Lispeln (Sigmatismus) auf mich sehr sympa-thisch. Wären Sie jedoch ein Synchron- oder Nachrichtensprecher, würde ich Ihnen ein Sprechtraining empfehlen. Unsere Umwelt ver-ändert sich ständig, wir verändern uns ständig. Wir verrichten eine permanente Arbeit der Anpassung, und jedes Mal müssen wir neu entscheiden: Wo leiste ich mir eine Abweichung, wo passe ich mich an.«

Wenn ich mich unsicher fühle, aber darauf achte, dass ich möglichst lang-sam und in ganzen Sätzen spreche, mich nicht verhasple oder nicht ner-vös mit den Händen knete – dann verhalte ich mich doch unstimmig …

Wahl: »Zunächst ja. In der Übungsphase. Es gibt allerdings eine Rückkoppelung zwischen Befinden einerseits und Sprache bzw. Körpersprache andererseits. Beides beeinflusst sich gegenseitig. Wenn Sie Unruhe verspüren und beispielsweise die Hände kneten, fragen Sie sich einfach mal kurz, was Sie unruhig macht. Hatten Sie am Tag zu wenig Bewegung? Müssen Sie zur Toilette? Oder macht Sie Ihr Gegenüber nervös? Unabhängig vom Auslöser, wird Ihr Gegenüber Ihr Händekneten vermutlich auf sich beziehen, was in diesem Fall Ihre Kompetenz verringert. Möchten Sie das? Wenn ja, okay. Wenn nein, sollten Sie Ihren Energieüberschuss umleiten, ruhiger atmen, Ihre Muskeln entspannen und bewusst auf dieses äußere Unruhesignal verzichten. Ihre Außenwirkung wird dadurch nicht nur souveräner und verbessert die Kommunikation mit Ihrem Gesprächspartner, sondern Sie erreichen auf diesem Weg auch eine größere innere Ruhe.«

Es lohnt sich also, über seinen Schatten zu springen.

Wahl: »Wenn Sie Unsicherheits-Indikatoren wie Füllwörter oder abgebrochene Sätze in Ihrem Sprachgebrauch reduzieren, reagiert Ihr Gegenüber anders auf Sie. Ihr Gesprächspartner spiegelt Ihre Unsicherheit, entweder weil er sich von Ihnen verunsichern lässt oder weil er Ihnen gegenüber die überlegene Position einnimmt. Ihre Unsicherheit verstärkt sich dann. Sie können diesen Kreislauf durchbrechen, indem Sie nicht nur Ihre Körpersprache, sondern auch Ihre verbale Sprache trainieren.«

Neigen viele Frauen Ihrer Erfahrung nach noch immer zu einer unsicheren Sprache?

Wahl: »Frauen neigen zu abschwächenden Füllwörtern wie ›vielleicht‹, ›eigentlich‹, ›quasi‹, ›sozusagen‹. Oft formulieren Sie Vorschläge oder sogar Anweisungen als zweifelnde Fragen. Sie sagen also ›Könnten Sie mir vielleicht noch den Bericht nachreichen?‹ oder ›Wären Sie so nett ...?‹, statt zu sagen ›Bitte reichen Sie mir den Bericht nach‹. Das klingt viel entschlossener und selbstsicherer. Bei manchen Frauen geht am Ende des Satzes die Sprachmelodie nach oben. Sie wollen dadurch freundlich und gut gelaunt wirken, aber die ansteigende

Satzmelodie ist eigentlich der Frage vorbehalten. Diese Frauen stellen somit ihre Aussage in Frage.«

Wie verhält es sich eigentlich mit dem weitverbreiteten »ähm« als Satzfüller? Sogar die ganz Großen dieser Welt füllen mit solchen Verzögerungslauten ihre Sätze auf, zum Beispiel Angela Merkel. Muss ich mir das wirklich abtrainieren?

Wahl: »Ob ein ›ähm‹ angemessen oder störend ist, ist situationsabhängig. Wenn ich mit einem Freund entspannt auf der Couch liege und wir unseren Gedanken freien Lauf lassen, dann kann ein ›ähm‹ hier angemessen sein. Denn es bedeutet, dass ich nach innen schaue und mich sortiere. Wenn ich allerdings eine Rede halte zu Krieg und Frieden, ist das nicht der Zeitpunkt, in sich zu gehen. Hier erwartet man von mir, dass ich gut vorbereite bin, prägnant und präzise auftrete. Zu viele ›Ähms‹ sind da ein Störgeräusch. Statt ›ähm‹ empfehle ich, einfach eine Sprechpause zu machen. Eine Pause erhöht die Aufmerksamkeit und die Spannung, bei mir und bei meinen Zuhörern.«

Welcher Politiker spricht gut?

Wahl: »Gregor Gysi ist ein brillanter Sprecher und auch Frank-Walter Steinmeier ist ein sehr guter Redner. Beide setzen präzise Punkte, haben einen guten Sprachrhythmus, spielen mit vielen Pausen und setzen Wort und Geste pointiert ein.«

Was ist an einer wilden Gestik auszusetzen? Für ihre wilde Körpersprache lieben wir doch die Italiener so.

Wahl: »Eine ausladende Gestik wirkt beim Smalltalk unter Umständen lebendig. Sie ist allerdings störend, wenn Sie seriöse Inhalte übermitteln möchten. Es wirkt dann so, als vertrauten Sie Ihren Worten und deren Wirkung nicht, wenn Sie sie übermäßig durch Körpersprache unterstreichen. Außerdem lenkt zu viel Gestik vom Gesagten ab.«

Stichwort Smalltalk. Ich habe drei Tage versucht, ohne Floskeln und Binsen wie »Wie geht es dir?«, »Kommt Zeit, kommt Rat«, »Das wird schon wieder«, oder »Über Geschmack lässt sich nicht streiten« auszukommen. Da wurde mir klar, wie viele solcher Phrasen ich tatsächlich benutze.

Wahl: »Floskeln entstehen auf einer gesellschaftlichen Übereinkunft. Der Vorteil von Floskeln ist, dass sie gleich verstanden werden. Sie setzen der Komplexität unserer Welt ein starkes Sprachbild und oft auch eine rhythmische Wortfolge entgegen. Sie dienen also dazu, eine Beziehung aufzubauen, wenn es gar nicht um Inhalte gehen soll. Amerikaner gehen beispielsweise viel unbefangener mit Floskeln um, sie schaffen damit Konsens, geraten schnell ins Gespräch miteinander und gestalten auf diese Weise ein freundliches Klima. Eine ganz interessante Beobachtung, wie sehr Floskeln ein Gespräch scheinbar tragen, habe ich übrigens bei Patienten gemacht, die nach einem Schlaganfall an Aphasie leiden, also einer Störung des Sprachzentrums. Diese Menschen sprechen oft in Floskeln. Da hat man zunächst den Eindruck, alles sei in Ordnung, man führe ein Gespräch mit einer gesunden Person.«

Eine beliebte Methode des positiven Denkens ist es, einen Begriff auszutauschen und einer Situation somit einen neuen Bedeutungsrahmen zu geben. Kann ein sprachlicher Zwangsoptimismus, so hilfreich er an der einen Stelle ist, nicht auch zermürbend sein, wenn er mechanisch angewendet wird und einem dann selbst nicht mehr plausibel vorkommt? Mir erscheint das manchmal als sektenartige Gehirnwäsche, wenn ich jedes Problem als Herausforderung bezeichnen soll. Manchmal gilt doch: Ein Problem ist ein Problem ist ein Problem und oft sogar ein beschissenes. Das darf man dann auch beim Namen nennen.

Wahl: »Natürlich kann es auch einmal befreiend sein, ein Problem als Problem zu benennen und mein Unglücklichsein oder meine Verzweiflung auszudrücken. Doch dann muss ich mir überlegen: Wie will ich weiter verfahren? Will ich mich am Unglück festbeißen? Oder meinem Gegenüber jegliche Hoffnung nehmen und ihn mit in die Verzweiflung stürzen? Da kann eine Umdeutung des Problems als ›Herausforderung‹ oder als ›Aufgabe‹ eine neue Richtung geben. Ich entwickle dann leichter eine Strategie und sehe eine Perspektive. Das Unbewusste glaubt, was es hört.«

Also hört es auch auf banale Mantras wie »Ich schaff das!«.

Wahl: »Ein starkes Mantra kann vor großen Aufgaben helfen. Wichtig ist, dass es tatsächlich positiv formuliert ist. Es soll nicht heißen: ›Ich will nicht klein beigeben‹, ›Ich werde mich nicht über den Tisch ziehen lassen‹ oder ›Ich gebe mein Bestes, um nicht zu scheitern‹. Hilfreich kann es sein, seine Sätze mit ›Ich will‹ und ›Ich kann‹ zu beginnen. Eine Negation wird vom Unbewussten nicht verstanden. Wenn ich mir sage: ›Ich darf nicht scheitern‹, dann steht das Scheitern schon im Raum. Dann ist es ausgesprochen und entwickelt eine Eigendynamik.«

Gestern habe ich einen Freund in einer Diskussion stur genannt, weil für ihn nur die eigenen Argumente zählten. Hätte ich um der besseren Kommunikation willen sagen sollen: »Du bist so meinungsfest?«

Wahl: »›Meinungsfest‹ ist fast schon satirisch. Jedoch: Indem ich den anderen als stur bezeichne und gleichzeitig auf meine eigenen Argumente bestehe, bestärke ich mit einem Frontalangriff seine Sturheit. Habe ich Lust auf Kampf, ist das in Ordnung. Der Stärkere oder Sturere wird gewinnen. Lösungsorientierter wäre es, flexibel die Perspektive des anderen einzunehmen, um seine Motivation und Haltung besser zu verstehen. Kennt man die Argumentationsstruktur und vielleicht auch die Ängste des anderen, ist es leichter, die richtigen Argumente zu bringen, die den anderen, wie bei der Kampfkunst Aikido, auf die eigene Seite ›mitnimmt‹. Bestimmt kann der Gesprächspartner sich dann viel leichter auf eine neue Perspektive einlassen.«

Wie spreche ich eigentlich?

Wahl: »Sehr artikuliert und dynamisch.«

Dynamisch kann auch eine positive Umdeutung von gehetzt sein.

Wahl: »Das deuten Sie jetzt negativ.«

Frau Wahl, ich danke Ihnen für das Gespräch.

PRIVAT
BIN ICH GANZ ANDERS!

WARUM DAS WORT
»PRIVAT« ZWEISCHNEIDIG IST

»Nee, heute nicht«, sagte der Schauspieler, der als Kommissar einer Vorabendserie bekannt ist, die mittlerweile abgesetzt wurde, auf der Gala zu mir. »Ich bin privat hier.« Dann nahm er einen tüchtigen Schluck aus seinem Champagnerglas und wandte sich wieder seiner Model-Begleitung zu. Ich arbeitete als Redakteur für ein Magazin, das gern Preise verleiht. Zu meinen Aufgaben gehörte es, Prominente (ein Begriff, dessen Bedeutung man sehr dehnen konnte, je nachdem, wie knapp die Ressource Prominenz auf dem jeweiligen Event gerade war) strategisch vor den Bars zu plazieren. Ein Fotograf hatte sie dann so zu fotografieren, dass das Logo des Sponsors (eine Champagner-, Bier-, Kräuterlikör- oder Wodkamarke) auf dem Bild zu erkennen war. Wenn das ein paarmal einigermaßen im Kasten war, konnten wir uns endlich selbst einen über die Hörner gießen. Das taten wir dann *fast forward*, denn wir waren im Vergleich zu der Mischpoke aus Ex-Castingshow-Kandidaten, Soapsternchen und TV-Köchen (die Schlimmsten!) bereits ziemlich im Rückstand. Alles klar, Herr Kommissar! Dann eben nicht.

Was wollte der Schauspieler mir mit seiner Privat-Floskel eigentlich sagen? »Hör mal zu, du Kackspecht von Reporter, der mir da im mittelmäßig sitzenden Anzug mit zittriger Hand sein Mikro vor meine frisch bekokste Nase hält. Ich befinde mich hier mit diesem Super-Sahneschnittchen in einem Beischlafanbahnungsprozess. Ich habe keine Lust, in dem Klatschblättchen, das dich hier für vermutlich lächerlich wenig Geld auf die Leute loslässt, mit einem Champagnerglas in der Hand vor einer Werbewand zu erscheinen. Das dürfte bei meiner Stammzuschauerschaft irgendwie schwul rüberkommen. Ich bin aber bekannt dafür, 70 Prozent meiner Stunts selbst absolviert zu haben. Die legendäre Szene, in der ich mich aus dem Helikopter abseile, um einen Anschlag auf einen Loveparade-Truck zu vereiteln? Das war nicht irgendein Double. Und jetzt schleich dich.«

Und ich so? »Hör mal zu, selber Kackspecht, auf einem Event wie diesem, da ist nichts und niemand privat. Der Gastgeber ist ein Klatschblatt. Und die Champagnerbar, an die du mit deiner anorektischen Schönheit schmarotzt, wird von einem Sponsor bezahlt, der als Gegenleistung Medienpräsenz verlangt. Also, tu deinen B-Promi-Job. Und wenn du dazu keine Lust hast, wäre es schön, wenn du hier zumindest nach der Party mal feucht durchwischen würdest. Auch das nicht? Dann schleich dich doch selbst!« Das hätte ich gern geantwortet. Stattdessen sagte ich: »Okay, na ja, dann. Schönen Abend noch.« Und ich trollte mich zu einer drittplazierten »Popstars«-Kandidatin, bei der ich mehr Glück hatte.

Das Wort »privat« hat mehrere Soundfarben. Eine der Bedeutungen geht in die schlüpfrige Richtung. Dann zielt es auf unsere Lüsternheit, indem es uns eine Schlüssellochperspektive verspricht: »Yvette, die süße Zwickauerin, ganz privat.« In einem Lokal mit privater Atmosphäre kann alles und muss nichts. Das ist das sündige »privat«. Häufiger ist die heilige Variante. Denn gerade in Deutschland gilt das Private als besonders kostbar und schützenswert. Diesen Klang von »privat« macht sich die Werbung zunutze: Es existieren sogenannte Privatbrauereien wie *Licher*, Privatmolkereien wie *Bauer* und Privatkäsereien wie *Bergader*. Und *Tchibo* hat einen Privat-Kaffee im Sortiment. »Was soll an Kaffee privat sein?«, fragt Marcus Rohwetter in der *Zeit* in seiner Kolumne *Ihr ganz privater Käse*. Der Konzern will mit dem Begriff natürlich auf die kostbare, genussvolle Auszeit von den Anforderungen des Jobs und des Alltags anspielen, die »Me Time«, die der Konsument sich gönnt. »Privat« steht hier für das Vertraute, Heimische und Familiäre, für den ersehnten Teil des Tages, in dem nur noch Familienmitglieder die Privatheit stören.

Wie sehr wir unser Privatleben für ein Grundrecht halten, zeigte sich in der Empörung über den Angriff der Lauscher der NSA. Nicht ganz so pingelig sind wir, wenn es darum geht, einem anderen amerikanischen Giganten private Daten zu liefern: Facebook. Auf der Website sind die Einstellungen zu Privatsphäre nur schwer zu finden. Der Drang zur Selbstdarstellung wiegt bei uns offenbar schwerer als der Wunsch nach Privatheit.

Wer allerdings von seiner Privatsphäre spricht, tut es meist, um sie gegen Bedrohungen zu verteidigen. Und hier entfaltet das Wort eine unsympathische Wirkung. Dann nämlich, wenn *wir* für eine potenzielle Gefahr für das Privatleben der anderen gehalten werden. Wenn wir am Privatgrundstück auf der anderen Seite des Elektrozauns stehen. Wenn wir leider draußen bleiben müssen, weil der Privatclub uns seine Mitgliedschaft verwehrt. Dann hat »privat« eine ausschließende Bedeutung. Das Wort zeigt uns, dass unsere demokratischen Grundwerte hin und wieder eine Farce sind. Denn wer sich »privat« leisten kann, ist ein Homo sapiens einer höheren Klasse.

Ein Arzttermin? Als Kassenpatient? Die Sprechstundenhilfe hüstelt frostig, als habe man bei der Filmakademie in Hollywood angerufen und um eine Einladung für die nächste Oscarnacht gebeten. Denn: Nur als Privatpatient geht was. Sonst wischen Sie sich Ihren blutigen Hustenauswurf weg und beten Sie. Eine Privatschule? Da lernen die kleine Sophie Geige und der kleine Lukas Mandarin, in lichtdurchfluteten Räumen voller selbstgebastelter Kunst, umgeben von selbst bewirtschafteten Gemüsegärten. Alle anderen müssen auf eine der vor sich hin bröckelnden staatlichen Schulen gehen. Dort beinhaltet die bilinguale Erziehung, dass die Schüler sowohl arabische als auch türkische Gang-Slang-Begriffe ganz gut beherrschen.

Staatsknete für Privat-Uni, lautete der Untertitel der linksgerichteten *Taz* im Oktober 2012 für einen Artikel über die Bremer Jacobs-Uni. Unmissverständlich zeigt sich schon an dieser Stelle, dass die Zeitung die Gier der Bildungseinrichtung nach Landesgeldern missbilligt. Ein Privatweg wiederum erzürnt Nordic-Walking-Wanderer, mit denen generell nicht zu spaßen ist, weil der Seeweg durch ein Privatgrundstück blockiert ist. »Heute Privatparty«, sagt ein Schild, das den Absacker in der Lieblingsbar verhindert. »Keine privaten Fragen«, droht die Presseagentin vor dem Interview mit dem Star, und müsste doch wissen, dass einen Artikel, in dem lediglich steht, wie sehr der Künstler die Zusammenarbeit mit dem Regisseur schätzt, niemand liest.

Paradoxerweise sprechen dieselben Stars, die sich private Fragen verbitten, immer davon, dass ihr zu bewerbendes Werk, ob Film, Buch oder Album, das persönlichste ihrer Karriere sei. Privatwirtschaft ist für viele gleichbedeutend mit einem entfesselten Kapitalismus und Ursache der Schneise zwischen denjenigen, die zum Privatclub dazugehören, und denjenigen, die draußen bleiben. Als der damalige US-Präsident George W. Bush 2004 plante, u.a. die staatliche Rentenversicherung zu privatisieren, hielten nur 34 Prozent der Amerikaner das Vorhaben für eine gute Idee. Als dieselbe Reform »Personalisierung« genannt wurde, fand sie schon bei 51 Prozent der Amerikaner Zustimmung. Personalisierung, das klang nach gerechter Teilhabe und Kontrolle, als sei der Staat aufseiten des Einzelnen.

Erst recht für die Deutschen hört sich Privatisierung nach Ausschluss an, nach Schulen, Clubs, Versicherungen oder nach *Gated Communities*, die die meisten von uns sich nicht leisten können oder wollen. Privatisierung klingt nach sozialer Ungerechtigkeit. »Privat« kommt vom lateinischen *privatus,* das »abgesondert«, »beraubt«, »getrennt« bedeutet. Es steht in Wortverwandtschaft zum Privileg. Diese Bedeutungen schwingen heute wieder verstärkt mit. Privatisierung riecht nach Profitstreben. Ein Privatkredit nutzt die Not des Einzelnen aus, um ihn in horrende Zinsen zu verstricken. Dann lieber Privatinsolvenz anmelden. »Privat« teilt die Welt in Gewinner und Verlierer ein.

Wenn Sie also eine Versicherung verkaufen wollen, nennen Sie sie – an dieser Stelle, und nur hier, dürfen Sie vom Team Bush lernen – »persönlich« oder »individuell« und nicht »privat«. Wenn Sie Privatwirtschaftlichkeit promoten, sprechen Sie besser vom freien Markt. Sie wollen keinen Picknick-Flashmob auf Ihrem Privatgrundstück? Statt einer Drohung, vom Hund zerfleischt zu werden, weil »privates Gelände«, können Sie auch einfach auf das Schild schreiben: »Hier wohnt Familie Seeblick mit Hund.« Freundlichkeit wirkt Wunder, erst recht in Kombination mit einer konsequenten Videoüberwachung. Sie können als höflicher Türsteher Ihren abgewiesenen Stammgast damit beschwichtigen, dass in Ihrer Bar heute Abend ein Familienfest steigt, statt ihm ein »heute privat« vor den Latz zu knallen.

Wenn Sie dagegen Ihren Gästen das Gefühl geben wollen, Sie seien VIPs, sprechen Sie lieber von einer exklusiven als von einer privaten Party. Sie sind ein aufstrebender Promi? Und der Reporter, der Ihre Bikinibilder aus dem Netz gezogen hat, bittet Sie scheinheilig, einer Veröffentlichung zuzustimmen? Wenn Sie ihn bei Laune halten wollen, weil Sie ihn an anderer Stelle vielleicht wieder brauchen, können Sie ihm erklären, die Aufnahmen seien nicht für die Öffentlichkeit bestimmt, statt »Die sind privat.« zu zischen und aufzulegen. Sprechen Sie in Ihrem Lebenslauf nicht von Ihrer Lehranstalt als einer Privatschule, es sei denn, Sie wollen als Göre gelten, der zeitlebens Zucker in den Hintern geblasen wurde. Nur auf Nachfrage verraten Sie, dass es sich um die Schule eines freien Trägers gehandelt hat.

Und der ausgediente TV-Kommissar, der sich weigerte, sich von mir vor eine Werbewand zerren zu lassen? Er hätte schlicht sagen können: »Sorry, dazu habe ich keine Lust.«. Oder, noch ehrlicher: »Ich bin rein geschlechtlich hier.« Oder eben: »Ich bin nicht mehr im Dienst.« Denn ich verstehe schon: Dienst ist Dienst und Schampus ist Schampus.

→ **46. TIPP**

> Überprüfen Sie, wo es sinnvoll sein kann, das Wort »privat«
> zu ersetzen, etwa durch »individuell«, »persönlich«, »häus-
> lich«, »familiär«.

**GUTE FRAGEN,
SCHLECHTE FRAGEN**

Fragen sind ein bedeutendes Mittel, um Kontakt zu anderen herzustellen und ein Gespräch aufrechtzuerhalten. Mit Fragen zeigen wir Interesse und verlassen unsere Wirklichkeit, um von der Wirklichkeit des anderen zu erfahren. Häufig empfinden wir einen Gesprächspartner als aufmerksam, der uns viele Fragen stellt. Fragen können allerdings auch einen grenzüberschreitenden und verhörartigen Eindruck machen. Fragen können verletzen, manipulieren und unterstellen. Denn vordergründig fordern wir mit einer Frage den Informationspartner dazu auf, eine Information preiszugeben.

Beispiel: *Kommst du nun heute Abend mit zur Party?*

Die Frage sagt aber auch etwas über das Innenleben des Fragenden aus, je nachdem, ob ich die Frage einschmeichelnd betone (indirekte Selbstkundgabe: »Ich fände es schön, wenn du dabei wärst.«), genervt bin (indirekte Selbstkundgabe: »Ich bin sauer, dass du dich einfach nie entscheiden kannst!«) oder unterschwellig drohe (indirekte Aufforderung: »Wehe, du lässt mich im Stich.«). Eine Frage hat wie jede Äußerung einen Beziehungsaspekt. Sie sagt etwas darüber aus, wie die Gesprächspartner zueinander stehen, etwa ob es ein Machtgefälle zwischen ihnen gibt.

GESCHLOSSENE FRAGEN

Geschlossene Fragen (»Möchtest du mit mir angeln gehen?«) verlangen ein Ja oder Nein als Antwort. Allenfalls hat der Antwortende die Möglichkeit auszuweichen (»Vielleicht.«, »Ich weiß nicht.«). Mit ihnen gelangen wir an eine präzise Information, Zwischentöne werden ausgeblendet. Wenn ich fokussiert vorgehen will, kann das von Vorteil sein. Geschlossene Fragen können bei gereizter Stimmung deeskalierend wirken (»Willst du noch etwas mit mir unternehmen?«, »Möchtest du lieber gehen?«). Sie bringen ein Gespräch wieder zurück zu den Fakten oder in eine bestimmte Richtung. Außerdem können sie Vielsprecher drosseln.

Die Gefahr: Zu viele geschlossene Fragen schaffen eine Verhör-Situation. Sie sorgen für ein Ungleichgewicht, dem sich der andere möglicherweise verweigert, indem er die Fragen abblockt oder indem er die Frage verneint. Ungünstig sind Nein-Antworten. Nein schafft eine Atmosphäre von Verteidigung und Abwehr. Nach einer Nein-Antwort folgt bestenfalls wieder eine offene Frage. Nein-Antworten wirken sich meistens unvorteilhaft auf die Atmosphäre zwischen den Gesprächspartnern aus.

→ **47. TIPP**

Es kann von Vorteil sein, geschlossene Fragen zu vermeiden und ein Nein unwahrscheinlich zu machen. Beispielsweise können Sie eine geschlossene Frage in eine Selbstaussage umwandeln.

Beispiele:

Hast du Lust, mit mir auszugehen?
→ Ich hätte Lust, mit dir auszugehen.

Kannst du mir Samstag beim Umzug helfen?

→ **Ich brauche Samstag Hilfe beim Umzug. Ich freue mich, wenn du mir hilfst.**

Solltest du nicht mal wieder deine Mutter anrufen?

→ **Ich habe das Gefühl, du könntest mal wieder deine Mutter anrufen.**

Wenn Sie ablehnend auf eine geschlossene Frage antworten, können Sie Ihrer Abfuhr die Schärfe nehmen, indem Sie erklären, was Ihr Nein bedingt bzw. welche Bedingungen für ein Ja erfüllt sein müssten.

Beispiele:

Geschlossene Frage: *Hast du Lust mit mir auszugehen?*

Ablehnung: *Im Moment habe ich abends wenig Zeit, aber wir können uns ja gern nach der Arbeit auf einen Kaffee treffen.*

Geschlossene Frage: *Kannst du bitte die Meldungen für die Seite 5 schreiben?*

Ablehnung: *Klar, wenn es okay ist, dass ich das Interview dann erst morgen fertig mache.*

Geschlossene Frage: *Willst du mir Samstag beim Umzug helfen?*

Ablehnung: *Ich habe an meinem 30. Geburtstag beschlossen, nie wieder anderen beim Umzug zu helfen und nie wieder Long Island Iced-T zu trinken. Beides bekommt mir nicht.*

OFFENE FRAGEN

Offene Fragen erkennen Sie an einem W-Wort: wie, wo, was, woher, wessen, weshalb, warum, wozu, wann, wie, welche, wodurch, wovor, womit. Manchmal verlangen sie ähnlich einer geschlossenen Frage nach einer präzisen Information (»Wann kommst du aus dem Urlaub zurück?«, »Wie spät ist es?«, »Wo liegt Grönland?«, »Worüber redet ihr?«). Mit W-Wörtern können Sie aber auch Fragen stellen, die dem anderen viel Spielraum in seiner Antwort lassen (»Wie gefällt es dir so in deinem neuen Job?«). Liegt ein Konflikt in der Luft oder stimmt die Verbindung zwischen zwei Menschen nicht, können W-Fragen aufdringlich und unangemessen wirken.

In einer freundlichen Atmosphäre jedoch, in der zwischen den Gesprächspartnern eine gute Verbindung herrscht, lässt sich durch offene Fragen viel voneinander erfahren. Sie regen dazu an, von sich zu erzählen, überlassen es aber dem Antwortenden, wie viel er preisgeben will. Sie schenken Freiraum und regen zum Denken an.

Beispiele:

Was gefällt dir am Leben auf dem Land?
Was fällt dir zu diesem Thema ein?
Wovon träumst du?
Wie sieht dein perfekter Tag aus?
Wie würdest du handeln, wenn du in meiner Situation wärst?

Offene Fragen können auch paraphrasiert werden. Sie haben dann anregende Wirkung:
Beschreib doch mal, wie dein perfekter Tag aussieht.

Die offene Frage beinhaltet eine Vorannahme und ist deswegen schon einen Schritt voraus.

→ **48. TIPP**

Oft ist es ratsam, eine geschlossene Frage in eine offene Frage umzuwandeln. Das ist sinnvoll, wenn man eine Vorannahme als unumstößlich darstellen will und sie somit gar nicht mehr zur Diskussion stellt. Offene Fragen sind schon einen Schritt weiter. Sie bekommen daher mit einer geschlossenen Frage (bestenfalls) weiterführende Informationen.

Verkäufer stellen aus taktischen Gründen oft eine offene Frage statt einer geschlossenen.

Wollen Sie eines der Modelle kaufen?
→ **Für welches Modell möchten Sie sich entscheiden?**

Weitere Beispiele:

Geht das?
→ **Wie geht das?** (Die geschlossene Frage drückt einen essenziellen Zweifel aus. Die offene Frage dagegen erkundigt sich nach Möglichkeiten, ist also lösungsorientiert.)
Wollen wir uns wiedersehen?
→ **Wann sehen wir uns wieder?** (Der Sprecher setzt optimistisch ein Wiedersehen voraus.)
Denkst du, wir können unsere Probleme lösen?
→ **Was denkst du, wie wir unsere Probleme lösen können?**
Sollte ich an meiner Frisur was ändern?
→ **Was könnte ich an meiner Frisur ändern?**
Gibt es eine Möglichkeit für mich, bei Ihnen zu arbeiten?
→ **Welche Möglichkeit gibt es für mich, bei Ihnen zu arbeiten?**
Würdest du John an meiner Stelle noch einmal verzeihen?
→ **John bat mich um Verzeihung. Was würdest du an meiner Stelle tun?**
Brauchst du Hilfe?
→ **Wie kann ich dir helfen?**
Spricht etwas dagegen?

→ **Was spricht dagegen?**

Gibt es ein Problem?

→ **Wo liegt das Problem?**

Magst du mich?

→ **Was magst du an mir?**

ALTERNATIVFRAGEN

»Möchtest du angeln oder in die Stadt fahren?« Auch die Alternativfragen werden in Verkaufsgesprächen bewusst eingesetzt. Sie können manipulativ wirken. Alternativfragen geben nämlich eine Richtung vor und beschleunigen einen Prozess, etwa wenn wir im Dating-Chat fragen: »Ich möchte dich gern treffen, passt es dir Donnerstagabend besser oder Samstagvormittag?« Die Alternativfrage kann jedoch auf Abwehr stoßen. Wenn der Befragte sich manipuliert fühlt oder glaubt, er habe die Wahl zwischen Lassafieber und Zika-Virus.

SUGGESTIVFRAGEN

Suggestivfragen gehören grammatisch zu den geschlossenen Fragen. Hier macht der Fragende deutlich, welche Antwort er erwartet.
 Beispiel:

Du willst doch keine Memme sein?

Sind Sie mit mir einer Meinung, dass Satire nicht alles darf?

Glauben Sie nicht auch, dass wir nicht alle Flüchtlinge dieser Welt aufnehmen können?

Suggestivfragen stoßen uns, wenn wir sie bemerken, übel auf. Sie haben den Geruch von Türverkauf oder Sektenfängerei, sind manipulativ. Wir empfinden sie oftmals als regelrecht schmierig.

RHETORISCHE FRAGEN

Rhetorische Fragen sind grammatisch geschlossen oder offen. Sie verlangen keine Antwort, sondern drücken eine Vorannahme (manchmal ein Vorurteil) des Fragenden aus. Ihr Gewicht liegt auf der Ausdrucksfunktion. Sie sind eine Selbstkundgabe des Fragenden und daher verkleidete Aussagen. In Reden können sie ein Stilmittel sein, das zum Nachdenken anregt oder einen Spannungsbogen aufbaut, etwa wenn der Redner die Antwort selbst gibt. In der alltäglichen Kommunikation erweist es sich als konfliktentschärfend, die rhetorische Frage in eine Ich-Aussage umzuwandeln.

Beispiele:

Kannst du dich bitte zusammenreißen?
→ Mir ist lieber, du würdest ruhig bleiben.
Warum bist du so schlecht gelaunt?
→ Ich habe den Eindruck, dass du keine gute Laune hast.
Bist du wahnsinnig?
→ Mich stört, wie du dich verhältst.
Wann hast du damit angefangen, auf andere herabzusehen?
→ Ich empfinde dein Verhalten als herablassend. So kenne ich dich gar nicht.
Seit wann liebst du mich nicht mehr?
→ Ich empfinde dich zurzeit als lieblos.
Denkst du, es ist richtig, das zu tun?
→ Ich habe Zweifel, ob es richtig ist, das zu tun.

Werden wir selbst mit rhetorischen Fragen konfrontiert, kann es sinnvoll sein, die Vorannahme in der Frage durch eine Gegenfrage zu isolieren.

Beispiele:

Rhetorische Frage: *Kannst du dich bitte zusammenreißen?*
Antwort: *Du findest, ich verliere die Kontrolle?*
Rhetorische Frage: *Warum bist du so schlecht gelaunt?*
Antwort: *Was lässt dich glauben, ich hätte schlechte Laune?*
Rhetorische Frage: *Bist du wahnsinnig?*
Antwort: *Wie kommst du da drauf?*
Rhetorische Frage: *Warum hast du so schlechte Laune?*
Antwort: *Woran misst du meine Laune?*
Rhetorische Frage: *Wann hast du damit angefangen, auf andere herabzusehen?*
Antwort: *Weshalb findest du mich herablassend?*
Rhetorische Frage: *Seit wann liebst du mich nicht mehr?*
Antwort: *Du glaubst, dass ich dich nicht mehr liebe?*

Rhetorische Fragen lassen sich nicht immer klar von anderen Fragen abgrenzen. Sie sind manchmal schwer zu identifizieren und werden nicht immer als solche verstanden. Wenn der BWL-Student seine neue Bekanntschaft auf der Uni-Party fragt: »Was macht man denn so mit Ägyptologie?«, dann kann die Frage aufgrund von aufrichtigem Interesse an ihren exotischen akademischen Entscheidungen gestellt worden sein. Die Frage kann aber auch schlicht ein Ausdruck der Vorurteile des BWL-Studenten sein und bedeuten: »O Mann, Puppe, mit so einem Fach wirst du doch ein Leben lang bei Starbucks jobben.«

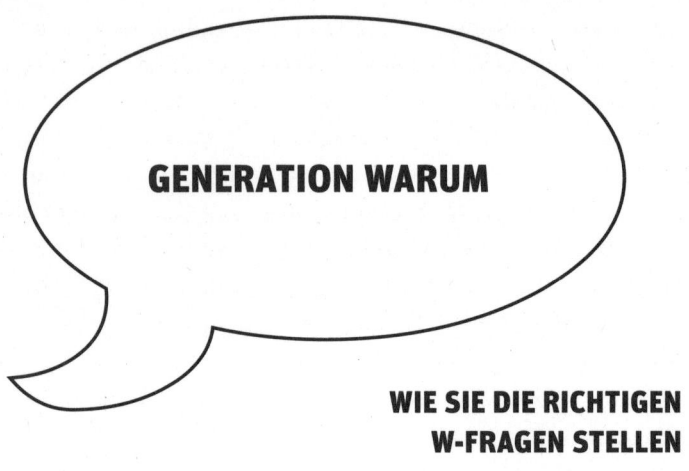

GENERATION WARUM

WIE SIE DIE RICHTIGEN W-FRAGEN STELLEN

**»NIVEAU, WESHALB, WARUM,
WER UNS FRAGT, BLEIBT DUMM.«**
Deichkind, Hamburger Elektropunkband

Neulich auf der Dinnerparty. Frida ist nicht dafür bekannt, auf langweilige Fragen höflich zu antworten. Hier zwei Beispiele: »Warum bist du eigentlich Vegetarierin?«, fragt jemand. Fridas Antwort: »Weil ich auf einer Farm aufgewachsen bin und mein Vater mich zwang, mein frisch geschlachtetes Lieblingsschwein mit den bloßen Händen auszuweiden.«

Ein zweite Beispiel: »Warum bist du eigentlich noch Single?« Frida: »Weil ich es liebe, beim Sex in Folie eingewickelt zu werden, und find mal jemanden, der das mitmacht.«

»Interessieren Sie sich aufrichtig für den anderen«, rät Dale Carnegie in seinem Klassiker Wie man Freunde gewinnt. Das beste Mittel, um den anderen dazu zu ermuntern, von sich zu erzählen, sind Fragen. Durch Fragen signalisieren wir dem Gesprächspartner, dass uns seine Weltsicht wichtig ist. Wir wollen wissen, was er zu sagen hat. Doch Fragen können auch bohrend wirken, unangemessen neugierig, übergriffig und sogar aggressiv. Davon zeugen Fridas obenstehende sarkastische Antworten auf die eigentlich recht harmlosen Fragen nach fleischloser Ernährung oder ihren Beziehungsstatus. Fragen können uns Zugang zum anderen verschaffen und ihn gleichermaßen blockieren. Gerade Warum-Fragen lassen den Gesprächspartner oft die innere Zugbrücke hochfahren.

Zunächst einmal erkundigt sich »warum« schlicht nach der Ursache. Denn der Mensch versucht die Welt als Wechselspiel von Ursache und Wirkung zu begreifen. Dafür ist die Warum-Frage geeignet. Mit der »Fünf-mal-Warum-Methode« etwa kann eine Kausalkette entschlüsselt und nach Ursachen für ein Problem geforscht werden, beispielsweise in einem Betrieb.

Beispiel:

Frage: *Warum ist die Zeitungsseite so spät rausgegangen?*
Antwort: *Weil die Texte erst so spät zur Abnahme geschickt wurden.*
Gegenfrage: *Warum stauen sie sich beim Textchef?*
Antwort: *Weil ihm fast alle die Texte gleichzeitig, also kurz vor Druckschluss, schicken.*
Gegenfrage: *Warum schicken fast alle die Texte so spät?*

»Warum«-Fragen haben natürlich ihre Berechtigung. Zugleich haben sie ihre Tücken. Die Gründe dafür sind vielfältig.

Es gibt keine endgültige Antwort. Auch nach dem fünften Warum nicht. Die Warum-Fragen können sich ins Unendliche potenzieren.

Nach »Warum«-Fragen fühlen wir uns oft in der Defensive. Sie lösen Widerstand in uns aus. Wir hören einen Vorwurf, weil wir uns an Autoritäten aus der Kindheit erinnert fühlen: »Warum kommst du so spät?«, »Warum hast du dein Zimmer nicht aufgeräumt?«

Der Frager richtet sich mit seinem kritischen Eltern-Ich an das Kindheits-Ich des Angesprochenen. Das Kindheits-Ich reagiert wie ein Angeklagter, mit Erklärungen, Rechtfertigungen oder Ausreden. Nach Warum-Fragen fühlen wir uns manchmal wie im Verhör und wollen uns verteidigen. Wir fühlen uns bedrängt.

Das »Warum« kann aber auch von einem rebellischen Kindheits-Ich gestellt werden, das unsere Werte hinterfragt. »Warum macht man das nicht?« Das rebellisch-hinterfragende »Warum« passt derart gut in unsere Zeit, dass unsere Generation der jungen Erwachsenen nach ihm benannt wurde: die Generation Y (englisch gleichlautend mit *why*, also »warum«). Diese Jugend hinterfragt das Wertesystem der Elterngeneration: »Warum muss Arbeit hart sein und kann nicht einfach Spaß machen?« Hinterfragen ist großartig, das Beispiel spiegelt jedoch den zweifelnden Unterton, den »Warum«-Fragen haben können. Der Befragte fühlt sein Wertesystem angegriffen und geht in Verteidigungshaltung.

»Wer fragt, der führt«, heißt es. Tatsächlich dienen Fragen oft als Instrument. Mit ihnen kann der Fragesteller das Gespräch leicht in eine bestimmte Richtung drängen. Hinter Fragen, besonders oft hinter »Warum«-Fragen, verbergen sich mitunter Unterstellungen. Sie bringen den Fragesteller dazu, die Vorannahme zu akzeptieren. Häufig ist es aber sinnvoll, die Vorannahme zunächst zu verifizieren. Ein Beispiel: »*Warum willst du mir weh tun?*« Die Vorannahme, die in dieser Frage mitschwingt: *Du willst mir weh tun.*

Auch in anderen W-Fragen können Vorannahmen verpackt werden: »*Wann hast du angefangen, überheblich zu werden?*« Vorannahme: *Du bist überheblich.*

→ **49. TIPP**

Probieren Sie die Alternativen zur manchmal drangsalierend wirkenden Warum-Frage!

»WESHALB« STATT »WARUM«

Manchmal ist es nötig, nach Ursachen in der Vergangenheit zu forschen, um gleiche Fehler in der Zukunft zu vermeiden. »Weshalb« unterscheidet sich nur in seiner Nuance vom bedeutungsgleichen, aber vorwurfsvolleren »warum« und vom kindlich-trotzigen »wieso«. Es fragt eher nach dem Zweck als nach der Ursache und verhält sich somit anders als »warum«. Es wirkt gegenwartsorientiert.

Beispiel: *Warum bist du eigentlich noch Single?*
Hier vermutet der Befragte, der Frager wolle nach Patzern, Versäumnissen und Sünden der Vergangenheit graben, die den Befragten derart versehrten, dass er unvermittelbar geworden sei. Folge: Er schaltet auf Abwehr.
Als neue Variante bietet sich »weshalb« an:
Weshalb-Frage: *Weshalb bist du eigentlich noch Single?*
Hier fallen dem Befragten womöglich ganz andere, positive Gründe ein.
Antwort: *Ich bin Single, weil ich meine Freiheit liebe.*
Oder:
Antwort: *Ich bin Single, weil ich lieber ziemlich glücklich mit mir selbst bin als ziemlich unglücklich in einer Beziehung.*

»WOZU« STATT »WARUM«

Während »warum« nach den Ursachen in der Vergangenheit forscht, bleibt die »Wozu«-Frage in der Gegenwart und forscht nach dem augenblicklichen Sinn. Sie kann sich sogar in die Zukunft richten. Menschen lieben es, sich die Zukunft auszumalen. Die »Wozu«-Frage ist ziel- und absichtsorientiert und führt damit eher zu einer Lösung.

Beispiel: *Warum passiert mir das?*

Hier hadert jemand mit seinem Schicksal. Er bewegt sich an der Grenze zum Selbstmitleid.

Wozu-Frage: *Wozu passiert mir das?*

Hier dient »wozu« der Selbstklärung. Der Sprecher fragt, gemäß dem alten Kampf-Motto »Krise als Chance«, nach den positiven Aspekten eines unangenehmen Ereignisses.

Beispiel: *Warum bin ich nur so deprimiert?*

Hier ist die Grenze zum Selbstmitleid wohl schon überschritten. Schlimmer als das Stimmungstief wirkt oft das Schuldgefühl, deprimiert zu sein *(Ich darf nicht deprimiert sein, wo ich doch das Privileg besitze, mich mit Champagner zu besaufen, während Milliarden Menschen keinen Zugang zu sauberem Trinkwasser haben).*

Neue Variante: *Wozu bin ich so deprimiert?*

Hier steht die Selbstklärung im Vordergrund. Statt zu forschen, welcher Umstand genau dazu führte, dass der Sprecher kurz davor ist, sich selbst zu ritzen, fragt er danach, welche Vorteile er durch seinen Zustand hat: Vielleicht gestattet ihm sein Stimmungstief eine Auszeit, um Abstand nehmen zu können und sich neu zu sortieren?

»WAS« ODER »WIE« STATT »WARUM«

Mit solchen Fragen stoßen wir auf weniger Widerstand, weil sie interessiert klingen statt vorwurfsvoll. Sie schaffen eine Verbindung statt eines Grabens, ein Gleichgewicht statt eines Machtgefälles.

Beispiel: *Warum bist du Lehrer geworden?*

Subtext: *Du arme Sau, so ein Höllenberuf, bestimmt bist du so frustriert wie alle anderen Lehrer angesichts der amöbendummen Schüler heutzutage.*

Unter welchen ideologischen Verblendungen hast du gelitten, als du dir diesen Job aussuchtest?

Neuer Variante: *Was ist der Grund dafür, dass du Lehrer bist?*

Durch die Umformulierung verschiebt sich die Bedeutung der Frage. Sie forscht nicht mehr nach den Gründen oder gar Idealen, warum der Beruf einst ergriffen wurde (und die womöglich von der Wirklichkeit hart geprüft wurden). Sie geht stattdessen von einem selbstbestimmten Menschenbild aus: Der Pädagoge harrt nicht seines Schicksals, sondern hat sich bewusst dafür entschieden, seinen Beruf nicht nur zu ergreifen, sondern auch weiterhin auszuüben (und eben keine Tauchschule an der Algarve zu eröffnen, auch wenn der Gedanke manchmal bei ihm aufblitzt).

Beispiel: *Warum reist du auf jede »Hello Kitty«-Convention?*

In der »Warum«-Frage schwingt mit, dass der Frager den Fan der Comicfigur »Hello Kitty« für einen Spinner hält.

Neue Variante: *Was fasziniert dich so an »Hello Kitty«, dass du zu jeder Convention reist?*

Die »Was«-Frage dagegen drückt den Wunsch aus, den anderen zu verstehen und Einblick in seine Welt zu erhalten. Sie kann einhergehen mit Aufforderungen wie »Erzähl doch mal« oder »Beschreib doch mal bitte«.

Beispiel: *Warum ging deine Firma pleite?*

Der Sprecher vermittelt: *DU wirst schon schuld an deiner Misere sein, du Insolvenzgeier!*

Neue Variante: *Wie kam es dazu, dass deine Firma pleiteging?*

Auch die »Wie«-Frage zielt auf die Vergangenheit, allerdings führt sie weg vom unglücklichen Firmenbesitzer als einzigem

Schuldigen. Sie berücksichtigt, dass an jedem Scheitern äußere Umstände ebenso wie individuelle Entscheidungen beteiligt sind. Eine technische Variante ist die »Was soll«-Frage. Hier schwingt Entwertung mit. Eine Art Konstruktivität erzielen Sie, wenn Sie sie durch eine »Was kann«-Frage ersetzen.

Beispiel: *Was soll denn Ihr Entwurf bewirken?*
Subtext: *Ihr Entwurf ist Mist.*
Neue Variante: *Was kann Ihr Entwurf bewirken?*

Beispiel: *Was soll man denn mit dieser App anfangen?*
Subtext: *Die App ist sinnlos.*
Neue Variante: *Was kann man denn mit dieser App anfangen?*

»INWIEFERN« STATT »WARUM«

Das nachhakende Fragewort »inwiefern« lädt dazu ein, unklare oder abstrakte Sachverhalte zu spezifizieren. Im Gegensatz zur manchmal bedrängenden »Warum«-Frage ist die »Inwiefern«-Frage meist achtungsvoll. Sie geht von einer symmetrischen Beziehung zwischen den Gesprächspartnern aus. Anders als die vergangenheitsbezogene »Warum«-Frage zielt auch »inwiefern« auf die Gegenwart. Die »Inwiefern«-Frage will es genau wissen, gleichzeitig lässt sie dem Gesprächspartner bei seiner Antwort jeden Spielraum.

Beispiel: *Warum geht es dir schlecht?*
Subtext: *Wie kann es dir an so einem herrlichen Tag schlechtgehen, du Stimmungsversager?*
Neue Variante: *Inwiefern geht es dir schlecht?*

Hier ermuntert der Sprecher den Befragten, von sich zu sprechen, seinen Zustand spezifischer zu beschreiben und die Gründe für sein Unwohlsein genauer auszuführen. Der Fragende erhält damit die Informationen, die er braucht, um etwa seine Hilfe anzubieten.

»WORÜBER« STATT »WARUM«

Auch die »Worüber«-Frage bleibt in der Gegenwart und hat eine lösungsorientierte Konnotation.

Beispiel: *Warum ärgerst du dich?*
Subtext: *Es gibt doch nun wirklich keinen Grund, sich zu ärgern.*
Neue Variante: *Worüber ärgerst du dich?*
Hier wirkt der Sprecher mitfühlend.

ICH-AUSSAGE STATT UNTERSTELLENDER »WARUM«-FRAGE

Wir kommunizieren fairer und klarer, wenn wir die in einem »warum« versteckten Vorannahmen (die in der Sprachwissenschaft als Präsuppositionen bezeichnet werden) isolieren. Wir können auf diese Weise von uns selbst sprechen. Gleichzeitig hören wir auf, dem anderen etwas vorzuwerfen. Eine Unterstellung kann von unserem Gegenüber abgestritten werden, unsere eigene Empfindung aber nicht – sie ist zunächst einmal unsere Wahrheit und als solche ein Teil unserer eigenen Wirklichkeit. Daher ist sie weder richtig noch falsch, weder gut noch schlecht.

Beispiel: *Warum willst du mir weh tun?*

Diese scheinbare Frage ist eigentlich ein bitterer Vorwurf.

Neue Variante: *Ich habe das Gefühl, du willst mir weh tun.*

Die Aussage räumt die Subjektivität der Wahrnehmung ein. Gleichzeitig will der Sprecher mit seiner Empfindung ernst genommen werden.

Das Beispiel zeigt, dass W-Fragen auch Vorwürfe enthalten können. Was ist also, wenn uns jemand durch W-Fragen etwas unterstellt? Wir können dann die implizite Vorannahme gezielt ansprechen.

Beispiele:

Frage: *Warum willst du mir weh tun?*

Gegenfrage: *Glaubst du wirklich, dass ich dir weh tun will?*

WIE SIE »WEIL«-ANTWORTEN VARIIEREN

So wie auf die *Tagesschau* die Wettervorhersage folgt, folgt auf eine »Warum«-Frage eine »Weil«-Antwort.

Beispiele:

Warum-Frage: *Warum können wir nicht dieselbe Zahnbürste benutzen, wo wir doch auch dieselbe Seife benutzen?*

Weil-Antwort: *Weil ich mir mit der Seife nicht den Mund ausputze (auch wenn du denkst, das würde meinem Schandmaul guttun) und mit der Zahnbürste schon.*

Warum-Frage: *Warum kannst du mir kein Geld leihen?*

Weil-Antwort: *Weil du mir schon 300 Euro schuldest. Du bist mein persönliches Griechenland!*

Warum-Frage: *Warum bist du so unausstehlich?*
Weil-Antwort: *Weil ich mich auf die Abrechnung konzentrieren muss.*

Warum-Frage: *Warum kommen Sie zu spät?*
Weil-Antwort: *Weil ich gestern bis zwei Uhr nachts gearbeitet habe und mir sieben Stunden Schlaf zugestehe.*

Antworten wir auf eine »Warum«-Frage mit »weil«, bedeutet das in vielen Gesprächssituationen, dass wir in die Rechtfertigungsfalle getappt sind. Das »weil« schafft eine kausale Satzverbindung, leitet eine Begründung ein. »Weil«-Sätze sind nur Nebensätze, der eliminierte Hauptsatz ist in der Frage enthalten. Grammatisch vollständig müsste die Antwort lauten: *Ich komme zu spät, weil ich bis 2 Uhr nachts gearbeitet habe.* Somit bestätigt die »Weil«-Antwort die Vorannahme, die in der »Warum«-Frage enthalten ist. Der Antwortgeber gesteht ein, dass er zu spät ist.

→ **50. TIPP**

Wenn Sie das »weil« weglassen, bleibt der Ursache-Wirkung-Zusammenhang grammatisch verborgen. Die Kausalität muss dann vom Hörer erschlossen werden. Als Hauptsatz klingt Ihre Antwort selbstbewusster und weniger rechtfertigend. Eine etwaige Vorannahme des Fragestellers wird von Ihnen als Antwortgeber nicht mehr vorbehaltlos akzeptiert.

Beispiele:

Warum-Frage: *Warum kommen Sie zu spät?*
Antwort ohne »weil«: *Ich habe gestern bis zwei Uhr nachts gearbeitet und gestehe mir sieben Stunden Schlaf zu. (Insofern komme ich spät, aber nicht zu spät).*

Warum-Frage: *Warum bist du so unausstehlich?*

Antwort ohne »weil«: *Ich konzentriere mich gerade auf meine Masterarbeit.*

Warum-Frage: *Warum kannst du mir kein Geld leihen?*

Antwort ohne »weil«: *Du schuldest mir noch 300 Euro.*

Warum-Frage: *Warum können wir nicht dieselbe Zahnbürste benutzen, wo wir doch auch dieselbe Seife benutzen?*

Antwort ohne »weil«: *Ich putze mir mit Seife nicht den Mund aus. Mit der Zahnbürste allerdings schon.*

WIE SIE SCHLUSSFOLGERUNGEN ÜBERPRÜFEN

Es gibt einen weiteren Grund, der für einen bewussten Umgang mit »Weil«-Antworten spricht. Er gilt auch für andere Sätze, die Kausalbeziehungen beschreiben und von Konjunktionen wie »deshalb«, »wegen«, »wenn«, »da«, »nämlich«, »zumal« oder »aufgrund« eingeleitet werden. Solche Antworten schaffen Ursache-Wirkungs-Zusammenhänge. Das Problem: Vermutete Kausalketten stimmen oftmals nicht. Der Mensch neigt dazu, Zusammenhänge zu sehen, wo keine sind. Die Psychologie spricht in einem solchen Fall von der illusorischen Korrelation.

Dieser trügerische Effekt nährt Aberglaube, Werbeversprechen und Vorurteile. Beispiele sind: »Wenn ihr ein Tier opfert, wird die Ernte reich.«, »Wenn Sie Vitaminpillen nehmen, fühlen Sie sich vital.«, »Das Geschrei der Chefin ist eben typisch Frau, weil, Sie wissen schon, die Hormone.« Häufig werden Ursache und Wirkung auch verwechselt: Eine Untersuchung hatte ergeben, dass Stadtbewohner, die in der Nähe einer Grünanlage wohnen, glücklicher sind als andere. Allerdings ist der wahre Grund für das Glück hier wohl eher finanzielle Sorglosigkeit als das Grün: Wer gut verdient, führt häufiger ein glücklicheres Leben – und kann sich eben auch eher ein Apartment mit Parkblick leisten. Andere vermutete Ursache-Wirkungs-Zusammenhänge zeugen von einer vereinfachten, mechanischen Weltsicht. Die Physik basiert auf beweisbaren Kausalzusammenhängen, dem komplexen menschlichen Miteinander werden sie nicht immer gerecht. Meist gibt es nicht »die eine« Ursache. Und was einmal die Ursache gewesen ist, ist es im nächsten Fall schon nicht mehr. Schreiben wir einem Ereignis eine eindeutige Ursache zu, ist die Gefahr groß, dass auch unsere Wahrnehmung einseitig wird. Die Stimmung im Team ist schlecht, seit Melanie dabei ist? Plötzlich fallen uns an der Kaffeemaschine so viele Situationen ein, in denen Melanie den Teamgeist sabotiert, dass wir andere, tiefer liegende Ursachen ausblenden. Schließlich ist ein Sündenbock gefunden.

Die so gezogenen Schlüsse sind Glaubenssätze, die für andere, aber auch für uns schmerzlich oder einschränkend sein können.

→ **51. TIPP**

Hinterfragen Sie »Weil«-Zusammenhänge, indem Sie innerlich nach einem Gegenbeispiel forschen.

Stellen Sie sich dazu folgende Frage: *Trifft das immer zu?*
Beispiele: *War die Ernte wirklich nach jedem Tieropfer reichhaltig? Fühle ich mich immer vital, wenn ich Vitaminpillen nehme? Kann einer Frau kein anderer Grund für ihre Wut zugestanden werden als eine Hormonschwankung?*
Weitere Fragen, mit denen Sie Ihre einschränkenden Glaubenssätze hinterfragen können:

Wie ist meine Schlussfolgerung entstanden?
Welche Beweise habe ich für sie?
Trifft die Schlussfolgerung auch für andere zu oder nur für mich?

OB-FRAGEN

Ob du mir Samstag beim Umzug helfen kannst?
  Ob du bitte pünktlich kommen kannst?
  Ob ich die Fernbedienung auch mal haben kann?

Wenn wir Ja-nein-Fragen indirekt durch einen »Ob«-Nebensatz stellen, klingt das zuweilen zweifelnd und unsicher, manchmal aber auch anklagend und kränkend. Die obengenannten Sätze unterstellen indirekt eine negative Antwort. Wir stellen den anderen unter Verdacht.

→ **52. TIPP**

> Wandeln Sie indirekte Fragen um, zum Beispiel in eine W-Frage (»wann«, »wie«, »was«), aber auch in eine Ja-nein-Frage. Die negative Unterstellung wird getilgt, dafür fügen Sie eine positive Vorannahme hinzu. Auf diese Weise zeigen Sie Vertrauen und Zuversicht.

Beispiele:

Ich möchte wissen, ob du kommst.
→ **Wann kommst du?** (Positive Vorannahme: Du kommst.)
Verrate mir, ob du mich liebst.
→ **Wie sehr liebst du mich?** (Positive Vorannahme: Du liebst mich.)
Ob du weißt, was da auf dich zukommt?

→ Was kommt denn da auf dich zu?
Ich frage mich, ob Sie das wollen.
→ Müssen Sie sich erst noch entscheiden?

Auch Aussagesätze mit einem »Ob«-Relativsatz wirken oft zweifelnd und können aufgelöst werden.

Beispiele:

Ich bin gespannt, ob Sie es schaffen.
→ Ich bin gespannt, wie Sie es schaffen.
Ich habe keine Ahnung, ob ich eingeladen bin.
→ Ich habe noch keine Einladung erhalten.
Ich bin nicht sicher, ob ich recht habe.
→ Ich gehe davon aus, dass ich recht hatte.
Wer weiß, ob es gutgeht.
→ Wir müssen darauf vertrauen, dass es gutgeht.

WIE SIE AKTIV ZUHÖREN

»David hat einen Abschluss an der Kunsthochschule, aber er macht keine Anstalten, einen Job zu suchen«, beklagte sich Mirella über ihren Sohn. »Er denkt vielleicht, als Laptop-DJ auf Privatpartys Musik zu machen und an einem Crowdfunding-Projekt mitzuwirken, das seien schon Jobs. Ich muss ihm erklären, dass mit Job etwas gemeint ist, womit man Geld verdient. Alles andere nennt man Hobby! Wie soll ich ihm das nur verklickern?«

»Ach, ich wusste nach der Uni auch noch nicht, was ich tun soll«, sagte Mirellas Freundin Edda dazu. »Ich habe erst einmal weitergemodelt. Ich hatte doch noch kurz vor meiner mündlichen Prüfung diesen Werbespot, bei dem ich immer sagen musste:

›Kann ich meine Kekstüte wiederhaben?‹ Ich hab's noch voll drauf ...« Und sie begann, in Erinnerung zu kichern.

»Edda«, unterbrach Mirella sie streng. »David ist kein Model, das fehlte auch noch. Aber Glückwunsch, wir sind thematisch wieder bei dir angekommen. Ich frage mich nur, wieso du diesmal so lang dafür gebraucht hast?«

Jeder kennt Gespräche, bei denen wir den Eindruck haben, dass der andere uns gar nicht richtig zuhört, sondern nur auf die Gelegenheit wartet, wieder von sich selbst zu erzählen. Wir fühlen uns dann zum Stichwortgeber degradiert. Aber wir kennen auch den umgekehrten Fall: Uns brennt etwas auf der Zunge, während unser Gesprächspartner redet. Wir sind so begierig darauf, es loszuwerden, dass wir ihm gar nicht richtig zuhören.

Beim aktiven Zuhören geht es darum, sich in die Wirklichkeit des anderen einzufühlen. Was erzählt er mir da? Und warum? Was bewegt ihn? Was ist sein Ziel? Welches sind seine Kernaussagen? Aktives Zuhören ist der Schlüssel dafür, zu dem anderen eine Verbindung aufzubauen.

→ **53. TIPP**

Mit beschreibenden Rückmeldungen geben Sie Kernaussagen des Gesprächspartners in Ihren eigenen Worten wieder. Dies soll kein papageienhaftes Nachplappern sein. Sie wenden es sparsam an. Es schult Ihre Gabe, aufmerksam zuzuhören. Es bewahrt Sie davor, mit Ihren eigenen Erlebnissen oder Meinungen den Gesprächsfluss auf sich zu lenken. Es hilft Ihnen dabei, die Wirklichkeit des anderen zunächst einmal zu akzeptieren, bevor Sie Ratschläge geben oder Einwände erheben.

Hier ein paar Formulierungen, mit denen Sie Ihre beschreibende Rückmeldung einleiten können.

Du meinst, dass ...

Du findest also, dass ...

Du glaubst, dass ...

Mit anderen Worten, ...

Es ist also so, dass Sie ...

Sehe ich das richtig, dass du ...

Wenn ich dich richtig verstehe, ...

Eine Stufe weiter führt das erfassende Zuhören. Hier geben Sie nicht nur den Inhalt des Gesagten wieder. Sie gehen in die Tiefenstruktur und fühlen sich in den anderen hinein. Stellen Sie sich selbst dazu folgende Fragen:

Welche Gefühle äußert mein Gesprächspartner gerade?

Was bewegt ihn?

Welche Ziele verfolgt er mit unserem Gespräch?

Was ist ihm wichtig? Welche Werte hat der andere?

Auch hier gilt wieder, dass Sie die Gefühle des anderen nicht verurteilen oder versuchen abzuschwächen, sondern sie als grundsätzlich berechtigt einstufen.

Folgende Einstiegsformulierungen oder Fragen helfen Ihnen dabei:

Es ist dir wichtig, dass ...

Du möchtest gern, ...

Du befürchtest, dass ...

Was ist dir daran wichtig?

Es spielt für dich eine große Rolle, dass ...

Was gefällt dir daran?

Bedeutet das für dich, dass du ...?

Es ist für dich also entscheidend, dass ...

Dich regt auf, dass ...

Sie sind genervt, weil ...

Sie sind wütend, weil ...

Es enttäuscht dich, dass ...

Mir wird klar, dass du ...

Ich merke, dass ...

Den Gesprächspartner und seine Gefühle widerzuspiegeln kann im Konfliktfall befriedend wirken. Wenn die Wut selbst zum Thema gemacht wird (»Ich merke, wie sehr es dich verärgert ...«) und als Begriff im Raum steht, fällt es dem Verärgerten oft leichter, sich von ihr zu lösen.

Wenn wir dagegen die Aussagen unseres Gespräches bewerten oder beurteilen, landet die Kommunikation schnell in einer Sackgasse. Es bilden sich Fronten. Folgende Formulierungen sind ein Signal für eine Bewertung und daher ungünstig:

Beispiele:

Also, ich finde ...

Sieh das doch mal so ...

Ich bin da ganz anderer Meinung ...

Du kannst doch nicht ...

Ja, aber, ...

WIE SIE DANKSAGEN GEZIELT EINSETZEN

Ein »Danke« kann einen höflichen, aber markanten Schlusspunkt setzen. Es kann signalisieren, dass Sie keinen Widerspruch und keinen Aufschub mehr dulden.

Ein »Danke« im Voraus, am Ende einer Aufforderung ausgesprochen, nimmt vorweg, was erst noch erledigt werden soll. Es verleitet den anderen dazu, der Aufforderung nachzukommen:

Bitte schicken Sie mir bis heute Abend den Abschlussbericht. Danke.

Ein »Danke« kann zudem einen markanten Schlusspunkt setzen. Es kann etwa Ihren Gästen signalisieren, dass der Abend vorbei ist:

Danke für den schönen Abend.

Ein »Danke« kann auch ein Telefongespräch beenden:

Ich danke für das Gespräch. Wir reden nächste Woche weiter.

Ein »Danke« kann signalisieren, dass es keinen Diskussionsbedarf mehr gibt:

Das war es, was ich zu dem Thema zu sagen habe. Danke fürs Lesen.

→ **54. TIPP**

> Sie können »Danke« auch als Entschuldigung einsetzen. Ein »Tut mir leid« beschwört Leid herauf. Wenn Sie sich stattdessen bedanken, anerkennen Sie Ihr Gegenüber dafür, dass es Ihrem Versäumnis mit Großzügigkeit begegnet, ohne dass Sie sich in die unterlegene Position manövrieren.

Beispiele:

Sorry für die Verspätung.
→ **Danke, dass du gewartet hast.**
Tut mir leid, dass ich dich so mit meinem Zeug vollquatsche.
→ **Danke, dass ich mich bei dir ausschütten kann.**
Entschuldigung, dass ich mich so wirr ausdrücke.
→ **Danke, dass du mich verstehst.**
Tut mir leid, ich bin heute wohl nicht so gesprächig.
→ **Danke, dass du Zeit mit mir verbringst, obwohl es mir nicht so gutgeht.**
Tut mir leid, dass ich dich enttäusche.
→ **Danke, dass du an mich geglaubt hast.**

Sorry für die laute Musik letzte Nacht.
→ **Danke, dass du letzte Nacht meine Musik ertragen hast.**

Außerdem kann ein »Danke« eine freundliche Art und Weise sein, um auf eine Regel hinzuweisen. Ikea nutzt diese Methode, vermittelt damit seine Verhaltensstandards und schafft gleichzeitig eine Art Wohlfühl-Atmosphäre: »Danke, dass du das Tablett hier abgibst«, sagt ein Schild im Selbstbedienungsrestaurant des Möbelhauses. »Danke, dass du deine Schuhe hier ausziehst«, heißt es vor der Kinderzone. »Danke, dass du mich dalässt«, steht an einem unverkäuflichen Ausstellungsstück.

Verbote und Befehle reizen oft das rebellische Kind in uns. Nur in wenigen Fällen führen sie zum Erfolg, nämlich dann, wenn sie das artige innere Kind in uns ansprechen, das gefallen will oder sich leicht einschüchtern lässt. Die Ikea-Schilder appellieren jedoch, indem sie die gewünschte Verhaltensweise vorwegnehmen, an das kooperative Erwachsenen-Ich. Auch wenn sie uns duzen. Wir fühlen uns durch die Ikea-Schilder nicht bevormundet, gegängelt oder eingeschüchtert, sondern auf Augenhöhe angesprochen. Brav tragen wir also das Tablett zum Rückgaberegal, was wir bei Mc Donald's vielleicht noch nie getan haben.

UNSERE SPRACHE IST DAS ERGEBNIS UNSERER GEFÜHLE

KOMMUNIKATIONSTRAINER ATTILA ALBERT ERKLÄRT, WARUM PHRASEN IHN LANGWEILEN UND WARUM WELTFRIEDEN IN UNS SELBST BEGINNT

Der erste Kommunikationsprofi, den ich im Rahmen meiner Recherchen für ein Coaching aufsuchte, war Attila Albert. Lange als Journalist tätig, machte er sich später selbständig: Er ließ sich unter anderem in Kalifornien zum Kommunikations-Coach ausbilden und gründete eine Firma, *Media Dynamics*. Der Hauptsitz von *Media Dynamics* liegt in Zürich, Attila Albert betreut jedoch Klienten europaweit und sogar in den USA, oft über Skype. Er ist spezialisiert auf Klienten aus der Medienbranche und dem Journalismus – und vertritt in Bezug auf Phrasen eine ziemlich militante Meinung, wie ich im folgenden Gespräch herausfand.

In meinem Coaching stellten Sie fest, dass ich dazu neige, in die Vergangenheit zu schweifen. Woran haben Sie das festgemacht?
Albert: »Natürlich gibt es konkrete Formulierungen, die darauf deuten, dass jemand auf die Vergangenheit fixiert ist: ›Ich weiß noch ...‹, ›zu meiner Zeit‹, ›also, früher‹. Entscheidender sind aber die konkreten

Inhalte des Gesagten: Episoden, die immer wieder erzählt werden, Erinnerungen, die auch nach vielen Jahren noch lebendig und emotional aufgeladen scheinen, nostalgische Blicke zurück in Zeiten, die – bei ehrlicher Betrachtung – auch nicht unbedingt so großartig waren. In einem Coaching geht es vor allem darum, die Gründe dafür herauszufinden: Was hält mich in der Vergangenheit fest, welchen Gewinn ziehe ich daraus? Manchmal ist eine Episode für uns einfach noch nicht abgeschlossen, obwohl sie lange zurückliegt, manchmal ist es auch eine Flucht vor Gegenwart und Zukunft, die vielleicht langweilig, schwierig oder belastend erscheint. Dann wird der Blick zurück zu einer Bewältigungsstrategie. Im Coaching kann man diskutieren, ob es vielleicht eine andere, bessere Strategie gäbe.«

Mit welchen sprachlichen Tricks kann ich mich und andere motivieren?

Albert: »Hier liegt ein Missverständnis vor, und zwar in der logischen Reihenfolge. Unsere Sprache ist bereits ein Ergebnis, nämlich das Ergebnis unserer Gedanken und Gefühle. Was wir sagen, beschreibt, wie wir denken und uns fühlen. Insofern würden Tricks, also absichtlich verwendete Worte und Redewendungen, wie eine Maske wirken: eine kurzfristige, oberflächliche Tarnung, die verdeckt, wie es in uns aussieht. Ein effektiverer und nachhaltiger Weg wäre, auf unsere Sprache zu achten: Wie rede ich und warum? Und im zweiten Schritt kann man die Ursachen für unausgewogenes Sprechen beseitigen. Beispiel: Wer sich ständig über seinen Chef beklagt, ist vielleicht wirklich unglücklich in seinem Job. Es würde ihn nicht wirklich glücklicher machen, nun absichtlich Nettigkeiten zu äußern, die er gar nicht meint – er braucht vielleicht wirklich eine neue Stelle. Ist das Problem beseitigt, sehen wir die Welt anders und sprechen auch ganz von selbst in einer anderen Sprache. Was wir sagen, ist aber dann authentisch und ernst gemeint.«

Bei welchen Formulierungen werden Sie hellhörig und setzen an?

Albert: »Die Wortwahl selbst ist vor allem ein Hinweisgeber auf meinen inneren Zustand. So fällt mir bei vielen verheirateten Männern auf, dass sie ständig ›meine Frau meint‹, ›meine Frau ist aber dagegen‹, ›ich würde gern, aber meine Frau ...‹ sagen. Hier wäre die Rolle der Partnerin in der Beziehung zu klären und auch ihr Raum für Entscheidungen. Wenn sich jemand regelmäßig kritisch über sich selbst und seine Möglichkeiten äußert (›ich kann ja sowieso nicht‹, ›wie soll das gehen‹, ›bei mir geht ja immer alles schief‹), dann ist ein Blick auf bereits erfolgreich bewältigte Probleme und Krisen hilfreich.

Sinnvoll ist in jedem Fall eine Wortwahl, die Negationen (›ich will dieses nicht‹, ›ich kann jenes nicht‹) vermeidet und stattdessen ausdrückt, was ich will bzw. kann. Dazu hilft es sehr, bei Herausforderungen vor allem über sich selbst zu sprechen und damit gedanklich und sprachlich Verantwortung zu übernehmen, statt sie an andere zu delegieren.«

Was sind die häufigsten Schwierigkeiten, die Ihre Klienten in der Kommunikation oder mit ihrer Sprache haben?

Albert: »Viele Führungskräfte sind soziale Aufsteiger. Jemand kommt vielleicht aus einer Arbeiterfamilie und findet sich plötzlich in gehobenen sozialen Veranstaltungen mit Menschen wieder, denen er sich nicht wirklich gewachsen fühlt. Hier ist oft der Eindruck, nicht ausreichend gebildet oder sprachgewandt zu sein, ein Hindernis. Manchen fällt es einfach schwer, abseits von Sachthemen ein Gespräch zu beginnen und zu führen. Eine andere Schwierigkeit, der ich in vielen Fällen begegne, ergibt sich aus dem Umgang mit Konflikten: Wie gehe ich damit um, wenn jemand, dem ich nicht ausweichen kann, eine andere Meinung hat als ich? Hier hilft es oft, aktives Zuhören und das Wiedergeben des Gehörten zu trainieren, statt sofort zu widersprechen und mit Gegenargumenten kontern zu wollen. Gegenargumente mögen inhaltlich stimmen, führen aber fast immer zu Abwehr und Verstimmung.«

»Lass uns unbedingt mal zusammen mittagessen gehen«: Das schwammige »mal« könnte ein Indiz dafür sein, dass es mir so eilig mit einem Wiedersehen nicht ist. An welchen Wörtern oder Formulierungen erkenne ich,

dass mein Gesprächspartner (oder ich selbst) vielleicht gar nicht meint,
was er sagt?

Albert: »Zunächst ist eine derartige Formulierung durchaus in Ordnung, sie ist eine Geste der Höflichkeit und Verbindlichkeit, vielleicht auch ein Kompliment – man schätzt die andere Person, auch wenn man sich vielleicht noch nicht ernsthaft verabreden will. Auch hier kommt es weniger auf konkrete Formulierungen an als auf die inhaltliche Aussage. Im Beispiel: Wer eine Einladung zum Essen ernst meint, wird bei Gelegenheit einige Termine und vielleicht Restaurants erfragen oder vorschlagen. Ein häufigeres Problem ist Unverbindlichkeit mit uns selbst, und hier sind typische Signalwörter: ›Ich müsste mal‹, ›irgendwann‹, ›wenn ich mal Zeit habe‹, ›wenn es finanziell besser aussieht‹. Den Respekt, den wir anderen – besonders im Berufsleben – zeigen, lassen wir bei unseren eigenen Zielen oft vermissen. Ernsthaftigkeit zeigt sich auch hier in inhaltlich klaren Aussagen: Was möchte ich, wann, wo und wie soll es passieren?«

»Fünf Euro fürs Phrasenschwein«: Phrasen gelten als Teufelszeug, und doch
benutzt sie jeder. Sollte ich bewusst darauf achten, weniger Phrasen zu
verwenden? Wie kann ich das anstellen?

Albert: »Phrasen stehen vor allem für sprachliche und inhaltliche Armut. Wir sagen etwas daher, weil wir nicht wirklich darüber nachgedacht haben, was wir sagen wollen und wie. Insofern ist es immer zu begrüßen, sich Phrasen abzugewöhnen, sie sind eine schlechte Angewohnheit wie Nägelkauen. Eine gute Methode ist, klassische Belletristik – Romane oder Erzählungen – zu lesen und vielleicht auch selbst zu schreiben. Beides hilft, den eigenen Wortschatz und die gedankliche und sprachliche Ausdrucksbreite zu vergrößern. Wer passende eigene Worte hat, muss nicht mehr die Phrasen von anderen wiederholen.«

Gibt es konkreten Phrasen, die Sie gar nicht mehr hören mögen?

Albert: »Ich rate von allen Phrasen ab. Sie machen Ihre Aussagen langweilig und ermüdend, sind unergiebig und auch ein wenig respektlos gegenüber anderen. Außerdem vergeben Sie sich die Chance, von anderen als die Person wahrgenommen zu werden, die Sie wirklich sind. Das hat verschiedene Nachteile: Sie wirken unecht und blass, finden weniger Freunde oder die falschen. (Immerhin ist es möglich, dass andere von der Fassade angezogen werden, hinter der Sie sich verstecken, hinter der aber eigentlich etwas anderes steckt.) Also: Wenn möglich, sollten Sie keinerlei Phrasen verwenden und sich diejenigen, die Sie gelegentlich nutzen, abgewöhnen.«

Können Phrasen nicht auch nützlich sein? Sonst würde es sie doch nicht geben …

Albert: »Wichtig zu erwähnen ist, dass Phrasen manchmal absichtlich benutzt werden, nämlich von Leuten, die aus verschiedenen Gründen gar nichts sagen wollen oder können. Interviews mit Politikern, Sportlern und Managern sind häufig voll damit. So haben sie zwar etwas gesagt, das die Kamerazeit oder Zeitung füllt, aber sie haben doch nichts verraten. Das ist unergiebig für alle Beteiligten – Star, Journalist, Leser bzw. Zuschauer –, aber eine beliebte Methode zur Absicherung. Daneben neigen ältere Leute zu Phrasen, was man ihnen nicht übelnehmen sollte. Denn damit drückt sich oft aus, dass ein Leben recht langweilig, schablonenhaft und vorhersagbar geworden ist. Das können Sie ändern, indem Sie die Person animieren, mal wieder ein paar neue und aufregende Dinge zu tun. Auf einmal bekommt auch die Sprache wieder Frische und Energie.«

Frühjahrsputz in meinem Sprachhaushalt! Fallen Ihnen ein paar Wörter oder Formulierungen ein, mit denen ich nur Kommunikationshindernisse oder zumindest Ballast schaffe, die ich daher aus meinem Sprachschatz verbannen soll? Welche Wörter oder Formulierungen möchten Sie bei Ihren Mitmenschen am liebsten nicht mehr hören?

Albert: »›Problem‹ ist solch ein Wort, und das schließt die scheinbar positivere Umformulierung ›Herausforderung‹ ein. Beide Worte suggerieren, dass die jeweilige Situation extern stattfindet und man nur begrenzt damit etwas zu tun habe, aber darunter leide. In den allermeisten Fällen sind ›Probleme‹ jedoch Resultate unserer Entscheidungen. ›Ich habe schon wieder Geldprobleme‹, klingt passiv, leidend und als ob man nur begrenzt darauf Einfluss hätte, wie viel Geld man zur Verfügung hat. Ohne dieses Wort würde das anders klingen, beispielsweise so: ›Ich gebe seit Monaten mehr Geld aus, als ich einnehme, unter anderem, weil ich zu oft ausgehe und ganz gern einkaufe. Jetzt hat die Bank mein Konto gesperrt.‹ Wer so spricht, präzisiert Ursache und Wirkung, übernimmt gedanklich und sprachlich Verantwortung und zeigt nebenbei auch schon Lösungswege auf.

Ganz allgemein sollten Sie darauf achten, ob Sie bestimmte Worte oder Redewendungen häufig wiederholen – das sollten Sie lassen, es ermüdet Sie und andere. Dazu gehören auch alle Aussagen, die in Varianten ausdrücken, dass etwas nicht geht (kein Geld, keine Kontakte, zu jung/alt usw.) Beispiel: ›Ich habe dafür keine Zeit.‹ Korrekt wäre: ›Ich nehme mir dafür keine Zeit – es ist mir wohl eigentlich doch nicht so wichtig.‹ Anderes Beispiel: ›Ich habe dafür kein Geld.‹ Wer so etwas sagt, hat meist weder einen Haushalts- noch Finanzplan gemacht oder über ernsthafte Finanzierungsoptionen für seine Pläne nachgedacht.«

Projekt Weltfrieden! Wie kann ich mit meiner Sprache Harmonie und ein friedfertiges Miteinander unterstützen?

Albert: »Indem Sie verstehen, dass der Weltfrieden in Ihnen beginnt und sich anschließend in den ersten fünf Metern um Sie herum manifestiert. Wenn Sie Frieden wollen, sollten Sie bereit sein, aufs Rechthaben und Beurteilen zu verzichten. Konkret heißt das: Gewöhnen Sie sich ab, andere Leute zu ermahnen, zu korrigieren oder überhaupt ungefragt Ihre Meinungen oder Ratschläge zu äußern. Hören Sie stattdessen offen zu, seien Sie ehrlich neugierig, fragen Sie nach, geben Sie das Verstandene in eigenen Worten wieder. Gehen Sie außerdem bis zum eindeutigen Beweis des Gegenteils davon aus, dass andere Leute nur das Beste wollen, wenn sie vielleicht auch andere Mittel nutzen als diejenigen, die Sie wählen würden. Sie sollten also selbst bei scheinbaren Gegnern immer annehmen, dass Sie einen potenziellen neuen Freund vor sich haben, und sich entsprechend verhalten. Sie werden sehen, wie entspannt Ihr Leben nach kurzer Zeit ist und wie viele Freunde Sie auf einmal haben. Kurz: Setzen Sie Fragestatt Aussagesätze ein, wenn es um andere geht.«

Worauf muss ich achten, wenn ich Fragen stelle? Wann wirken sie belebend, wann einschüchternd oder verhörartig?

Albert: »Zu bevorzugen sind Fragen, die sich nicht mit Ja oder Nein beantworten lassen – und ehrliches Interesse an der anderen Person ausdrücken. Wie denkt er oder sie, was beschäftigt ihn oder sie, was hat ihn oder sie geprägt? Oft können wir kaum abwarten, unsere Meinung loszuwerden. Wir sind oft zu schnell bei Sätzen, die sich direkt auf uns beziehen (›Also ich ...‹, ›bei mir ...‹). Unser Gegenüber hat ein sehr feines Gespür dafür, ob wir eigentlich nur einen Dialog nach dem Muster ›Wie geht's?‹ – ›Super!‹ wollen oder ein ernsthaftes, spannendes Gespräch. Auch hier gilt: Unsere Sprache verrät unser Denken, wir sollten uns daher nicht scheinbar perfekt passende Worte und Sätze antrainieren, sondern uns lieber eine offene und interessierte Weltsicht angewöhnen. Sehr unangenehm für Ihr Gegenüber sind natürlich alle Fragen, die eigentlich keine Frage enthalten, sondern eine eigene Antwort, Unterstellung oder Provokation. ›Und, nichts zu tun?‹, ›Wieso starrst du dem Mann so hinterher?‹, ›Hast du zugenommen?‹ wären Beispiele dafür. Die Reaktion ist Abwehr, Verteidigung oder Gegenangriff, vielleicht Wut oder Trauer, jedenfalls allesamt Reaktionen, die Ihre Beziehung zur anderen Person verschlechtern.«

Kann Grammatik meine Gefühlslage beeinflussen? Spielt es beispielsweise eine Rolle, welches Tempus (Imperfekt, Präteritum, Präsens) ich benutze, wenn ich etwas erzähle?

Albert: »In Artikeln und Büchern galt eine Erzählung in der Gegenwartsform lange Zeit als besonders spannend. Inzwischen hat sich der Effekt abgenutzt und erinnert ein wenig an die Sprache von Heftromanen. Man kann durchaus auch ebenso interessant in der Vergangenheitsform berichten. Generell wirken kurze, gegliederte und nicht immer vollständige Sätze (z. B. Verzicht auf das Verb) schneller, spannender und frischer. Besonders langweilig ist das brave Befolgen aller Regeln. Daher sind Schulaufsätze auch meist so ermüdend. Die Sprache ist ein Werkzeugkasten, mit dem Sie spielen dürfen. Die hohe Kunst liegt darin, gekonnt zwischen Zeitformen hin- und herzuspringen, Länge und Rhythmik der Sätze zu variieren, vielleicht auch neue Worte oder Wortverbindungen zu bilden. Das ist dann nicht nur interessant, sondern oft sogar verblüffend und intellektuell höchst stimulierend.«

Wie kann ich meine Sprache und meine Kommunikation verbessern? Wie noch heute, wie in der nächsten Woche? Worauf kann ich achten? Drei Tipps!

Albert: »Erstens: Lesen Sie Sachbücher zum Thema (z.B. *Das Leben und das Schreiben* von Stephen King) und regelmäßig Romane. Auch die Bibel hat in den modernen Übersetzungen eine bildhafte, bestechende Sprache. Sie lernen von den guten wie den schlechten Büchern. Zweitens: Achten Sie darauf, neugierig auf Ihre Mitmenschen zu sein. Interviewen Sie sozusagen Ihre Familie, Kollegen oder Freunde und interessieren Sie sich ernsthaft für Ihre Umwelt. Sie werden automatisch selbst interessanter und beliebter sein und eine frische, offene Sprache bei sich entdecken. Drittens: Verzichten Sie möglichst komplett darauf, andere zu verurteilen. Übungshalber könnten Sie anfangs 24 Stunden darauf achten, wann Sie jemanden gedanklich verurteilen, diesen Gedanken beiseiteschieben und nichts äußern außer einer offenen Frage.«

RAUS AUS DEM SCHATTEN, REIN INS LICHT

WIE WIR ANHAND UNSERER SPRACHE UNSERE MOTIVATION ENTDECKEN

»Keine Geschiedenen, bitte. Wenn dein Gesicht nicht aussieht wie nach einer missglückten Schimpansen-Dressur, ist das von Vorteil. Keine peinlichen Heiratsanträge in der Öffentlichkeit, die im Internet landen, schon gar keine Anträge in der Form von getanzten Flashmobs. Keine Frisur wie ein Bandmitglied von *Whitesnake*. Keinen Vollbart wie ein Taliban, der sich in einer Höhle vor amerikanischen Drohnen versteckt. Keine Misanthropen. Keine Typen, die nicht wissen, was das ist. Keine Kerle, die denken, sich durch Massentierhaltungsfleischberge zu futtern sei ein Zeichen von Männlichkeit. Keine absurden Hipster-Tattoos in Form von Hummern oder Truthähnen oder falsch geschriebenen Weisheiten auf Arabisch oder Japanisch. Keine Typen, deren Anteil an der Rechnung ist, dass sie verlegen in ihrem Jutebeutel rumkramen. Und bitte kennt den Unterschied zwischen ›das‹ und ›dass‹.«

Carola beschrieb in ihrem Profil auf der Dating-Website präzise, was sie nicht suchte. All das, was sie in den letzten Jahren auf dem irrsinnigen Dating-Markt erlebt hatte, wollte sie von vornherein ausschließen. Doch obwohl die meisten Männer nicht aussehen, als hätten sie einen Unfall mit einem Schimpansen gehabt, und auch keine *Whitesnake*-Frisuren zu »Talibärten« tragen, schrieb ihr niemand. Es ist ein weitverbreitetes Phänomen in Dating-Portalen, erst ein Abwehrsystem aus all dem hochzuziehen, was nicht sein darf. Die Person hinter solchen Profilen – man stellt sie sich enttäuscht, frustriert, ungeduldig und streng in ihrem Urteil vor. »Keine Angeber, keine Spinner« – kein Mann liest das und denkt: »O Mist, sie wäre ja eigentlich meine Traumfrau, aber ich bin ja nur mal ein Spinner, also schreib ich sie mal besser nicht an.« Sondern er denkt: »Sie hat Angst vor Spinnern. Was immer sie damit meint. So schreibt eine verletzte, anspruchsvolle Person, die mich schnell für einen Spinner halten wird. Mal sehen, wen es hier sonst noch so gibt.«

In meiner Festanstellung wurde ich nach einigen Jahren immer unzufriedener. Endlose Konferenzen, die mich nichts angingen. Mechanische Abläufe. Ständig schien ich nur damit beschäftigt, die Erwartungen der Vorgesetzten vorwegzunehmen und auf deren Entscheidungen zu warten. Ich litt unter der Abhängigkeit innerhalb des komplexen Systems, in dem ich arbeitete. Ich wollte nicht mehr mit einem Urlaubsantrag in der Hand winseln, während die günstigen Plätze im Flieger weniger und weniger wurden. Ich war die Abfütterung in der Kantine satt, zu der lange Gänge und Schleusen führten, in denen ich mir wie eine Termite vorkam. Ich wollte weg von all dem. Aber wo wollte ich hin? Lange verharrte ich in meinem Dasein. Dann erst stellte ich mir mein Leben jenseits der Festanstellung bildlich vor: abwechslungsreiche Aufgaben, frei eingeteilte Zeit. Ich hatte plötzlich Bilder im Kopf: ich im »Home office«, ich beim Mittagsschlaf, wenn mir danach ist. Ich mit dem Laptop im Café, so wie all die Menschen, an denen ich mit meinem Fahrrad auf dem Weg zur Arbeit vorbeihetzte. Erst als ich mir mein Leben als Selbständiger immer deutlicher vorstellte, fasste ich konkrete Entschlüsse, bereitete mich vor und kündigte schließlich. Ganz so, wie ich es mir vorstellte, wurde mein freies Leben dann zwar nicht, aber egal, der Absprung war geschafft.

Wir alle sind beeinflusst von zwei Motivationsrichtungen. Wir wollen raus aus einer bestehenden Situation oder hinein in eine neue. Jeder Mensch nutzt beide Motivationsrichtungen. In manchen Lebensphasen ist die eine, in manchen die andere ausgeprägter. Manche Menschen neigen mehr zur Weg-von-Motivation, andere zur Hin-zu-Motivation. Beide haben ihre Vorteile.

Sind wir stärker von der Weg-von-Motivation beeinflusst, wollen wir weg von Schmerz, Sorgen, Angst und Frustration. So können kurzfristig kraftvolle Energien freigesetzt werden, mit denen wir unser Leben verändern. Ob es eine Beziehung ist, in der wir leiden, oder ein Job, den wir als demütigend empfinden. Plötzlich wachsen wir über uns selbst hinaus, handeln entschlossen und konsequent, manchmal sogar radikal. Es ist dann möglich, über Nacht das bisherige Leben zu verändern. Dazu musste aber oft erst das Fass überlaufen. In der Weg-von-Motivation steckt viel Wut. Proteste und Demonstrationen sind meist von einer Weg-von-Motivation getrieben. Eine Ausnahme waren die Revolution von 1989: Die Teilnehmer der Montagsdemonstrationen wollten zwar weg von den politischen Verhältnissen der DDR, aber auch hin zu Freiheit und Demokratie. Der Weg-von-Zustand und der Hin-zu-Zustand waren nur durch eine Mauer voneinander getrennt. Im Dokumentarfilm *B Movie. Lust & Sound in West-Berlin 1979–1989* beschreibt der Musiker Mark Reeder die erste Berliner Loveparade 1989 als die erste Demo, die zu etwas hin wollte, nämlich hin zu »Friede, Freude, Eierkuchen«, so das Motto der Techno-Veranstaltung.

Das Problem bei der Weg-von-Motivation: Wir reagieren erst nach langem, zermürbendem Leid. Wer stärker weg-von-motiviert ist, empfindet mehr Sorgen und Stress. Er reagiert auf Bestrafungen stärker als auf Belohnungen. Der Wunsch, es aus Armut herauszuschaffen, kann ein starker Antrieb für eine Karriere sein. Langfristig ist die Hin-zu-Motivation besser für eine Karriere geeignet. Hin-zu-motivierte Menschen fühlen sich angezogen von einer Vision davon, wie ihr Leben aussehen soll. Sie arbeiten Schritt für Schritt darauf hin. Sie haben ein Ziel vor Augen, statt einfach nur den nächsten Job anzunehmen. Die Hin-zu-Motivation ist beflügelnder, lässt in größeren Dimensionen denken und verleiht den längeren Atem.

WELCHE RÜCKKOPPLUNGSEFFEKTE SPRACHE AUF IHRE MOTIVATION HAT

Die Art und Weise, wie wir denken und sprechen, ist das Resultat unserer Persönlichkeit, unserer Erlebnisse und unserer Gefühle. Dadurch, dass wir auf unsere Sprache achten, können wir mehr über uns erfahren, über das, was uns bewegt und was uns lähmt, was uns antreibt und was uns zurückhält. So wie uns eine aufrechte Körperhaltung tatsächlich selbstsicherer fühlen lässt, hat auch eine bewusste Sprache (ob gedanklich oder tatsächlich ausgesprochen) Einfluss auf das Befinden.

Die Welt ist ein Ort voller widersprüchlicher Schattierungen, die verwirrenderweise nicht voneinander zu trennen sind, sondern sich überlagern. Alles Negative auszublenden hieße, eine sehr eingeschränkte Weltkarte zu entwerfen, die dem Wesen der Wirklichkeit nicht gerecht wird. Wir können allerdings trainieren, beide Seiten zu berücksichtigen, Schatten ebenso wie Licht.

So wird uns bewusst, dass Negatives und Positives im Zusammenhang miteinander stehen. Wir alle tendieren dazu, erst das zu formulieren, was wir wollen, und dann das, was wir nicht wollen.

→ 55. TIPP

Wenn Sie die Reihenfolge von Bedürfnissen und Befürchtungen umstellen, zuerst das Negative aussprechen und dann das Ziel benennen, das Sie erreichen wollen, haben die gleichen Informationen eine motivierende Wirkung – auf Sie selbst und auf Ihre Gesprächspartner. Dann ist es das Positive, das Ihnen in Erinnerung bleibt. Es ist das, woran das weitere Gespräch anknüpft.

Achten Sie bei den folgenden Beispielen auf die Unterschiede in der Wirkung.

Lass uns irgendwo hinfliegen. Ich kann den Winter nicht mehr ertragen.
→ **Ich kann den Winter nicht mehr ertragen. Lass uns irgendwo hinfliegen.**
Ich will mich jetzt nach einem neuen Job umhören. Die Stimmung in der Firma ist unerträglich geworden.
→ **Die Stimmung in der Firma ist unerträglich geworden. Ich will mich jetzt nach einem neuen Job umhören.**

Weitere Beispiele, in denen auf eine negative Aussage eine positive folgt:

Ich fühle mich fett. Ich möchte was an meiner Ernährung ändern.
Ich esse kein Fleisch mehr. Ich entdecke gerade die Vorzüge vegetarischer Kost.

Ich will mit dem Rauchen aufhören. In Zukunft will ich gesund leben und nur noch frische Luft atmen.

Ich verzweifle an der Gebrauchsanweisung. Ich rufe besser mal meinen geschickten Kumpel Edi an.

Ich brauche eine Auszeit. Ich möchte mich gern eine Weile ganz um mich und meine Hobbys kümmern.

Ich fühle mich so hilflos. Ich suche mir jetzt Unterstützung.

Ich verhungere. Was freue ich mich aufs Essen!

Ich langweile mich. Ich habe jetzt Lust, was anderes zu tun.

Ich hab das Single-Leben satt. Ich suche mir jetzt eine Freundin.

Ich hab Angst, in der Gosse zu landen. Ich suche nach guten Möglichkeiten, mich abzusichern.

WIE SIE IHRE MOTIVATION ERFORSCHEN

Machen Sie eine Liste mit allem, was Sie in Ihrem Leben haben, aber nicht wollen (ein Hühnerauge, einen nörgelnden Freund, Schulden, was immer Ihnen einfällt). Machen Sie dazu eine Liste mit all dem, was Sie nicht haben, aber wollen. Welche Liste geht Ihnen leichter von der Hand? Welche ist länger? So stellen Sie fest, welche Motivationsrichtung derzeit eine größere Rolle in Ihrem Leben spielt.

Sortieren Sie beide Listen nach Prioritäten. Setzen Sie die Ziffer 1 neben alle Einträge auf der Habe-ich-aber-will-ich-nicht-Liste, die Sie besser heute als morgen aus Ihrem Leben verbannen wollen. Eine 2 bzw. eine 3, wenn es nicht ganz so brennt. Auf der Habe-ich-nicht-aber-will-ich-Liste setzen Sie eine 1 für alles, was Sie unbedingt als Nächstes erreichen wollen, eine 2 oder 3 an die Ideen, die noch warten können.

Nehmen Sie sich nun die Will-ich-aber-habe-ich-nicht-Liste

vor. Was ist die EINE Sache, die Sie in Angriff nehmen können und welche die größten Veränderungen in Ihrem Leben bewirken könnte, wenn Sie sie erreicht hätten? Die eine Sache, die wie ein Dominostein die meisten anderen gewünschten Veränderungen mit sich ziehen würde? Manchmal handelt es sich um etwas, das Sie gar nicht als oberste Priorität eingestuft haben. Zum Beispiel wollten Sie immer in München wohnen. Nun stellen Sie fest, dass es Ihr Leben komplett verändern könnte, wenn Sie erst in München wohnen. In München würden Sie das Leben führen, das Sie eigentlich führen möchten.

Nehmen Sie nun die Will-ich-nicht-aber-habe-ich-Liste. Formulieren Sie jeden Punkt in ein positives Ziel um.

Beispiele:

Ich habe häufig Magenprobleme.
→ Ich suche Experten auf und stelle meine Ernährung um, um beschwerdefrei zu leben.
Ich fühle mich manchmal einsam.
→ Ich aktiviere einige meiner alten Kontakte.

WIE SIE IHRE ZIELE FORMULIEREN

- Packen Sie Ihr Ziel nicht in Sätze, die mit »Ich muss« oder »Ich versuche«, »Ich plane«, »Ich habe vor« beginnen. Diese Satzanfänge klingen nach Zwang, Zweifel und Scheitern. Sagen Sie lieber: »Ich will«, »Ich entscheide mich dafür«, »Ich beschließe«, »Ich bin auf dem Weg«, »Ich habe damit begonnen«, »Ich sehe mich als«. Diese Einstiege klingen entschlossen und mobilisieren Ihre Willensstärke.
- Formulieren Sie sie positiv, ohne Verneinung. Also denken

und sagen Sie statt »Ich will nicht mehr so schwarz sehen« lieber »Ich notiere jeden Tag die Dinge, die erfreulich gelaufen sind«.

- Formulieren Sie konkrete Ziele. »Mehr«, »öfter« oder »weniger« sind schwammige Begriffe.

Beispiele:

Ich will weniger trinken.

→ **Ich habe beschlossen, nur noch einmal in der Woche, und zwar an einem Tag des Wochenendes, Alkohol zu trinken. Dann sind drei Bier oder eine halbe Flasche Wein in Ordnung.**

Ich will öfter etwas mit meiner Tochter unternehmen.

→ **Ich will meine Tochter wenigstens zweimal im Monat sehen.**

Wenn Sie sich verändern wollen, formulieren Sie in der Gegenwart. Machen Sie sich deutlich, dass bereits jetzt etwas mit Ihnen geschieht. So haben Sie kein in der Zukunft liegendes Standbild vor sich, sondern eine Filmsequenz, in der Sie sich als Akteur sehen können. Wenn Sie die grammtische Zeit Futur verwenden und beispielsweise sagen: »Ich werde mit dem Rauchen aufhören«, verschiebt ihr Unbewusstes das Ziel auf ein fernes Gleis im Irgendwann. Wenn Sie dagegen sagen: »Ich höre mit dem Rauchen auf«, werden augenblicklich Ihre Kräfte freigesetzt. Schließlich startet der Prozess der Nikotinentwöhnung mit dem Entschluss, auch wenn Sie im Moment noch weiter rauchen sollten.

Weitere Beispiele für vorteilhaft umformulierte Ziele:

Ich plane, jeden Tag eine halbe Stunde Sport zu treiben.

→ **Ich treibe jeden Tag eine halbe Stunde Sport.**

Ich möchte weniger arbeiten.

→ **Ich möchte drei freie Tage in der Woche.**

Ich will meinen Freund nicht immer so runterputzen.

→ **Ich will meinem Freund bei einem Zusammensein Anerkennung zollen.**

Ich will auf gar keinen Fall nach München versetzt werden.

→ **Ich will auf jeden Fall in Berlin bleiben.**

Ich will nicht mehr so rumschreien.

→ **Ich will ruhig bleiben.**

Ich will kein Fast Food mehr essen.

→ **Ich habe beschlossen, mich gesund ernähren.**

Wir starten mit unserem großangelegten Kampf gegen Kriminelle in unserer Stadt.

→ **Wir starten mit unseren großangelegten Maßnahmen für Sicherheit in unserer Stadt.**

TRAINING: SO STÄRKEN SIE IHR SELBSTVERTRAUEN

Erinnern Sie sich an eine Situation, in der Sie nicht zufrieden mit sich waren. Beispielsweise ein vermasseltes Date. Beschreiben Sie mit Adjektiven, wie Sie sich währenddessen fühlten, etwa: unsicher, verklemmt, verwirrt, befangen.

Sehen Sie die damalige Szene, als liefe sie auf einer Kinoleinwand. Es ist ein bisschen gruselig, aber Ihnen kann nichts passieren. Sie können gelassen das Geschehen verfolgen, wie Sie bei einem Date stammeln und peinliche Dinge sagen wie »Du lässt dich also an einem Bungeeseil in eine Schlucht fallen? Ich bin mal von einem sehr hohen Barhocker gefallen und habe dann einen Fünfeuroschein auf dem Boden gefunden.«

Beschreiben Sie sich, noch während Sie in Ihrem imaginären Kino sitzen, mit Gefühlen, die Sie gern in diesem Augenblick gehabt hätten: selbstsicher, humorvoll, eloquent.

Spulen Sie den Film nun zurück und sehen Sie sich eine neue Fassung an. Die Szenen wurden noch einmal nachgedreht, damit Sie dem Publikum – also Ihnen – besser gefallen. Die Hauptfigur in Ihrem Film wird zum Superhelden bzw. zur Superheldin und soll sich nun so verhalten, dass es Ihren Wünschen entspricht. Alles ist erlaubt! Die Person im Film darf sich auf eine Weise verhalten, wie Sie es in der Wirklichkeit nie wagen würden. Sie dürfen in diesem – Ihrem – Film Grenzen sprengen und rumspinnen!

Erleben Sie sich nun, als würden Sie den Film gerade drehen. Wenden Sie das Verhalten, das Sie vorhin noch vom Kinosessel aus gesehen haben, an. Wie nah kommen Sie an den Gefühlszustand, den Sie sich mit Hilfe der positiven Adjektive gewünscht haben? Sie sind nicht nur Hauptdarsteller in Ihrem Film, sondern auch Regisseur. Geben Sie sich Regieanweisungen, bis der Film so gedreht wird, dass er die positiven Gefühle tatsächlich hervorruft.

Denken Sie nun an ein zukünftiges Ereignis, das Ihrem Film entspricht. Also das nächste Meeting oder das nächste Date. Stellen Sie sich vor, wie Sie den Konferenzsaal betreten oder Ihr Date im Café begrüßen. Genau in diesem Augenblick fällt die Regieklappe. Nun wenden Sie in Ihrer Vorstellung das neue Verhalten an. Durch dieses gedankliche Training automatisieren Sie das neue Verhalten und wappnen sich für künftige Situationen.

FAKTEN ÜBER SPRACHE

- Die deutsche Sprache besteht aus 300 000 bis 500 000 Wörtern. Genau lässt sich das nicht sagen, Wörter kommen und gehen, und es gibt kein Kriterium, wann ein Wort offiziell ist. Außerdem ist die Frage strittig, was als Wort gezählt wird, also ob auch Flexionsformen oder Zusammensetzungen als eigenständige Wörter gelten.
- Die Abrogans-Handschrift aus dem 8. Jahrhundert ist das älteste Buch in deutscher Sprache. Das lateinisch-althochdeutsche Wörterbuch wurde in einem Kloster im Südwesten des deutschen Sprachraums von etwa 20 verschiedenen Autoren verfasst. Es befindet sich in der Stiftsbibliothek St. Gallen in der Schweiz.
- Der Mainzer Reichslandfriede vom 15. August 1235 ist das erste Reichsgesetz, das in lateinischer und deutscher Sprache geschrieben wurde.
- Die Märchen-Brüder Grimm haben 1838 in Berlin das Deutsche Wörterbuch begonnen. Der erste Band »A – Biermolke« erschien 1854. Im *Deutschen Wörterbuch* von Jacob und Wilhelm Grimm sind insgesamt etwa 320 000 Stichwörter verzeichnet.
- Etliche deutsche Wörter sind erfolgreiche Auswanderer. Im

Englischen spricht man von Kindergarten, Wanderlust, Zeitgeist, Weltschmerz und Gemütlichkeit. In den USA ist die Vorsilbe »über« beliebter als super: So wird Gisele Bündchen als Über-Model bezeichnet. Der Horrorfilm *Poltergeist* wurde im amerikanischen Original unter dem deutschen Titel gezeigt, das japanische »Orogasumusu« ist aus dem deutschen Wort Orgasmus entstanden. Im Albanischen sagt man »tankshtell« für Tankstelle, im Arabischen »biira« für Bier, das Dänische kennt Schlager, im Spanischen gibt es »muesli« und »kitsch«.

- Das am weitesten verbreitete deutsche Wort ist Nazi. Es wird fast überall verstanden und ist seit 1930 im Englischen und Französischen belegt.

- Der Linguist Wolfgang Klein erklärt in seiner Studie *Reichtum und Armut der deutschen Sprache. Erster Bericht zur Lage der deutschen Sprache* das Wachstum des Wortschatzes: »Der deutsche Wortschatz hat im Verlauf des 20. Jahrhunderts um etwa ein Drittel (…) zugenommen. Dabei ist der Anstieg in der ersten Jahrhunderthälfte deutlicher als in der zweiten.« Der Zuwachs besteht nur zum geringen Teil aus eigenständigen, neuen und einfachen Wörtern wie *»rödeln«* oder *»mosern«*.

- In der Belletristik gibt es von 1905 bis 2004 die wenigsten neuen Wörter. Viel stärker ist der Zuwachs im Bereich der Gebrauchstexte, der wissenschaftlichen Prosa und vor allem der Zeitungen. Wolfgang Klein erklärt im Januar 2014 in der *Welt:* »Das hat seinen Grund weniger darin, dass die Schriftsteller sprachlichen Neuerungen abhold sind, sondern darin, dass in Zeitungen immer neue Themen auftauchen, und die erfordern neue Wörter.«

- Wörter, die sich in verschiedenen Sprachen ähneln, entstammen oft dem Stammeln von Kleinkindern. Beispiel: Mama. Auch auf Chinesisch heißt die Mutter »mā«.

- Die Interjektion »Häh« für »Ich habe nicht verstanden« existiert in ähnlichen Varianten in 31 Sprachen auf der Welt, fand das Max-Planck-Institut für Psycholinguistik heraus. Darunter Spanisch, Niederländisch, Isländisch, aber auch Cha'palaa, eine Indianersprache in Ecuador.

- Emoticons oder Emojis mischen die Sprache in Textnachrichten, E-Mails und im Internet auf. Das *New York Magazine* feierte die comicartigen Bildchen in einer Ausgabe im November 2014 mit einer Titelgeschichte und gab sich amüsiert, dass das »Tränen lachende Smiley« innerhalb kürzester Zeit 3000 Jahre alte Schriftzeichen verdrängt hat. Emoticons wecken Gefühle. Sie sind international und leicht verständlich – das gilt zumindest für Gesichter-Emoticons. Was aber unser Chatpartner uns mit einem Shrimps-Emoji oder einem Palmenwedel sagen will, erschließt sich erst aus dem Zusammenhang – oder gar nicht.

- Sprache ist arbiträr, das heißt, das Zeichen ist willkürlich zum Bezeichneten gesetzt. Emojis dagegen bilden das Bezeichnete, ursprünglich eine Gefühlsäußerungen wie Lachen oder Weinen oder Staunen, ikonisch ab.

- Auf Twitter werden Emoticons inzwischen weltweit öfter benutzt als der Bindestrich oder die Ziffer 5.

- *New York Magazine*-Autor Adam Sternbergh hat beobachtet, dass es keine wirklich negativen Emoticons gibt. Zwar sind da das wütende Gesicht, ein Teufelchen oder eine Pistole, aber auch die wirken niedlich. Eine Todesdrohung mittels dieser Emojis würde nicht besonders unheimlich wirken.

WIE WICHTIG IST KÖRPERSPRACHE?

So wie es den Mythos gibt, dass wir nur fünf Prozent unseres Gehirns nutzen, so existiert auch der Mythos, dass nonverbale Signale gegenüber der gesprochenen Sprache eine ungleich größere Wirkung entfalten. Grundlage sind zwei Studien von 1967 des US-Professors Albert Mehrabian. Sie haben also schon ein paar Jahre auf dem Buckel. Der Professor setzte einzelne Wörter einem positiven, negativen oder neutralen Tonfall oder Gesichtsausdruck gegenüber. Bei Widersprüchen wurde verstärkt die nonverbale Botschaft verstanden, was zu der 7-38-55-Regel führte (eine Regel, die nur auf zwei Studien beruht, was nicht besonders wissenschaftlich ist): Nur zu sieben Prozent seien Worte für die Wirkung einer Botschaft verantwortlich. Zu 38 Prozent dagegen der Tonfall, zu 55 Prozent die Körpersprache. Wenn Sie jemand aus dem Gebüsch anspringt, Sie mit wutverzerrtem Gesicht und einer Machete bedroht und sie anschreit: »Ich tue Ihnen nichts!«, werden Sie der Körpersprache glauben und ungeachtet seiner Worte in Deckung gehen.

Bei widersprüchlichen, gefühlsbetonten Botschaften orientieren wir uns tatsächlich eher an nonverbalen Signalen. Körpersprache ist im Gegensatz zur verbalen Sprache älter, sie wird intuitiver verstanden. Die Studien sagen jedoch nur etwas über einzelne Wörter aus, nichts über Gespräche. Ein schlecht durchdachter, chaotischer Gesprächsbeitrag bleibt schlecht durchdacht und chaotisch, auch wenn er noch so gut vorgetragen wird. Man kann vielleicht einiges herumreißen oder Nuancen verbessern, die Essenz des gesprochenen Wortes lässt sich so aber nicht verändern. Wenn Hannibal Lector in *Das Schweigen der Lämmer* in der Haltung eines Gentleman in elaboriertem Tonfall sagt, er genieße ein menschliches Gehirn am liebsten mit einem guten Schluck Chianti, dann werden wir ihn vordergründig für einen Psychopathen halten und nicht für einen Gentleman.

Wie wichtig jedoch Körpersprache und Tonfall für die Kommunikation sind, zeigt sich im schriftlichen Verkehr, der in den letzten Jahren stark zugenommen hat: Ironie, aggressionshemmende Weichzeichner im Tonfall, Mimik oder Gestik sind im Schriftlichen schwer darstellbar, so dass man schnell etwas in den falschen Hals bekommt. Der Ton verschärft sich und schaukelt sich hoch. In Kommentar-Funktionen von Online-Artikeln oder bei Facebook zeigt sich dann die hässlichste Seite des Menschen. Dass schriftliche Kommunikation informell und in Echtzeit genutzt wird wie mündliche, ist ein neues Phänomen. Emoticons versuchen die Funktion von Mimik, Gestik und Tonfall zu übernehmen. Ein zwinkerndes Smiley etwa soll eine Aussage abmildern und dem Missverständnis vorbeugen, dass man es ganz ernst meint.

HASTE WORTE?

**SCHLÜSSELBEGRIFFE
UND SCHLÜSSIGE ZEITEN**

VORSICHT MIT DEN SUUUUUPERLATIVEN

Alles ist supergut. Oder sogar suuuuupergut. Es gibt Supermodels, Supermänner, Superstars, Supermärkte. Was nicht super ist, ist großartig, mega, ein Knaller. Wenn ich in der Zeitungskonferenz meine Themenangebote vortrug, dann versuchte ich meine oft genug dürftigen Inhalte mit ein paar Superlativen zu bewerben. »Da hab ich hier ein Knallerthema zur Mörderhitze, wir haben super Hitzetipps von einem großartigen Hitzeexperten.« Damit wollte ich signalisieren: »Nehmt dieses Thema, werte Chefs. Denn wenn ich *das* schon super finde, könnt ihr euch denken, dass ich nicht noch was Supereres im Gepäck habe. Also, ich bitte um einen kurzen Prozess!« Was folgte? Erst einmal Schweigen. Dann die Chef-Frage: »Was ist denn zum Beispiel ein super Hitze-Tipp?« Ich: »Na, man soll lauwarm duschen vorm Schlafengehen. Dann schwitzt man nicht so, sagt der Hitzeexperte.« »Was, bitte, ist denn überhaupt ein Hitzeexperte?« »Na jemand, der sich gut mit Hitze auskennt.« »Ach.« Wieder

Schweigen. Dann fuhr der Chef fort: »Was hat das Autoressort zu bieten?«

Das Hitzethema fand er also nicht so super. Wenn er aber zu einem Themenvorschlag oder einem Artikel sagte: »Das finde ich super!«, dann wusste man, er fand es wirklich überdurchschnittlich. Denn dieser Chef nutzte Superlative niemals inflationär, sondern setzte sie gezielt ein. So wurde sein »super« niemals verwässert, sondern galt klar als Ritterschlag, ganz egal, wie viele »super« alle anderen so durch die Redaktionsräume schleuderten.

»SUPER SÜSS, SUPER SEXY, SUPER EASY, SUPERGEIL. SUPER LEUTE, SUPER LIEB, SUPER LOVE, SUPERGEIL. SUPER HEFTIG, SUPER DEFTIG, SUPER LÄSSIG, SUPERGEIL. SUPER FIT, SUPER FRESH, SUPER LIFESTYLE, SUPERGEIL.«

Der Tourist mit Friedrich Liechtenstein in dem Song Supergeil

Zeit-Autorin Cosima Schmitt fragte in der Ausgabe vom 23. Dezember 2015: »Wo sind die Zwischentöne hin?« Besonders im Netz werde mit Superlativen nur so um sich geworfen. »Es reicht nicht mehr, Babys süß zu finden«, schreibt sie. »Alles unter ›meganiedlich‹ gilt auf Facebook als Beleidigung.« Wer nicht als Griesgram gelten wolle, müsse mitjauchzen. Sogar Emoticon-Erfinder Scott Fahlman ist es zu viel mit den Smiley-Tsunamis im Netz. »Sie verschmutzen alle Kommunikationskanäle der Welt«, schimpfte er. Am beliebtesten ist dabei überraschenderweise nicht das grinsende Standard-Smiley, wie der britische App-Entwickler SwiftKey in seiner ersten Smiley-Studie herausfand. Dafür wurden insgesamt mehr als eine Milliarde Emojis aus der ganzen Welt hat nach Häufigkeit, Bedeutung und Herkunft analysiert. Ergebnis: Das weltweit am meisten verwendete Emoticon ist das Glücks-Smiley, das sich vor Lachen kaum halten kann und dabei Freudentränen vergießt. Auf den Plätzen zwei und drei folgen demnach das verliebte Smiley, das ein Küsschen schickt, sowie das schwarze Herz. Das Standard-Smiley rangiert erst auf dem zehnten Platz. Wahrscheinlich ist es den Nutzern nicht begeistert genug.

Cosima Schmitt bringt diesen Befund auf den Punkt: »Manchmal soll die Euphorie im Netz auch über Lieblosigkeiten hinwegtäuschen: etwa darüber, dass man sich nicht die Mühe macht, die alte Freundin zum Geburtstag anzurufen. Stattdessen postet man einen Gruß, rasch dahingetippt an der Bushaltestelle.«

An Ausrufezeichen lässt sich immer sparen. Sie sind die »Huren unter den Satzzeichen«, sagte mir einmal mein Textchef. Man könnte sie vielleicht, je nachdem, auch als Schläger verstehen. Auf jeden Fall wirken sie grell und schreien nach Aufmerksamkeit. Erst recht, wenn sie in einer Gang daherkommen, so als klemme die Tastatur des Verfassers. Auch Abschiedsgrüße in einer Mail lassen sich oft eine Nummer kleiner gestalten. Es müssen nicht immer »allerliebste Grüße« sein, manchmal reicht auch ein »Gruß«. Mit einem »Herzlichst« steigen womöglich die gleichen Menschen aus einer Mail aus, die bei der persönlichen Verabschiedung die Hand nicht wieder loslassen.

→ **56. TIPP**

Die Methode des mit seinen »Supers« sparsam umgehenden Chefredakteurs können auch Sie sich zu eigen machen. Suchen Sie sich starke Wörter, die Sie niemals inflationär abfeuern, sondern ganz gezielt einsetzen, um eine bestimmte Wirkung zu erzielen. Es können ganz alltägliche Worte sein, die auch Ihre Mitmenschen häufig benutzen. Wichtig ist, dass Sie diese Worte nur in einem bestimmten Zusammenhang verwenden, so dass Ihre Umwelt sie als Signal versteht. Bewahren Sie sich ein Wort oder eine möglichst individuelle Redewendung für Lob auf und eine für Tadel. Hüten Sie diese Wörter wie eine Waffe, die Sie nur hervorholen, wenn Sie sie wirklich benötigen.

Weitere persönliche Signalwörter können Sie einsetzen, wenn Sie …

- eine Grenze setzen.
- sich freuen.
- traurig sind.
- kurz vorm Platzen sind und einen letzten Warnschuss abgeben.
- noch Zeit brauchen.
- es etwas schneller gehen soll.
- für Ruhe sorgen wollen.

WIE SIE SCHLÜSSELWÖRTER ERKENNEN UND NUTZEN

»Es war total schön. Wir hatten echt schönes Wetter, und Amsterdam ist ja auch einfach total schön. Wir haben uns auch echt alle gut verstanden und Nina und Jerry haben so schön für uns gekocht.«

Sie ahnen es, in diesem Reisebericht eines Freundes geht es um die Häufung des Wortes »schön«. Das Adjektiv fungiert in dieser Erzählung als Schlüsselwort: Der Freund drückt dadurch aus, dass ihm die Harmonie zwischen ihm und seinen Gastgebern sehr wichtig war und dass es ihm gelingt, sich angenehme Erlebnisse als Gegengewicht zum Alltag zu schaffen. Schlüsselwörter erkennen Sie beim Gesprächspartner daran, dass er sie immer wieder verwendet. Häufig betont er sie besonders und unterstreicht sie mit Gesten. Ich neige dazu, inflationär »Wahnsinn« zu sagen. Jemand erzählt mir, dass sein neuer Geschirrspüler nur 300 Euro gekostet hat? »Wahnsinn.« Ein Kollege regt sich auf, weil der Supermarktkassierer die Waren so langsam über den Scanner zieht, als wolle er sich von jedem Produkt einzeln verabschieden? »Ja, so ein Wahnsinn.« Vielleicht sehne ich mich nach mehr Wahnsinn im Leben, vielleicht sehne ich mich aber auch nach mehr Normalität.

Jemand sagt gehäuft »Aber sicher« oder »sicherlich«? Vielleicht nimmt Sicherheit für diese Person einen hohen Stellenwert ein. Vielleicht fühlt sie sich aber auch von der ganzen Sicherheit in ihrem Leben erdrückt. Die Wortwahl dieser Person ist dann ein verkappter Schrei nach mehr Überraschungen.

Ein Kollege bringt in seine Sätze häufig das Wort »einfach« unter: »Ich bin einfach ein großer Fan von schnellen Entscheidungen, lass uns das doch einfach mal machen.« Vielleicht sehnt er sich nach Einfachheit in einer als unübersichtlich und kompliziert empfundenen Welt.

Es heißt, wenn man die Schlüsselwörter der anderen bei seinem eigenen Gesprächsbeitrag aufgreift, schaffe dies eine Bindung. Dieser Kniff kann zu recht mechanisch klingenden Aussagen verleiten, vielleicht wirkt er sogar manipulativ. Viel lohnender ist der Blick auf sich selbst: Unsere eigenen Schlüsselwörter öffnen uns Zugang zu uns selbst, wenn wir sie erst einmal identifiziert haben. Fragen Sie Freunde, welche Worte Sie ihrer Meinung nach häufig wiederholen und mit Nachdruck verwenden. Sicher ist: Die Angewohnheit, bestimmte Wörter oder Floskeln immer wieder zu benutzen, verrät etwas über uns. Was? Folgen Sie Ihrer Intuition und spinnen Sie ruhig herum. Sie sind der Experte für Ihr Leben.

Übung: Finden Sie Ihre Schlüsselwörter

Welche Wörter haben für Sie eine große Bedeutung? Was sind Ihre Schlüsselwörter, die Hinweis auf Ihre Werte geben?

Beantworten Sie dazu folgende Fragen, möglichst ohne lange nachzudenken! Sie können kurz in Adjektiven oder Substantiven oder länger in ganzen Sätzen antworten.

Was mag ich an mir?

Was mag ich an meinem Partner?

Was mag ich an meinem besten Freund?

Was mag ich an meinem Wohnort?

Was ist mein Wunschort, an dem ich gern leben würde, und was mag ich an ihm?

Für welche drei Dinge bin ich heute dankbar?

Wofür bin ich in meinem Leben dankbar?

Schauen Sie sich Ihre Wörter an. Doppeln sich zwei Begriffe? Welche sind sich ähnlich? Welche Assoziationen wecken die Wörter, wenn Sie sie jetzt noch einmal lesen? Welche Sinne sprechen Sie besonders an? Sind es Wörter, die mit Ihrem Augensinn, Ihrem Gehör, Ihrem Geschmackssinn, Ihrem Geruchssinn oder Ihrem Tastsinn verbunden sind? Versuchen Sie nun für jedes Wort zwei Synonyme zu finden. Sie erweitern so die Landkarte Ihrer Wirklichkeit und Ihre positive Sicht darauf.

Nehmen Sie sich vor, eines der Synonyme in Ihrem nächsten Gespräch zu benutzen. Sie finden ganz sicher einen Zusammenhang, in dem es passt!

WIE SIE ZEITEN SINNVOLL EINSETZEN

Achtsamkeit ist ein strapaziertes Modewort. Es steht jedoch für eine wichtige und wirkungsvolle Methode zur Entspannung, weil es dazu aufruft, im Hier und Jetzt zu verweilen. Ohne Grübeleien über die Vergangenheit. Ohne Pläne für die Zukunft. Achtsame Sprache bleibt ebenfalls im Hier und Jetzt. Das Präteritum (»Ich lief nach Hause.«, »Er spannte mir meine Freundin aus.«) wird in der gesprochenen Sprache ohnehin kaum benutzt. Alles, was im Präteritum liegt, ist lange vorbei und nicht mehr zu ändern. Es klingt immer ein wenig nach Märchenstunde: »Es war einmal«. Die meisten Menschen, die älter als acht Jahre sind, steigen nach diesem Auftakt schon aus. Besser funktioniert schon das Perfekt (»Ich bin nach Hause gelaufen.«, »Er hat mir meine Freundin ausgespannt.«). Das Perfekt ist nicht nur die Form der vollendeten Vergangenheit, sondern zeigt auch die Vorzeitigkeit unserer Handlungen an und ist darum die Form der in die Gegenwart hineinreichenden Vergangenheit. Doch die Gegenwart ist das, was die Menschen am meisten interessiert. In der Gegenwart wirkt eine mündliche Erzählung mitreißender, auch wenn sie schon länger zurückliegt.

Ein Beispiel:

Ich gehe also auf sein Büro zu, reiße die Tür auf und sage ihm, was ich von ihm halte. Er sieht mich nur entsetzt an …

Die Zukunft dagegen klingt noch weit entfernt und unberechenbar, manchmal träumerisch und illusorisch. Wenn Sie Dinge, die in der Zukunft liegen, in der Gegenwartsform schildern, schaffen Sie eine erlebbare Vision statt eines Trugbilds.

Beispiele:

Ich werde mich ändern.
→ **Ich ändere mich.**
Ich werde als Schauspieler arbeiten.
→ **Ich will als Schauspieler arbeiten.**
Ich werde dich im Frühjahr besuchen kommen.
→ **Ich komme dich im Frühjahr besuchen.**

Ich werde deinen Rat befolgen.
→ **Ich befolge deinen Rat.**
In zwei Wochen werden wir schon am Strand liegen und Cocktails trinken.
→ **In zwei Wochen liegen wir schon am Strand und trinken Cocktails.**
Ich werde morgen wiederkommen.
→ **Ich komme morgen wieder.**

Oft ist es möglich, ein »jetzt« einzufügen. Ihr Satz klingt dann, als hätten Sie auf einen Startknopf gedrückt.
   Beispiele:

Ich werde mich jetzt ändern.
Ich will jetzt als Schauspieler arbeiten.

Vorwürfe, Streitpunkte oder unangenehme Erlebnisse lassen sich durchs Präteritum abmildern – weil der Vorfall dann in die Vergangenheit »abgeschoben« wird und so als verjährt betrachtet wird.

Du bist immer zu spät!
→ **Ich war in der letzten Woche tatsächlich zweimal zu spät. Das soll sich jetzt ändern.**
Mein Chef hat mich damals rausgeworfen.
→ **Mein Chef warf mich damals raus.**
Ich habe mich im Mai scheiden lassen.
→ **Ich ließ mich im Mai scheiden.**

**SPAREN SIE SICH
DIE WORTE**

**WIE SIE
IHRE SPRACHE ENTSCHLACKEN**

FÜLLWÖRTER

Füllwörter werden oft als nichtssagend und bedeutungslos bezeichnet. Das stimmt so nicht. Auch ein Füllwort verändert die Bedeutung des Gesagten, wenn auch meist nur um Nuancen. Oft haben sie eine abschwächende, relativierende Wirkung wie in den Sätzen »Ich möchte *eigentlich schon* gern« oder in »Man könnte das *vielleicht* noch einmal besprechen« deutlich wird. Füllwörter wirken als sprachliche Weichmacher. Unsere Sprache wirkt darum selbstsicherer, zielgerichteter und klarer, wenn wir auf sie verzichten.

Manche Füllwörter haben eine gliedernde Wirkung, etwa das »Also, ich finde …«, mit dem der Sprecher den Beginn seines Gesprächsbeitrags oder sogar eines neuen Themas markiert. Mit dem beliebten »… oder was?« am Ende eines Satzes gibt der Sprecher einen Gesprächsbeitrag ab und markiert ihn grammatisch als Frage. Meist handelt es sich jedoch weniger um eine konkrete Frage als um einen Gesprächsanstoß nach dem Motto »Erzähl doch mal«. Füllwörter gehören also zur gesprochenen Sprache dazu. Es geht nicht darum, sie sich zu verkneifen. Sprache soll fließen und nicht überkontrolliert werden. Aber wir können unsere Sprache ein wenig entrümpeln, so wie wir hin und wieder unseren Kleiderschrank ausmisten. Tatsächlich blähen Ballastwörter und Phrasen unsere Aussage unnötig auf und werden oft genug zum Tick, der sich automatisch in unsere Kommunikation einschleicht. So wie bei Politik-Legende Heiner Geißler, der fast jeden Satz mit »nicht wahr« beendet. Häufig sind wir überrascht, wie einfach es ist, auf solche Füllwörter zu verzichten.

→ **57. TIPP**

> Fragen Sie vertraute Menschen, welche Füllwörter typisch für Sie sind. Teilen Sie ihnen mit, dass Sie ihre Verwendung reduzieren möchten. Sie können auch darum bitten, darauf aufmerksam gemacht zu werden (etwa, indem der andere »Piep« sagt), wenn Sie das Füllwort benutzen.

Sprach-Training:
Nehmen Sie eines Ihrer Gespräche mit dem Smartphone auf. Zählen Sie die Füllwörter. Schreiben Sie sich drei Sätze heraus, in denen Sie den Wort-Ballast benutzt haben. Sprechen Sie anschließend laut für sich den Satz ohne Füllwort. Wie bei einem Sporttraining automatisiert sich diese Übung, je öfter Sie sie wiederholen.

Beispiele überflüssiger Füllwörter:

Ich sag mal, *man kann ja dann immer noch einfach abhauen.*
Da weiß ich eben, was ich habe.

Das ist mir im Endeffekt *dann die liebste Lösung.*

Ich habe mich mehr oder weniger *ausgebeutet gefühlt.*

Das hier ist sozusagen *unser Ruheraum.*

Ich finde es prinzipiell *nervig, wenn Leute dauernd ihr Essen im Netz posten.*

Für mich ist das ja, wenn man so will, *alles noch Neuland.*

Wir haben uns quasi *auseinandergelebt.*

Du fängst also nächste Woche wieder an zu arbeiten, oder was?

Ich war vielleicht *nervös.* (»Vielleicht« hat hier eine verstärkende Wirkung.)

Da könnte man vielleicht *noch mal drüber reden.* (»Vielleicht« hat hier eine abschwächende Wirkung.)

Vielleicht *ist dir das auch schon mal passiert?*

Die Liebe zur Musik hat mich gewissermaßen *gerettet.*

Ich habe eigentlich *keine Lust.*

Ich finde das ziemlich *blöd.*

Ich hab mich da irgendwie *ausgeschlossen gefühlt, als ihr mir Bilder von der Party geschickt habt, während ich krank war.*

Wir müssen das irgendwann mal *klären.*

Es ist halt *so eine Angewohnheit.*

Ich weiß wirklich *nicht, wie ich das regeln soll.*

Ich suche so *Slimmy Jeans, also welche, die* so *locker sitzen und nicht* so *ganz hauteng.*

Ich möchte echt *wissen, was du dir dabei gedacht hast.*

FASSEN SIE SICH KURZ

Wetten, dass Sie diese Zitate kennen? »Zeit ist Geld.« (Benjamin Franklin), »Gott ist tot.« (Friedrich Nietzsche), »E.T. nach Hause telefonieren.« *(E.T. – Der Außerirdische),* »Carpe diem.« (Horaz), »Es werde Licht!« (Altes Testament) – Die einprägsamsten Zitate der Menschheits-, Literatur- und Filmgeschichte sind kurz.

Gar nicht kurz fasst sich Heinrich von Kleist in der Novelle *Michael Kohlhaas:*

> »*Ich, der mit meinem Haufen eben in einem Wirtshause abgestiegen*
> *und auf dem Platz, wo diese Vorstellung sich zutrug, gegenwärtig*
> *war, konnte hinter allem Volk am Eingang einer Kirche, wo ich*
> *stand, nicht vernehmen, was diese wunderliche Frau den Herren*
> *sagte; dergestalt, dass, da die Leute einander lachend zuflüsterten, sie*
> *teile nicht jedermann ihre Wissenschaft mit, und sich des Schauspiels*
> *wegen, das sich bereitete, sich sehr bedrängten, ich, weniger neugierig,*
> *in der Tat, als um den Neugierigen Platz zu machen, auf eine Bank*
> *stieg, die hinter mir im Kircheneingang eingehauen war.*«

Wetten, dass Sie dieses kleine Stück Weltliteratur gerade über-lesen haben? Der amerikanische Hirnforscher Andrew Newberg empfiehlt in dem Buch *Words Can Change Your Brain,* nie länger als 30 Sekunden zu sprechen und nicht mehr als 15 Wörter in einen Satz zu packen. Es sei der ideale Zeitraum, Gedanken und Ideen verständlich zu machen. Auch Sätze in E-Mails oder Kurz-nachrichten sollten nur 15 Wörter aufweisen. Auf Twitter ist jeder Beitrag sowieso auf 140 Zeichen beschränkt, vielleicht ein Grund für den Erfolg dieses Nachrichtendienstes. Je länger der Ge-sprächsbeitrag, desto größer der Informationsverlust.

→ 58. TIPP

Verpacken Sie niemals zu viele Informationen in einem Satz. Konzentrieren Sie sich auf Hauptsätze, sie erzielen die größ-te Wirkung.

Hauptsätze bestehen aus einem Subjekt, dem Verursacher einer Handlung, einem Prädikat (die Handlung selbst, durch ein Verb ausgedrückt) und meist einem Objekt, auf das sich die Handlung bezieht: »Ich (Subjekt) bewundere (Prädikat) dich (Objekt).« Im besten Fall bildet der Hauptsatz den Kern Ihrer Aussage und steht am Anfang, Sie können ihn dann mit einem kurzen Nebensatz ergänzen. Versuchen Sie, schnell zum Verb zu kommen. Das Verb bringt die Bewegung in Ihre Aussage und den Satz zum Abschluss. Je eher Sie das Verb abfeuern, desto geringer ist die Gefahr, dass Sie sich verheddern und den Satz gar nicht mehr grammatisch vollenden. Das Verb transportiert die Aussage, in ihm steckt die Bewegung, es löst das Kopfkino im Gegenüber aus. Mittels des Verbs kommen Sie zum Punkt.

Beispiele:

Wie tapfer du mit der Situation umgehst, dafür bewundere ich dich.
→ **Ich bewundere dich dafür, wie tapfer du mit der Situation umgehst.**
Ich bin bekannt für meine Vorliebe für schnelle Autos.
→ **Ich liebe schnelle Autos.**
Es ist nicht auszuhalten, wie laut die Musik ist.
→ **Ich ertrage die laute Musik nicht.**

Häufig fügen wir Hilfsverben wie »können«, »möchten«, »dürfen«, »mögen«, »müssen«, »lassen«, »sollen« oder »wollen« dem Vollverb hinzu, wo der Satz besser ohne sie funktioniert. Denn bei diesen Hilfsverben handelt es sich oft um bildleere Gehilfen, die dem Satz keine neue Bedeutung verleihen.

Beispiele von hilfsverbbereinigten Sätzen:

Ich will dir jetzt was zeigen.
→ **Ich zeige dir jetzt was.**

Ich kann dir gern was leihen.

→ **Ich leihe dir gern was.**

Ich würde dir gern was sagen.

→ **Ich sage dir jetzt was.**

Ich möchte dir meine Schwester vorstellen.

→ **Ich stell dir jetzt meine Schwester vor.**

Aber auch Vollverben können die Botschaft eines Satzes verunklaren. Manche Vollverben sind kompliziert, abstrakt und lassen keine bildlichen Assoziationen zu. Sie lassen sich durch einfachere, dynamischere und anschaulichere Verben ersetzen.

Da unten befinden sich Mäuse.

→ **Da unten wimmelt es vor Mäusen.**

Es erfolgte keine Reaktion von seiner Seite.

→ **Er reagierte nicht.**

Ich befinde mich im Aufstieg im Job.

→ **Ich steige im Job auf.**

Das finde ich zum Lachen.

→ **Darüber lache ich.**

In der deutschen Gegenwartssprache gibt es nach englischem, türkischem oder persischem Vorbild die Tendenz, Handlungen mit Hilfe des Verbs »machen« auszudrücken. Doch »machen« ist ein blutleeres Verb. Lassen Sie die Unterschiede auf sich wirken:

Der Türsteher machte eine Kontrolle unter den Gästen.

→ **Der Türsteher kontrollierte die Gäste.**

Lena macht jetzt wieder viel Theater.

→ **Lena spielt jetzt wieder viel Theater.**

Lewandowski macht ein Tor.

→ **Lewandowski schießt ein Tor.**

Wir wollen Party machen.

→ **Wir wollen feiern.**

Du machst mir Ärger.

→ **Du ärgerst mich.**

**DAS IST JA
VOLL EINFACH**

**WIE SIE ÜBERFLÜSSIGE
ADVERBIEN LOSWERDEN**

Adverbien, auch Umstandswörter genannt, beschreiben ein Verb, Adjektiv, einen Satz oder ein Satzteil näher. Sie sind ein allgegenwärtiger Bestandteil der Sprache. In manchen Zusammenhängen aber blähen sie die Kommunikation auf.

Das Auto fuhr schnell.
→ **Das Auto raste.**
Du machst die Tür immer so laut zu.
→ **Du knallst die Tür immer so laut zu.**

Manche Adverbien sind überflüssig, weil sie ausdrücken, was Verb oder Adjektiv schon sagen. Dann sind sie tautologisch.

Du musst laut rufen, dann kommt er auch.
→ **Du musst rufen, dann kommt er auch.**
Warum flüsterst du so leise?
→ **Warum flüsterst du?**

Manche Adverbien sollen für Nachdruck sorgen, obwohl das Verb oder Adjektiv, auf das sie sich beziehen, gar keine Unterstützung mehr benötigt, weil es stark und präzise ist, wenn es für sich steht. Die Steigerung durch Adverbien automatisiert sich schnell und nutzt sich ebenso schnell ab. Adverbien vermitteln dann nicht mehr Begeisterung oder Abneigung, sondern verkommen zur leeren Formel.

Die Beispiele zeigen, dass der Satz ohne seine adverbiale Verstärkung nicht an Kraft verliert:

Der Film war absolut schlecht.
→ **Der Film war schlecht.**
Ich erledige das sehr gern.
→ **Ich erledige das gern.**
Ich habe mich gut amüsiert.
→ **Es hat mich amüsiert.**
Der Urlaub war total toll.
→ **Der Urlaub war toll.**
Ich finde dein Cristiano-Ronaldo-Tattoo voll schön.
→ **Dein Cristiano-Ronaldo-Tattoo gefällt mir.**
Das war richtig blöd.
→ **Das war blöd.**
Der Song ist so richtig schön beknackt.
→ **Der Song ist beknackt.**
Das ist dir gut gelungen.
→ **Das ist dir gelungen.**

→ **59. TIPP**

Häufig genügt ein Verb oder Adjektiv allein, um eine Handlung oder ein Objekt zu beschreiben. Vielleicht finden Sie ein stärkeres Verb, das kein Adverb benötigt.

WÄHLEN SIE DAS EINFACHERE WORT

Beispiele, in denen die kurz gefasste Aussage die bessere Wahl ist:

Ich realisiere, dass es dich stört.
→ **Ich sehe, dass es dich stört.**
Ich kann das nicht nachvollziehen.
→ **Ich kann das nicht verstehen.**
Ich bringe ihm Wertschätzung entgegen.
→ **Ich schätze ihn.**
Wir werden das Projekt zur Durchführung bringen.
→ **Wir werden das Projekt durchführen.**
Wir müssen an unserer Zielsetzung arbeiten.
→ **Wir müssen an unseren Zielen arbeiten.**
Das hat der Autor fesselnd aufgeschrieben.
→ **Das hat der Autor fesselnd geschrieben.**
Ich besitze eine Kollektion an Turnschuhen.
→ **Ich sammle Turnschuhe.**

→ 60. TIPP

> Nicht nur Sätze, auch einzelne Wörter sind oft zu lang oder zu
> kompliziert. Häufig gibt es für ein Fremdwort ein deutsches
> Wort und für eine Wortzusammensetzung ein kürzeres Wort.

SPAREN SIE SICH DIE LEIER MIT DEM »LEIDER«

»Sorry, dass ich störe«, sagte ich zu einem Kollegen, »aber du
müsstest morgen reinkommen, wir brauchen deinen Text leider
für Mittwoch als Aufmacher.« Hinterher ärgerte ich mich. Ich

hatte mich gleich doppelt dafür entschuldigt, dass ich meinen Kollegen daran erinnert hatte, seinen Job zu machen und seinen Artikel groß in der Zeitung zu plazieren. Ich hätte auch schlicht sagen können: »Bitte mach morgen deinen Text fertig, er ist für Mittwoch als Aufmacher eingeplant.«

Laut einer kanadischen Studie entschuldigen wir uns viermal die Woche bei jemandem. Ich vermute, dass es viel öfter ist und die Studie in der kanadischen Wildnis erhoben wurde, wo man nur viermal in der Woche jemandem begegnet. Was früher der Kniefall im Beichtstuhl war, ist heute die Entschuldigung. Eine Entschuldigung ist zwar ein wichtiger reinigender Prozess, der aber inzwischen inflationär betreiben wird. Wenn wir uns für alles und bei jedem entschuldigen, ist die einzelne Entschuldigung nicht mehr viel wert.

Mit dem Adverb »leider« drücken wir Bedauern aus. Leider lässt das »leider« unser Bedauern oft etwas dick aufgetragen und heuchlerisch erscheinen. Außerdem klingt in »leider« und in »tut mir leid« das Leid mit. Mit dem »leider« präsentiert sich der Sprecher als Verursacher von Leid, auch wenn es um eine Banalität geht, also beispielsweise darum, dass der Sprecher Freitagabend keine Zeit zum Bowling hat. Der Sprecher macht zum Versäumnis, was gar kein Versäumnis ist. Er entschuldigt sich, wo es völlig ausreichend wäre, einen Grund anzugeben, der vage bleiben darf. Zudem präsentiert er sich unnötigerweise als Opfer seiner Unzulänglichkeit, wo er in Wahrheit eine bewusste Entscheidung getroffen hat.

Ich kann leider Freitagabend nicht mit zum Bowling kommen.
→ Ich kann Freitag nicht mit zum Bowling kommen. Ich bin schon verplant.
Es tut mir leid, dass ich nicht zurückgerufen habe.
→ Ich komme erst jetzt dazu, dich zurückzurufen.

Oft entschuldigen wir uns, wo wir lediglich unser Recht wahrnehmen. Hier kann die Entschuldigung einfach weggelassen werden.

Entschuldigung, aber ich war jetzt mit meiner Bestellung an der Reihe.
→ **Ich bin jetzt mit der Bestellung an der Reihe.**
Liebe Kinder, es tut mir leid, aber ich kann nicht zulassen, dass ihr *Django Unchained* guckt. Der Film ist erst ab 18.
→ **Liebe Kinder, *Django Unchained* könnt ihr nicht gucken, der ist erst ab 18.**
Sorry, aber das müssen Sie jetzt gleich erledigen, wir stellen morgen schon die Zahlen vor.
→ **Das müssen Sie bitte jetzt gleich erledigen, wir stellen morgen schon die Zahlen vor.**

Wir entschuldigen uns aber auch dann häufig, wenn es uns eigentlich darum geht, Mitgefühl auszudrücken. Doch es muss uns nicht leidtun, dass der andere Pech hatte und wir nicht. Es gibt andere Wege, Verständnis auszudrücken.

Tut mir leid, dass er dich sitzengelassen hat.
→ **Das ist ein ätzendes Gefühl, sitzengelassen zu werden.**
Tut mir leid, dass es in deinem Urlaub nur geregnet hat.
→ **Das kann ich mir vorstellen, dass es nervt, wenn es im Urlaub nur regnet.**

Manchmal entschuldigen wir uns für Dinge, die gar nicht in unserem Einflussbereich liegen. Ich fühle mich immer schuldig, wenn mich Freunde in Berlin besuchen, und die Stadt zeigt sich von ihrer regnerischen, unfreundlichen oder verwahrlosten Seite. Wenn ich tapfere italienische Reisegruppen sehe, die sich mit durchnässten Stadtplänen zu den Sehenswürdigkeiten quälen, möchte ich ihnen ein herzliches »Mi dispiace« entgegenrufen.

Besser ist es, sich solidarisch mit den Leidtragenden zu zeigen, ohne die Schuld auf sich zu laden.

Tut mir so leid für euch, dass es regnet.
→ **Hoffentlich wird das Wetter bald besser.**
Zur Schlange hinter mir am Bahnschalter: Sorry, dass Sie so lange warten mussten.
→ **Es kann ganz schön kompliziert sein, ein Ticket zu kaufen.**

Demgegenüber gibt es viele Situationen, in denen nicht klar ist, ob ein Versäumnis unsererseits vorliegt. Es kann sich um individuelles Versagen handeln oder um einen Systemfehler; oft ist es eine Mischung aus beidem. Wir müssen uns nicht gleich entschuldigen, weil wir dem Chef eine gewünschte Auskunft nicht geben können. Wir werden nicht dafür bezahlt, allwissend zu sein. Mit einem »leider« setzen wir uns vorschnell und unnötig die Eselsmütze auf.

Ich weiß es leider auch nicht.
→ **Ich weiß es auch nicht.**
Leider hab ich grad meine Unterlagen nicht dabei, daher kann ich nur ungefähre Angaben machen.
→ **Ich habe grad meine Unterlagen nicht dabei, aber ich kann zunächst ungefähre Angaben machen.**

In anderen Fällen ist unsere Entschuldigung sarkastisch gemeint. Hier ist es hilfreicher, seine Gefühle klar auszudrücken und den Konflikt zu benennen.

Tut mir leid, dass du so einen stressigen Arbeitstag hattest und es für dich großen Stress bedeutet, deinen Sohn nach seiner zwölfstündigen Geburt in Augenschein zu nehmen.

→ Ich habe die zwölfstündige Geburt deines Sohnes hinter mir. Ich empfinde es seltsam, dass du mir in so einer Situation von einem stressigen Arbeitstag erzählst.

Und manchmal überbrücken wir mit einer Entschuldigung eine Unterbrechung. Hier ist es ratsam, eine Pause zuzulassen.

Wie sich der Bestand des Iltis erholt hat, möchte ich Ihnen ... sorry, gleich kommt die Grafik dazu ... hier zeigen.
→ Wie sich der Bestand des Iltisses erholt hat, möchte ich Ihnen (Pause) anhand dieser Grafik zeigen.

Wir entschuldigen uns sogar, wenn wir andere auf Ihre Fehler aufmerksam machen oder unseren Standpunkt vertreten.

Entschuldigung, in der Broschüre schreiben Sie, dass es uns seit zehn Jahren gibt. Tatsächlich haben wir die Firma vor fünfzehn Jahren gegründet.
→ Sie schreiben in der Broschüre, dass es uns seit zehn Jahren gibt. Tatsächlich haben wir die Firma vor fünfzehn Jahren gegründet.
Tut mir leid, aber ich bin da anderer Auffassung.
→ Ich verstehe deinen Standpunkt. Ich bin jedoch der Meinung, dass ...

Außerdem entschuldigen wir uns, weil wir denken, auf diese Weise eine unangenehme Äußerung netter zu verpacken. Allerdings empfindet uns unser Gegenüber wegen unseres gekünstelten Mitleids oft als herablassend. Vorteilhafter ist es, die Gründe für seine Absage zu nennen.

Ich kann dir leider nicht helfen.
→ Ich kann dir nicht helfen.

Ich kann nicht mit dir ausgehen, tut mir leid. Ich bin in einer Beziehung.

→ **Danke für das Angebot. Ich bin allerdings in meiner Beziehung glücklich.**

Tut mir leid, der Job hier ist nichts für mich.

→ **Danke für Ihr Vertrauen. Ich habe mich jedoch entschieden, hier nicht weiterzuarbeiten. Ich bevorzuge geregelte Arbeitszeiten.**

Unter Umständen kommt es vor, dass wir mit einem »leider« unsere Vorwürfe anreichern. Wir wollen damit ausdrücken, dass der andere uns leiden lässt. Das klingt dann ziemlich verschnupft. Die Variante ohne »leider« zielt weniger auf die Beziehungsebene.

Du warst ja leider nicht auf meinem Geburtstag, sonst hättest du meine Schwester kennengelernt.

→ **Meine Schwester war auch auf meinem Geburtstag.**

Du isst ja leider kein Fleisch, sonst hätten wir dich zum Grillen eingeladen.

→ **Wir haben dich nicht zum Grillen eingeladen, weil du ja kein Fleisch isst.**

Die New Yorker Software-Unternehmerin Tami Reiss entwickelte eine App namens »Just not sorry«, die Entschuldigungen in einer E-Mail wie bei einer Rechtschreibprüfung rot markiert – damit sie überdacht werden. Sie richtet sich damit besonders an Frauen, die sich angeblich wesentlich häufiger und unbegründeter entschuldigen als Männer. Die App schlägt auch bei anderen sprachlichen Weichmachern Alarm, etwa bei dem Wort »eigentlich« oder bei Phrasen wie »ich glaube« und »ich bin kein Experte, aber …«.

»Ich habe lange beobachtet, wie Frauen sich selbst und ihre Meinung kleinmachten in Auseinandersetzungen«, sagt Reiss, die sich selbstkritisch als »Königin der ›Ist es sinnvoll?‹-Frage«

bezeichnet. »Unter Frauen ist die Verwendung dieser Wörter verbreitet wie eine Seuche. Sie relativieren ihre Fähigkeiten häufig durch ihre Ausdrucksweise.« Diese Weichmacher verhinderten aber, andere von seinen Ideen zu überzeugen, besonders im Berufsleben, »ob es ein Investor ist, eine neue Richtung, die sie unter Kollegen durchsetzen wollen, oder ob Sie einem Kunden etwas verkaufen wollen«.

Die Idee zu ihrer App kam Reiss, als sie einen Sketch der Komikerin Amy Schumer im Fernsehen sah. Darin spielt Schumer eine Wissenschaftlerin bei einer Podiumsdiskussion, die Frauen mit besonderen Verdiensten gewidmet ist. Direkt zu Beginn entschuldigt Schumer sich für das fehlerhaft eingestellte Mikrofon. Eine Nobelpreisträgerin wird mit falschem Namen vorgestellt – die Frau entschuldigt sich dafür, dass sie den Moderator korrigiert. Das führt zu einer endlosen Reihe von absurden »Sorrys« aller Teilnehmerinnen: Eine Frau entschuldigt sich dafür, dass sie mit ihrem Projekt Kindersoldaten unterstützt und nicht Flüchtlingskinder, wie der Moderator fälschlich behauptet hatte. Schließlich entschuldigt sich eine der Wissenschaftlerinnen dafür, dass sie von dem Moderator mit heißem Kaffee verbrüht wurde und verletzt zu Boden geht: »Sorry, dass ich das hier ruiniert habe.« Der Moderator als einziger Mann in der Runde sitzt nur perplex daneben.

Tami Reiss nun wurde für ihre App harsch kritisiert – von anderen Frauen. Offenbar hatten die Kritikerinnen durch die bloße Existenz der App das Gefühl, sich für ihre »Sorrys« entschuldigen zu müssen. Die feministische Bloggerin Jessica Valenti fragte sarkastisch: »Wo bleibt die App, die diejenigen Leute stoppt, die Frauen dafür verurteilen, wie sie sprechen?« Auch die Journalistin Jessica Grose war von der App verärgert: »Wenn die Kommunikation von uns Frauen nicht ständig auseinandergepflückt würde, auch nicht von gutmeinenden Beobachtern, hätten sie ein tieferes Selbstvertrauen, das sie brauchen, um erfolgreich zu sein«, schrieb sie in der »Washington Post«.

Reiss entgegnete zu den Vorwürfen, sie wolle Frauen nicht vorschreiben, wie sie sprechen sollen, sondern nur die Selbstwahrnehmung ihrer Geschlechtsgenossinnen schärfen. »Frauen sollten sich bewusst sein, dass eine weichzeichnende Sprache ihre Berufschancen mindern kann«, sagte sie der US-*Elle*. »Die App schafft Bewusstsein. Sie löscht Wörter nicht, sie markiert sie. So können Männer und Frauen selbst entscheiden, ob sie defensiv wirken möchten oder die Wörter unabsichtlich verwendet haben und sie lieber entfernen.« Sie setze mit ihrer App auf den großen Effekt, den kleine Veränderungen erzielen können. Klingt nicht so, als wolle Reiss sich für ihre App entschuldigen.

FINDEN SIE IHR MANTRA

Ich war das erste Mal in Los Angeles. Es war Nacht, ich fuhr allein und zögerlich in meinem Leihwagen durch das Gewirr der Free-ways, die mir wie unberechenbare, fauchende Riesenschlangen erschienen. Ich hatte keine Ahnung, wo ich war. Mein Navigati-onsgerät funktionierte nicht, es berechnete alle zwei Minuten eine neue Strecke mit einem Ziel, das nicht mein Ziel war. Ich hatte vergessen zu tanken und fuhr längst auf Reserve. Weil ich wieder einmal unentschlossen und unvermittelt eine Spur wechselte, hupten die anderen Autofahrer verärgert; jene Autofahrer, die ich beneidete, weil sie alles wussten, wo es langgeht, weil sie Teil die-ses komplexen Organismus waren. Ich fühlte mich als Fremdkör-per identifiziert und wurde nervös. Dann spielte der amerikani-sche Oldiesender Nenas *99 Luftballons,* die deutsche Version, die in den 80ern auch in den USA ein Riesenhit war. Es ist das Lied meiner Kindheit, das auf meiner ersten selbstgekauften Lang-spielplatte war und meine lebenslange Liebe zur Popmusik ent-flammte. Plötzlich änderte sich meine nervöse Verfassung. Ich dachte: »Ist das nicht grandios? Ich bin in L.A. und fahre hier mit dem Auto, fast so, als gehörte ich dazu, und im Radio läuft dieses vertraute Lied.« Ich entschloss, einfach die nächste Abfahrt zu nehmen, vertraute darauf, dass mich die bunten Ballons schon nicht in ein Ghetto führen würden, in dem geisteskranke Crystal-Meth-Abhängige auf alles ballerten, was sich bewegte. Ich fand eine Tankstelle mit beruhigend freundlichen Bediensteten, startete das Navigationsgerät neu und fand heim.

Seitdem ist der Songtitel *99 Luftballons* mein Mantra in unangenehmen Situationen. Ich vertraue darauf, dass sich alles in Wohlgefallen auflösen wird, dass die Enge der Situation, die ich gerade empfinde, nur subjektiv und vorübergehend ist. Ich erinnere mich dann daran, dass sich über mir ein endloser Himmel befindet, der auch da ist, wenn ich ihn gerade nicht sehe. Ich bin dann überzeugt, dass die Ballons mich sanft und schwerelos aus der gefühlten Misere leiten werden. Die Bedeutung, welche die zwei Wörter »99 Luftballons« für mich haben, führen längst über den Song und seinen Text hinaus, denn eigentlich geht es ja um einen von Luftballons ausgelösten Krieg. Der Songtitel ist somit zu meinem Mantra geworden, zu meiner magischen Formel, mit der ich Geist und Körper beeinflusse.

Eine ähnliche Wirkung auf mich hat der Begriff »Alpensee«, den ich in Gedanken sage, wenn ich an einem Ort bin, an dem ich nicht sein will. Bei »Alpensee« denke ich an eine Idylle, die so schön ist, dass ich ihr fast zurufen möchte: »Halt, es reicht! Ich habe das Prinzip verstanden. Noch mehr Idylle halte ich nicht aus!« Ich sehe ein Gebirge und einen Kirchturm, die sich im Wasser spiegeln. Ich spüre die klare Luft. Ich höre das Gezwitscher naher Vögel und das Bimmeln von Kuhglocken in der Ferne. Das Wort und die damit verbundene Vorstellung haben umgehend eine beruhigende Wirkung auf mich. Ich stecke vielleicht gerade im Schlamassel, aber es gibt irgendwo Richtung Süden diesen See und diese Berge. Es gibt sie schon sehr lange, lange vor mir waren sie da. Und es wird diese Idylle auch noch lange nach mir geben, ich glaube nämlich nicht an einen baldigen Weltuntergang. Ich bin vielleicht jetzt nicht in den Bergen, aber ich werde früher oder später zu ihnen zurückkehren können.

99 Luftballons und »Alpensee« sind meine persönlichen Beispiele dafür, wie Wörter Gefühle, Gedanken oder Reaktionen beeinflussen können. Es sind meine magischen Wörter.

→ **61. TIPP**

Nutzen Sie die Kraft der Wörter dazu, um Gefühlszustände abzurufen.

Sie können sich dazu eine kleine, feine Kollektion an Wörtern oder kurzen Sätzen zurechtlegen. Sie sind Ihre geheime Schatzkammer. Diese Begriffe sind Ihre Sammlung sanfter Waffen, die Sie wappnen für jede schwierige Situation. Ihre persönlichen Mantras sollten einzigartig und wiederholbar sein. Sie ankern in einem Zustand, in dem Ihre inneren Kräfte voll entfaltet waren und bewirken, dass Sie diese Kräfte auch in Zukunft mobilisieren werden.

Wenn Sie demnächst eine Rede halten müssen und Sie nun einmal keine Rampensau sind, denken Sie vielleicht:»Ich werde bestimmt furchtbar nervös sein.« Diese gedachten Wörter lassen Sie erst recht nervös fühlen, Sie geraten in einen Teufelskreis. Mit Ihrem Manta neutralisieren Sie diese Gedanken. Sie ziehen Energie von Ihrer Nervosität ab. Sie können nicht gleichzeitig Ihr Mantra sprechen und Angst haben. Diese Wörter sind Ihr geistiger Zufluchtsort, Ihr Werkzeug für eine einfache, aber wirksame Form von Autosuggestion.

Ihre Mantras sollten Wörter sein, die angenehme Assoziationen in Ihnen auslösen, etwa »Himmel«, »Friede«, »Meeresbrandung«, »Sonnenaufgang«, »Lavendelfeld« oder »Rosengarten«. Es können Tiere sein, die für die schlummernden Eigenschaften stehen, die Sie erwecken wollen. Löwe, Luchs, Möwe, Adler, Wolf und Delphin eignen sich dazu. Sie können auch Song- oder Buchtitel wählen, die für Sie eine bestimmte Bedeutung haben, oder reale oder fiktive Orte. Ihr Matra kann aber auch der Name einer Person sein, zu der Sie aufschauen und von der Sie sich gern eine Scheibe abschneiden würden. Es kann eine Person sein, die Sie kennen, oder eine, die verstorben ist, der Sie sich aber verbunden fühlen. Es kann auch eine Person der Zeitgeschichte sein, Gandhi, Barack Obama, Beyoncé oder sogar Angela Merkel, sollten Sie deren unaufgeregte Disziplin bewundern. Sie können auch ein Phantasiewort wählen, vielleicht aus Ihrer Kindheit, dessen Bedeutung nur Sie kennen. Am wirksamsten sind einfache, kurze Sätze, die genau den Ich-Zustand wiedergeben, den Sie anstreben.

Beispiele:

Ich beruhige mich. – Ich schaffe es. – Es prallt an mir ab. – Ich genieße es. – Ich bin gut. – Ich konzentriere mich. – Friede sei mit dir.

In diesen sechs Schritten (am Beispiel von »Ich beruhige mich«) können Sie Ihre persönliche Wortkombination mit Ihrem Wunsch-Gefühl »aufladen«, um es bei Bedarf abzurufen.

1. Kehren Sie in Erinnerung in die Situation zurück, in der Sie starke Nerven bewiesen haben, obwohl Sie allen Grund dazu hatten, nervös zu sein. Erleben Sie sich in der Situation, so als finde sie gerade jetzt statt. Wie fühlen Sie sich? Welche Körperhaltung nehmen Sie an? Wie ist Ihre Atmung? Was sehen Sie und wie intensiv sind die Farben? Können Sie sie noch etwas intensiver werden lassen? Was hören Sie? Was denken Sie? Spüren Sie die Kraft, die Sie damals hatten. Wo genau in Ihrem Körper sitzt diese Kraft? Können Sie ihre Quelle orten? In welche Richtung fließt sie?

2. Bleiben Sie in der Situation. Sprechen Sie Ihr Mantra, beispielsweise »Ich beruhige mich«. Verbinden Sie diesen Satz mit einer Handlung, etwa indem Sie tief durchatmen, sich selbst über den Unterarm streichen oder sich die Handfläche auf den Bauch legen.

3. Verweilen Sie weiter in der Situation. Genießen Sie sie. Versuchen Sie, das Gefühl noch ein bisschen stärker zu fühlen.

4. Jetzt verlassen Sie die Situation. Sie sehen das Geschehen nunmehr als Zuschauer. Es spielt sich beispielsweise auf einer Kinoleinwand oder einem Fernsehbildschirm ab. Sehen und hören Sie sich dabei zu, wie Sie die Worte in diesem Film sprechen.

5. Reisen Sie zurück ins Hier und Jetzt. Sagen Sie Ihr Mantra und prüfen Sie, welche Wirkung es jetzt auf Sie hat. Wiederholen Sie die Schritte 2 bis 4 rund zehnmal.

6. Sehen Sie sich nun in einem Film in der zukünftigen Situation. Beobachten Sie, wie Sie sich selbstsicher oder gelassen verhalten.

7. Schauen Sie sich in der zukünftigen Situation zu. Machen Sie ein bestimmtes Signal fest, mit dem Ihre Kräfte freigesetzt werden sollen, etwa das Schließen einer Tür hinter Ihnen oder das Anknipsen des Mikrofons. Sehen und hören Sie sich nun die Worte »Ich beruhige mich« sagen.

8. Kehren Sie zurück zu Schritt 5 und wiederholen Sie die Schritte. Spüren Sie, wie sich die Wirkung Ihres Wortes bzw. Ihres Sätzchens verstärkt hat.

DIE MACHT
DER METAPHERN

»Die Zeit fliegt!«, »Zeig mal Rückgrat!«, »Hier haben die Wände Ohren!«, »Mein Herz ist gebrochen!« – Metaphern rücken vom eigentlichen Objekt ab und treffen trotz dieses Umwegs den Punkt. Es handelt sich um sprachliche Bilder, die auf eine Ähnlichkeit zwischen zwei Begriffen beruhen. Sie lassen Sprache lebendig und erlebbar werden und helfen uns, unsere Welt zu verstehen. Sie schaffen Erinnerungen, indem sie unsere Sinne ansprechen. Metaphern können aber auch übertrieben blumig und gekünstelt wirken: »Ich zeige dir nicht, was in mir brodelt, ich bin da wie ein vereister Fluss.« Viele Sprachbilder verkommen zu abgenutzten Phrasen (»Es ist noch kein Meister vom Himmel gefallen.«, »Wir machen Ihnen ein maßgeschneidertes Angebot.«).

Der amerikanische Linguist George Lakoff hat erforscht, »dass die Metapher unser Alltagsleben durchdringt, und zwar nicht nur unsere Sprache, sondern auch unser Denken und Handeln«. Seiner Meinung nach leben und denken wir in Metaphern. Er untersuchte, wie Metaphern uns manipulieren und in der Politik sogar über einen Wahlkampf entscheiden können. Sie können sogar töten. Die Metapher »Achse des Bösen« habe, so Lakoff, zum Tode unzähliger Menschen geführt, weil sie den Irakkrieg zur Konsequenz hatte. Metaphern können auch Furcht einflößen: Wenn Medien von einer Flüchtlingswelle sprechen, erinnert das an eine Naturgewalt wie einen Tsunami und schürt Ängste. Wird ein Krimineller in der Zeitung als Drogenbaron bezeichnet, adelt ihn das – in einer solchen Metapher schwingt Respekt mit. Lakoff fasst die Kraft der Metaphern zusammen, indem er sagt: »Metaphern verbergen und heben hervor.« Die Metapher vom Drogenbaron etwa hebt seine Macht und seinen Status hervor und verbirgt seine Grausamkeit unter der eleganten Bezeichnung.

Die *Zeit Wissen* vom Juni 2012 berichtete von einem Experiment der Psychologin Lera Boroditsky von der kalifornischen Stanford-Universität, in der Teilnehmer Vorschläge zur Verbrechensbekämpfung in einer fiktiven Stadt machen sollten. Diejenigen Studenten, denen die Kriminalität zuvor als ein »wildes Tier« präsentiert wurde, plädierten für strenge Maßnahmen. Diejenigen, denen sie als Virus vorgestellt wurden, wollten dagegen die Ursachen des Verbrechens wie Armut und Chancenungleichheit bekämpfen. Ein einziges Wort machte den Unterschied! Metaphern wirken im Verborgenen, heißt es in dem Artikel. »Das verstärkt ihre Kraft noch«, so Boroditsky. »Metaphern strukturieren und beeinflussen, welche Informationen wir bei einer Entscheidung einbeziehen.« Gerade aufgrund der heimlichen Kraft der Metaphern ist es wichtig, sie zu hinterfragen.

»Zeit ist Geld«, ist ein Ausspruch, der unserer kapitalistischen Arbeitsethik entspricht. Doch ist das wirklich so? Ist Zeit nicht viel mehr als Geld? Bemisst Zeit sich womöglich mit einem ganz anderen Wert? Handelt es sich hier wirklich um zwei gleichwertige Währungen?

→ 62. TIPP

Metaphern sind weder gut noch schlecht. Sie können Ihre Sprache mit Leben, Humor und Ironie würzen. Metaphern trainieren Ihre Vorstellungskraft. Eine Metapher brennt sich in Ihr Gehirn. Es ist hilfreich, wenn Sie bewusst, kreativ und auch kritisch mit ihnen umzugehen.

Beispiele, in denen Metaphern einen Satz lebhafter werden lassen:

Ich habe gehört, dass du eine neue Stelle hast.
→ **Der Flurfunk vermeldet, dass du eine neue Stelle hast.**
Die App kostet viel Akku.
→ **Die App frisst den Akku.**
Keiner hat mit mir gesprochen.
→ **Um mich herum war eine Mauer des Schweigens.**
Da hast du recht.
→ **Da triffst du genau den Punkt.**
Der Song gefällt mir.
→ **Der Song trifft mich mitten ins Herz.**
Er weiß, was ich beim Sex will.
→ **Er drückt beim Sex mit mir die richtigen Knöpfe.**
Ich habe sein Aussehen anders eingeschätzt, weil ich betrunken war.
→ **Ich habe ihn durch die Wodka-Brille gesehen.**
Er bewegt sich elegant.
→ **Er bewegt sich wie ein Luchs.**
In der Stadt war es sehr voll.
→ **In der Stadt war ein Gewirr wie zur Rushhour in Schanghai.**
Sie sehen hier das beste Stück unserer Kollektion.
→ **Sie sehen hier das Sahnestück unserer Kollektion.**
Die Konkurrenz durch den Internet-Handel bedroht uns.
→ **Die Konkurrenz durch den Internet-Handel treibt uns in die Enge.**

Da hab ich mir ja wieder mal einen Typen ausgesucht.

→ **Mit diesem Typen hab ich ja mal wieder einen Griff ins Dating-Klo gemacht.**

Wir müssen uns bei dem Projekt etwas mehr anstrengen.

→ **Wir müssen bei diesem Projekt mehr auf die Tube drücken.**

Er lobt dich sehr.

→ **Er spricht in den höchsten Tönen von dir.**

Warum soll ich gleich eine neue Beziehung eingehen?

→ **Warum soll ich mich gleich in eine neue Beziehung stürzen?**

Ich rette meine Firma.

→ **Ich bringe meine Firma wieder auf Kurs.**

Ich bekomme das schon hin.

→ **Ich werde das schon stemmen.**

Wir haben uns gut verstanden.

→ **Wir hatten einen guten Draht zueinander.**

Wenn ich etwas will, gebe ich nicht auf.

→ **Wenn ich mir etwas in den Kopf setze, gebe ich nicht auf.**

Ich hab sehr hart geschuftet.

→ **Ich hab geschuftet wie ein Hafenarbeiter.**

Wir bräuchten mal ein paar neue Leute im Team.

→ **Wir bräuchten frische Gesichter im Team.**

Andererseits lohnt es sich manchmal, die Sprache von Metaphern zu entschlacken oder mildere Metaphern zu verwenden. Gerade im Konfliktfall neigen wir zu einer Kriegsmetaphorik, die die Situation noch verschärft und Übereinstimmung verhindert.

Beispiele, in denen Metaphern einen Satz radikalisieren:

Auf welche Seite schlägst du dich in der Diskussion?

→ **Welche Meinung hast du in der Diskussion?**

Du hattest ein paar schlagende Argumente.

→ **Du hattest ein paar überzeugende Argumente.**

Ich wollte, ich wäre schlagfertiger gewesen.

→ **Ich wollte, ich wäre redegewandter gewesen.**

Seine Argumentation war angreifbar.

→ **Seine Argumentation war nicht schlüssig.**

Er hat vor unseren Einwänden kapituliert.

→ **Er hat uns letztendlich zugestimmt.**

Wir sind für die Debatte gut gerüstet.

→ **Wir sind auf die Debatte gut vorbereitet.**

Schießen Sie los!

→ **Fangen Sie an!**

Wir konnten uns in der Diskussion gut positionieren.

→ **Wir konnten in der Diskussion unseren Standunkt vertreten.**

Wir sind gut aufgestellt.

→ **Unser Team ist groß genug.**

Die sprachlichen Bilder, mit denen wir uns und unser Leben beschreiben, können uns stärken oder schwächen. Metaphern schaffen unsere Wirklichkeit. Denn unser Unbewusstes, so vermittelte es mir die Sprachtrainerin Jessica Wahl, belauscht unsere Selbstgespräche.

Die folgende Übung soll zu keinem konkreten Ergebnis führen. Sie soll dazu anregen, mit Metaphern zu spielen, ein Gespür für ihre Wirkung zu entdecken und vielleicht stimmige Vergleiche zu finden, die Ihre Selbstwahrnehmung schärfen. Vervollständigen Sie die Sätze und prüfen Sie, wie die von Ihnen gewählte Metapher wirkt. Welche Bilder löst sie im Kopf aus, welche Gefühle verursacht sie? Haben Sie negative Empfindungen: Können Sie Metaphern finden, die Sie ebenfalls für zutreffend halten, die aber eine positive Wirkung haben?

Mein Leben gleicht einer / -m ...

... Krieg, Tanz, Achterbahnfahrt, Jahrmarkt, Fest, Seifenoper, Drama,

Baustelle, Videospiel, Trümmerhaufen, Sackgasse, einer Autobahn, einer Kreuzung, einem langen ruhigen Fluss ...

Welchen Titel würden Sie Ihrem Leben derzeit geben, wenn es ein Kinofilm oder die Episode einer Serie wäre?

Mission: Impossible, Das Leben ist ein langer ruhiger Fluss, Alle sagen: I love you, 50 erste Dates, Nightmare, Weiblich, ledig, jung sucht ..., Reality bites, Die Einsamkeit des Langstreckenläufers, Die unerträgliche Leichtigkeit des Seins, Durchgeknallt, No Country for Old Men, Angst essen Seele auf ...

Vor welchen Herausforderungen steht der Protagonist? Wie würde er sie lösen? Wie könnte ein Happy End aussehen?

Welcher Song gibt Ihr derzeitiges Lebensgefühl am besten wieder?

What A Wonderful World, Love Me Tender, Uninvited, Irgendwie Irgendwo Irgendwann, Ich weiß, es wird einmal ein Wunder geschehen, Hinterm Horizont geht's weiter, Hot Stuff ...

Beschreiben Sie in Metaphern, wie es Ihnen gerade geht.

Ich fühle mich ...

neben der Spur, ausgebrannt, verloren, kraftvoll, energiegeladen, auf dünnem Eis ...

Meinen Arbeitsplatz empfinde ich gerade als ...

einen Termitenhaufen, eine Hürde, ein Karussell ...

Meinen Partner empfinde ich gerade als ...

einen Fels in der Brandung, einen Klotz am Bein, ein Sonnenlicht ...

Von welchem Tier wünsche ich mir typische Eigenschaften?

Ich hätte gern ...

die Eleganz eines Leoparden, den Überblick einer Giraffe, die Gelassenheit einer Schildkröte, die Lebensfreude eines Delphins, die dicke Haut eines Elefanten, die Stärke eines Löwen, die Freiheit eines Adlers, die Geselligkeit eines Spatzen, die Überlebenstechniken einer Ratte.

WIE SIE DIE SINNLICHKEIT VON SPRACHE NUTZEN

The Power of Words, »die Macht der Wörter«, heißt ein Video auf Youtube. Zu sehen ist ein Blinder in einer Einkaufsstraße, der um Almosen bettelt. Vor ihm steht eine Papptafel mit der Aufschrift »I'm blind. Please help!«. Sein Erfolg ist jedoch bescheiden. Schließlich taucht eine unbekannte Frau auf, ändert den Text auf seiner Tafel – und plötzlich läuft das Geschäft. Die Münzen rieseln nur so in den Hut des Bettlers. Was war geschehen? Letztlich hat der Bettler dank der Unterstützung der Frau dasselbe gesagt wie vorher – nur mit anderen Worten. Der geänderte Satz lautete: »It's a beautiful day, but I can't see it«.

Die Aussage auf seinem Schild war durch ihre Änderung sinnlich erfahrbar geworden. »Einen schönen Tag sehen« – mit dieser Formulierung verbindet jeder Bilder. Wir stellen uns Menschen vor, die in Straßencafés sitzen, die sich sonnen, Kinder, die im Brunnen spielen, blühende Blumen.

→ **63. TIPP**

> Ihre Sprache wird lebendiger, wenn Sie Wörter benutzen, die alle fünf Sinne ansprechen. Wörter, die man sehen, hören, riechen, schmecken, fühlen kann. Sie machen Sprache erfahrbar.

Ein gutes Mittel dazu sind Metaphern, also sprachliche Bilder, die einen Begriff auf einen Sinneseindruck übertragen, etwa »den Ton angeben« für »bestimmen«. Sie wecken mit Hilfe von Metaphern Gefühle, Ihre Worte erreichen mehr Aufmerksamkeit und bleiben besser im Gedächtnis.

In erstaunlich vielen Worten hat sich im Deutschen, früher einmal immerhin die Sprache der Empfindsamkeit, der Tastsinn niedergeschlagen. Das untersuchte die Semiotikerin Dagmar Schmauks von der Technischen Universität Berlin. »Sehr viele Redewendungen haben ihren Ursprung in der Handhabung von fassbaren Gegenständen und wurden dann auf abstrakte Dinge übertragen«, sagte sie der *Berliner Morgenpost*. Beispiele: »Ich habe mich mit dem Thema befasst«, »Ich hinterlasse Spuren«, »Wir müssen die Haushaltslöcher stopfen«. Probleme werden gewälzt, die Bälle werden einander zugeworfen, Kontakte geknüpft, ein Artikel wird mit heißer Nadel gestrickt. Überraschend in einer Welt, die eigentlich audiovisuell geprägt ist, besonders durch Massenmedien wie Kino, Radio, Fernsehen und Internet.

Beispiele dafür, wie Sprache sinnlich werden kann:

Das ist gut.
→ **Das klingt gut.**
Es wäre toll, wenn du dich mal wieder meldest.
→ **Es wäre toll, von dir zu hören.**
Ich glaube, dass es richtig ist.
→ **Das fühlt sich richtig an.**
Das gefällt mir nicht.
→ **Das stinkt mir.**
Tief in mir drin weiß ich, dass es nicht gut ist.
→ **Tief in mir drin spüre ich, dass es nicht gut ist.**
Danke für den tollen Empfang.
→ **Danke für den warmen Empfang.**
Ich freue mich so, dich wiederzusehen.
→ **Ich werde schon ganz kribbelig, wenn ich daran denke, dich wie-**
   derzusehen.
Das finde ich niederschmetternd.
→ **Das finde ich bitter.**
Ich bin ein großer Fan von Gartenarbeit.

→ Ich brenne für Gartenarbeit.

Ich fand die Prüfung schwer.

→ **Ich fand die Prüfung hart.**

Ich habe da eine Idee.

→ **Ich habe einen Gedankenblitz.**

Das geht mir nah.

→ **Das berührt mich.**

Ich fand seine Rede sehr emotional.

→ **Ich fand seine Rede sehr bewegend.**

Auf meine Frage bekam ich keine Antwort.

→ **Meine Frage verhallte ungehört.**

Ich bin deiner Meinung.

→ **Ich sehe das auch so.**

Verstehen Sie, was ich meine?

→ **Erkennen Sie, was ich meine?**

Wie findest du das?

→ **Wie hört sich das für dich an?**

Du siehst sehr gut aus.

→ **Du siehst blendend aus.**

Das gefällt mir gut!

→ **Das ist ganz nach meinem Geschmack.**

Wir werden feiern.

→ **Wir werden es krachen lassen.**

Das wird dir den Tag besser machen.

→ **Das wird dir den Tag versüßen.**

Er bestimmt, wo es langgeht.

→ **Er gibt den Ton an.**

Das kommt mir vor wie Sabotage.

→ **Das riecht doch nach Sabotage.**

Das würde mir gefallen.

→ **Das würde mir schmecken.**

Der Typ sieht super aus.

→ Der Typ sieht heiß aus.
Verstehst du das?
→ Begreifst du das?
Möchtest du das machen?
→ Kannst du dir das vorstellen?

WIE SIE DIE PASSENDEN WÖRTER FÜR IHRE GEFÜHLE FINDEN

Gefühle in Worte zu fassen schafft Klarheit und Abstand. Auf diese Weise setzen Sie sich mit sich selbst auseinander. Es schult Sie darin, präzise zu beobachten und ebenso präzise zu beschreiben. Sie aktivieren Ihren Wortschatz und finden vielleicht ein paar lange nicht getragene Juwelen darin. Ihren Gedanken absichtslos freien Lauf zu lassen, ohne zu einem Ergebnis kommen zu müssen, lindert nachweislich Stresssymptome.

Mentales Training
Lassen Sie am Abend noch einmal den Tag im Geist vorüberziehen. Welche Gefühle hatten Sie? Ihre Gefühle mit etwas Abstand zu beobachten schafft Ihnen Klarheit darüber, unter welchen Bedingungen sie entstehen. Bei positiven Gefühlen können Sie sich die Frage stellen, wie Sie die günstigen Bedingungen öfter herstellen können. Bei negativen Gefühlen können Sie prüfen, welche ungünstigen Bedingungen sich verändern ließen. Verfassen Sie eine Liste.

Beispielhafter Tagesverlauf:
7 Uhr. Aufstehen: *müde, mürrisch* (Ich war gestern zu spät im Bett.)

8 Uhr. Weg zur Arbeit: *abgehetzt* (zu viel Verkehr)

9 Uhr. Erste Konferenz: *gelöst* (Gute Zahlen von gestern werden präsentiert.)

11 Uhr. Zweite Konferenz: *gelangweilt* (Ich hatte mit dem Thema nichts zu tun, und die Monologe der Kollegen ermüdeten mich.)

13 Uhr. Mittagessen: *gestresst* (Mein Freeset klingelte dauernd.)

15 Uhr. Päuschen am Wasserspender: *amüsiert* (astreiner Tratsch mit Melly.)

16 Uhr. Besprechung mit Barbara: *unsicher, wortkarg, unzufrieden* (Unsere Besprechung hatte kein definiertes Ziel, und somit gingen wir auch ohne Lösung aus dem Gespräch.)

17 Uhr. Anweisung vom Chef nicht verstanden: *unfähig* (Ich hab keine Ahnung von *Periscope*.)

19 Uhr. Sportkurs: *motiviert* (Der Trainer ist inspirierend.)

20 Uhr. Restaurant: *erschöpft, hungrig, voller Vorfreude* (langer Tag, Mittagessen lange her, nette Verabredung.)

Betrachten Sie nun die negativen Gefühle. Setzen Sie vor jedes Adjektiv ein »Ich hatte das Gefühl, …«. Sagen Sie also: »Ich hatte das Gefühl, unfähig zu sein« oder »Ich hatte das Gefühl, gestresst zu sein«. Sie schaffen dadurch Distanz zu Ihrem Gefühl und nehmen die Beobachterrolle ein. Stellen Sie sich nun einen alten Schwarzweißfernseher vor, über dessen Bildschirm Sie in der jeweiligen Situation flimmern. Sie beobachten sich neugierig, aber distanziert. Durch die distanzierte Beobachtung verlieren die negativen Gefühle an Einfluss, auch dann, wenn Sie sie das nächste Mal empfinden.

ICH DENKE MICH SCHLANK

WIE SIE MIT WORTEN ABNEHMEN

Wenn wir unsere Sprache entwickeln, profitieren wir davon in sämtlichen Lebensbereichen – im Beruf, im Freundeskreis, in der Freizeit, in der Liebe, auch beim Sex, der eine Art Sprache ohne Worte darstellt und der wie jede Sprache im Kopf beginnt. Worte verändern unsere Welt. Die Weise, wie wir mit uns selbst reden, modelliert unser Selbstwertgefühl und kann uns darum lähmen oder motivieren. Wie sich die Tricks dieses Buches auf ein konkretes Ziel anwenden lassen, will ich am Beispiel einer Diät durchspielen. Schon das Wort löst bei fast jedem negative Assoziationen aus: »Nicht schon wieder!«, »Bitte nicht!«, »zum Scheitern verurteilt« oder einfach »arrrrghhhh«.

»Ich mach seit zwei Wochen Diät, und alles, was ich verloren habe, sind 14 Tage!«, zeterte mein Kumpel Mike nach seiner letzten South-Beach-Diät, die er allerdings eigensinnig mit seinem abendlichen Bier ergänzte. Kaum ein Wort ist mit so vielen Frustrationen gekoppelt. Diät klingt nach Verzicht, nach Selbstkasteiung, nach Arbeit, nach Kampf und Qual, nach Kaninchenfutter, nach knurrendem Magen. Diät ist der Feind des Genusses. Essen bedeutet Leben, weniger essen bedeutet weniger Leben – eine Diät ist lebensfeindlich. Hungern ist eine Ausnahmesituation und verursacht Stress. Wenn die schmerzvolle Diät denn mal hinhauen würde: Eine Diät steht für ein langsames Ergebnis unter großer Mühe, für ein Ergebnis, das der Jo-Jo-Effekt sofort wieder zunichtemacht, oder für gar kein Ergebnis.

Bei manchen ist der negative Assoziationsrahmen beim Stichwort »Diät« noch größer, wenn er sich über die persönlichen Erfahrungen auf die Gesellschaft erstreckt. Diäten sind ein Geschäft, bei dem Scharlatane und skrupellose Menschenfänger mitmischen. Viele Diäten oder Diätmittel sind gesundheitsschädlich. Diät ist dank des Drucks, schlank zu sein, ein gut verkäufliches Produkt. Dieser Druck wird von Modezeitschriften und Werbung ausgeübt, von einer Welt, die heidi-klumisiert ist und uns utopische und oft ungesunde Vorbilder präsentiert. Diät klingt verdächtig nach Magerwahn und Essstörung.

Dabei steht das griechische Wort, bevor es von einer Industrie vereinnahmt wurde, ursprünglich für »Lebensweise« und »Lebensführung«. Ein erster Schritt ist es daher, das Wort »Diät« zu entsorgen und wieder die ursprünglichen Synonyme zu verwenden. Wenn wir sagen, dass wir unsere Lebensweise ändern, hört sich das nach einer dauerhaften Veränderung an. Wer es spezifischer will, spricht von Ernährungsumstellung. Es wird deutlich: Während wir bei einer Diät etwas weglassen, nämlich befriedigende Mahlzeiten, ersetzen wir bei einer Ernährungsumstellung etwas Altes durch etwas Neues.

Was eine gesunde Ernährungsweise ist, das ist so simpel und so allgemein bekannt, dass es dazu keine neuen Bücher über Tropen-, hCG- oder Paleo-Diäten benötigt. Und doch versorgt der Wunsch abzunehmen seit zig Jahrzehnten eine ganze Industrie, die das alte Wissen immer wieder neu mischt und den Remix mit mehr oder weniger neuen und mehr oder weniger wissenschaftlichen Erkenntnissen anreichert.

Eine gesunde Ernährung beginnt jedoch nicht mit dem richtigen Rezept oder auf dem Teller, sondern im Kopf, so wie jede Handlung im Kopf beginnt. In unserem inneren Dialog entscheiden wir, welche Nahrung wir aufnehmen und wie unser Körper aussehen wird. Nur mit verändertem Denken ändern sich auch die Ergebnisse unserer Handlungen. Das Problem der meisten Diäten ist, dass sie den Fokus auf Handlungsanweisungen setzen. Wenn Sie erfolgreich Ihre Ernährung umstellen wollen, brauchen Sie jedoch zunächst ein Update Ihrer Überzeugungen. Sie können ein Problem nicht mit demselben Denken lösen, mit dem Sie es verursacht haben. Erst wenn Sie anders denken, werden Sie anders handeln.

ALTE GLAUBENSSÄTZE

Wollen Sie also Ihre Ernährung umstellen, ist es Zeit, den inneren Reset-Knopf zu drücken, um sich den Kopf freizumachen von all den Assoziationen, die Sie bisher mit einer Diät verbunden haben. Dazu wollen wir uns zuvor aber genau diesen Assoziationen zuwenden, um sie dann zu entschärfen. Schreiben Sie dazu Glaubenssätze auf, die Sie mit einer Diät verbinden.

Beispiele Ihrer Glaubenssätze:

1. Eine Diät bedeutet Verzicht.
2. Diäten sind schwierig.
3. Ich bin unausstehlich, wenn ich eine Diät mache.
4. Diäten wirken meist nicht.
5. Diäten machen keinen Spaß.

6. Die Ergebnisse einer Diät sind nie dauerhaft.
7. Ich hab immer schon mit meinem Gewicht gekämpft.
8. Mir fehlt die Zeit, um Sport zu machen.
9. Wenn man Familie hat, kann man sich nicht noch um Diät und Sport kümmern.
10. Ich habe keine Lust auf dieses Kaninchenfutter und stochere nicht gern in Salaten.
11. Ich habe einfach die Disziplin nicht und halte das eh nicht durch.
12. Sport ist so wahnsinnig langweilig.
13. Der ganze Stress macht mich fett.

NEUE GLAUBENSSÄTZE

All diese Glaubenssätze schränken Sie ein. Mobilisieren Sie nun Ihren inneren Kritiker. Personalisieren Sie ihn, geben Sie ihm ein Gesicht! Vielleicht ist er ein naseweises Streber-Mädchen, vielleicht ein gewiefter Reporter, der sich nicht abschütteln lässt. Lassen Sie Ihren inneren Kritiker skeptische Fragen zu Ihren Diät-Glaubenssätzen stellen.

1. Glaubenssatz: *Eine Diät bedeutet Verzicht.*
   Bedeutet sie das immer? Kann eine Ernährungsumstellung nicht auch ein Gewinn sein? Ein Gewinn an neuen, spannenden Esserfahrungen und Genüssen? An Lebensqualität?
2. Glaubenssatz: *Diäten sind schwierig.*
   Was macht sie schwierig? Kann es nicht auch simpel sein, sich gesund zu ernähren?
3. Glaubenssatz: *Ich bin unausstehlich, wenn ich eine Diät mache.*
   Ist es wirklich die Ernährungsumstellung, welche die Laune

verschlechtert? Oder vielmehr die Art und Weise, wie ich über meine Essensgewohnheiten denke? Könnte sich daran etwas ändern, wenn ich eine gesunde Lebensweise nicht mehr als Verlust von Vergnügen betrachte, sondern als Bereicherung?

4. Glaubenssatz: *Diäten wirken nicht.*

Wirken sie wirklich nie? Oder gebe ich ihnen nur keine Chance, weil ich mich nicht von alten Gewohnheiten lösen will? Welche Beispiele von Leuten kenne ich, die erfolgreich und dauerhaft abgenommen haben? Es gibt diese Menschen offenbar, eine Ernährungsumstellung scheint also möglich zu sein …

5. Glaubenssatz: *Diäten machen keinen Spaß.*

Kann es nicht auch eine Freude sein, sich der besseren Vision seiner selbst anzunähern und täglich Erfolge zu erzielen? Kann es nicht für unglaubliche Kicks und Glücksgefühle sorgen? Macht es nicht Spaß, neue Rezepte zu entdecken und auszuprobieren?

6. Glaubenssatz: *Die Ergebnisse einer Diät sind nie dauerhaft.*

Was führt denn dazu, dass eine Diät nicht dauerhaft erfolgreich ist? Welche Entscheidungen liegen dieser Beobachtung zugrunde? Ist die Ernährungsumstellung Ursache ihrer ausbleibenden Wirkung? Oder liegt es vielmehr an der Tatsache, dass ich mich nach einer Weile des Durchhaltens für alte Gewohnheiten entscheide? Könnte ich neue Gewohnheiten fester in meinem Leben verankern und automatisieren? Bin ich dem Jo-Jo-Effekt willenlos ausgeliefert?

7. Glaubenssatz: *Ich habe immer schon mit meinem Gewicht gekämpft.*

Und deswegen muss es immer so bleiben? Ist das eigene Gewicht wirklich unveränderlich?

8. Glaubenssatz: *Ich habe die Zeit nicht, um Diät und Sport zu machen.*

Wie viel Zeit brauchte ich denn? Worauf könnte ich verzichten, was vielleicht weniger wichtig ist, als Sport zu machen und mir gesunde Speisen zuzubereiten?

9. Glaubenssatz: *Wenn man Familie hat, kann man sich nicht noch um Diät und Sport kümmern.*
Stehen die beiden Dinge wirklich in einem Zusammenhang? Gibt es Gegenbeispiele aus meinem Umfeld? Wie kann ich meine gesunde Lebensweise mit meiner Familie leben? Kann sie mein Familienleben sogar bereichern?

10. Glaubenssatz: *Ich habe keine Lust auf dieses Kaninchenfutter und stochere nicht gern in Salaten.*
Gibt es wirklich keine schmackhaften Mahlzeiten, die gesund sind? Gibt es keine gesunde Nahrung, die mir schmecken könnte? Und warum eigentlich stochern? Ist der Salat schuld, wenn ich ihn freudlos verspeise? Sind all die Dinge, die ich esse und die mich dick werden lassen, tatsächlich so unverzichtbar lecker?

11. Glaubenssatz: *Ich habe einfach die Disziplin nicht und halte das eh nicht durch.*
Prophezeie ich mir nicht eine Zukunft, die ich gar nicht kenne? Habe ich noch nie in meinem Leben Disziplin bewiesen? Wenn ich an anderer Stelle diszipliniert war, wieso sollte es mir dann nicht auch in Bezug auf meine Ernährung gelingen? Gab es vielleicht sogar Beispiele in der Vergangenheit, bei denen ich zumindest über einen gewissen Zeitraum die Willenskraft hatte, mich ausgewogen zu ernähren?

12. Glaubenssatz: *Sport ist so wahnsinnig langweilig.*
Welche Sportarten habe ich denn schon probiert? Was sagen denn die Leute, die Spaß am Sport haben? Was macht ihnen Spaß daran?

13. Glaubenssatz: *Der ganze Stress macht mich fett.*
Wie macht er das? Ist es nicht vielmehr meine Entscheidung,

auf den Stress mit Essen zu reagieren? Könnte ich auch anders auf den Stress reagieren?

Am Ende stellt Ihr innerer Kritiker Ihnen folgende abschließende Fragen:

Glauben Sie an gesunde Ernährung?
Glauben Sie, dass es für Sie eine Möglichkeit gibt, Ihr Wunschgewicht zu erreichen und zu halten?

Entwickeln Sie schließlich aus den hinterfragten Glaubenssätzen neue Grundannahmen, mit denen Sie die alten ersetzen.
  Beispiele für neue Glaubenssätze:

1. Gesunde Ernährung ist phantasie- und lustvoll.
2. Es ist ein gutes Gefühl, Verantwortung für seinen Körper zu übernehmen.
3. Meine Wunschfigur zu haben wird mich glücklich machen. Schon der Weg dorthin mit vielen Etappenerfolgen macht mich glücklich.
4. Es gibt viele Leute, die sich wohl fühlen in ihrem Körper, und nicht alle gehören zur Fraktion »Ich kann essen, was ich will«. Gesunde Ernährung ist also möglich.
5. Wenn ich mich in meinem Körper wohl fühle, ist das ein Genuss. Mich mit meiner Ernährung zu beschäftigen ist kreativ und bereichert mein Leben.
6. Es gibt viele Leute, die nie Probleme mit ihrem Gewicht haben. Gesunde Ernährung funktioniert also auch auf Dauer.
7. Ich entscheide, was ich esse oder nicht. Nichts verirrt sich in meinen Mund, was ich nicht essen will. Niemand mästet mich.
8. Sport und eine gesunde Ernährung sind eine Sache der Prioritäten.

9. Meine Familie profitiert, wenn ich gesund lebe.
10. Gesundes Essen zu entdecken ist aufregend. Es gibt zahlreiche tolle Gerichte, die zu meinen Ernährungszielen passen.
11. Ich habe die Kontrolle über meinen Körper.
12. Herr über meinen Körper zu sein macht mich selbstbewusst und wird sich auch auf andere Lebensbereiche positiv auswirken. Ich kann dann auch mit Stress besser umgehen.

DIE MOTIVATION

Noch schicken Sie Ihren inneren Kritiker nicht in den Feierabend. Er stellt Ihnen folgende Fragen, um Ihrer Motivation auf den Zahn zu fühlen:

Welche negativen Auswirkungen hat meine Ernährung jetzt schon?

Was in den letzen drei Tagen hat mich gestört, was mit meinem Gewicht zu tun hat? (Ich konnte eine Hose nicht zuknöpfen. Ich habe mich unwohl am Badestrand gefühlt.)

Wie sieht meine Zukunft aus? Wie lebe ich in zwei und in fünf Jahren, wenn ich so weitermache?

Was passiert, wenn sich mein Ernährungsverhalten verschlechtert?

Gibt es ein Ereignis in nächster Zeit, bei dem ich gern meine Wunschfigur hätte? Wie würde sich das anfühlen? (Stellen Sie sich in der Situation vor. Spüren Sie sich in Ihrem Körper. Malen Sie sich genau aus, welche Kleidung Sie tragen und wo Sie sich aufhalten. Ob an einem Strand oder auf einer Party.)

Was wäre leichter mit meiner Wunschfigur?

Auf welche Lebensbereiche hätte es Auswirkungen, wenn ich meine Wunschfigur hätte? Welche Auswirkungen wären positiv, welche negativ?

Worauf müsste ich verzichten, wenn ich meine Ernährung umstellte? Müsste ich auf diese Dinge wirklich verzichten?

DAS ZIEL

Vielleicht sagen Sie sich: »Ich bin zu dick.« Auch hier kann der innere Kritiker in Aktion treten und fragen: Im Vergleich zu wem? Medizinisch gesehen? Im Vergleich zu meinem früheren Gewicht? Im Vergleich zu Models in Zeitschriften? Prüfen Sie, welche Vergleiche sinnvoll und realistisch sind und welche nicht.

Setzen Sie sich dann ein messbares Ziel (Wunschgewicht, Körperfettanteil, Muskelumfang). Legen Sie einen Zeitrahmen fest. Unterteilen Sie Ihr Ziel in messbare Teilziele. Visualisieren Sie sich im Zielzustand. Wie sehen Sie aus? Wie im Spiegel? Was ziehen Sie an? Wie bewegen Sie sich? Wie reagieren Freunde auf Sie, wie Unbekannte? Wechseln Sie die Perspektiven. Sehen Sie sich mal durch die eigenen Augen, mal durch die der anderen. Beschreiben Sie diesen anvisierten Zustand: *Ich fühle mich frei, sexy, gesund, vital, angenommen, stolz …* Merken Sie sich: Es gibt kein schlechtes Essen. Es gibt nur falsche Mengen.

Beispiele, wie Sie Weg-von-Ziele in Hin-zu-Ziele umwandeln:

Ich werde jetzt strikt Diät machen, um endlich von dieser Wampe wegzukommen.

→ **Ich werde mich jetzt gesund ernähren, um mich kraftvoller zu fühlen und besser auszusehen.**

Ich will in einem halben Jahr zehn Kilo verlieren (»verlieren« ist negativ besetzt).

→ **Ich will in einem halben Jahr 70 Kilo wiegen.**

Ich will kein Fast Food mehr essen in der Mittagspause.

→ **Ich werde mir einen schmackhaften Salat für die Mittagspause vorbereiten.**

Ich will Kohlenhydrate reduzieren.

→ **Ich werde eiweißreiche Speisen zu mir nehmen.**

Keine Softdrinks mehr!

→ **Meinen Durst stille ich mit Tee und Wasser mit einem Schuss Fruchtsaft.**

DIE ÄUSSEREN SABOTEURE

Manchmal scheint sich die ganze Welt gegen uns zu verschwören, wenn wir ein Ziel verfolgen. Wenn wir uns verändern wollen, reagieren unsere Mitmenschen oft skeptisch oder irritiert. Gelegentlich versuchen sie sogar, unser Unterfangen zu sabotieren. Schließlich kennen sie uns so, wie wir waren. Wir und alle um uns herum bilden miteinander ein System. Wenn wir uns verändern, dann fürchten die anderen schnell, dass das ganze System gefährdet sein könnte. Das Vertraute gegen das Unbekannte einzutauschen beunruhigt schließlich. Manchmal stecken auch eigene, nicht verwirklichte Wünsche hinter dem Misstrauen, das Menschen aus unserem Umkreis entwickeln, wenn wir uns verändern. In anderen Fällen handelt es sich auch einfach um Unbedachtheit.

Wenn Sie schon einmal versucht haben, Ihre Ernährung umzustellen, kennen Sie vielleicht folgende Sätze von Freunden, Bekannten, Kollegen oder Familienmitgliedern:

Nimm doch noch ein Stück!
Du brauchst doch wirklich nicht abzunehmen.

Komm, wir bestellen noch eine Flasche Wein, zur Feier des Tages!
Diät ist doch total langweilig.
Jetzt habe ich das extra für dich gekocht.
O Mann, du mit deinen Extrawünschen beim Bestellen!
Du bist ja total zwanghaft.

Versetzen Sie sich in die Situation der anderen. Unterstellen Sie ihnen eine gute Absicht. Vielleicht wollen die Menschen in Ihrer Umgebung für gute Stimmung sorgen, vielleicht handeln sie einfach nach einem gewohnten Schema. Oder sie fühlen sich an eigene (gescheiterte) Versuche erinnert, ihre Ernährung zu verbessern.

Sehen Sie die Situation dann aus einer neutralen Perspektive, als Beobachter. Würden Sie die Person, die die zweite Flasche Wein ausschlägt oder im Restaurant Salat statt Reis als Beilage bestellt, wirklich als negativ bewerten? Würden Sie denken, dass diese Person tatsächlich die Stimmung vermasselt? Oder würden Sie vielleicht sogar denken, es handele sich um eine Person, die weiß, was sie will, und sich nicht von anderen beeinflussen lässt?

Auf die kleinen Sabotage-Attacken ihrer Umwelt können Sie mit einer (rhetorischen) Entscheidungsfrage antworten, auf die der andere eigentlich nur mit Nein antworten kann:

Stört es dich, wenn ich kein Stück mehr nehme?
Kannst du mich verstehen, dass ich mich wohler fühle, wenn ich fünf Kilo runter habe?
Ist es okay für dich, wenn ich keine Flasche Wein mehr will?

Wenn der andere schon seinen Unmut über Ihr Verhalten geäußert hat, fragen Sie ihn nach den Gründen:

Was stört dich daran, wenn ich meine Bestellung ändere?

Oder setzen Sie seine Charakterisierung in einen neuen Rahmen:

Du findest, ich bin zwanghaft? Nun, ich bin wohl willensstark.

→ **64. TIPP**

> Sie sind alten Gewohnheiten verfallen? Auch wenn Sie sich
> gestern Nacht durch eine Fast-Food-Filiale gefuttert haben,
> ist das kein Grund, Ihre ganze neue Lebensweise über Bord
> zu werfen.

Ihr innerer Nörgler sagt:

Ich bin ein Versager, weil ich Fast Food gegessen habe.

Hinterfragen Sie nun die Aussage des inneren Nörglers mit
Hilfe Ihres inneren Kritikers:

*Macht mich das automatisch zum Versager, weil ich in der Situation
Fast Food gegessen hab?*

Formulieren Sie die Selbstverkleinerung des inneren Nörglers
nun um:

*Ich habe in diesem einen Fall eine Entscheidung zugunsten meines
kurzfristigen Genusses getroffen.*

Stellen Sie sich dann folgende Fragen:

*Muss ich wegen einer Abweichung mein ganzes Konzept und mein
Selbst schlechtreden?*

Was hindert mich, einfach wieder weiterzumachen?

Sie werden sehen: Es hindert Sie nichts.

Sie können einen Rückfall allerdings als Rückmeldung betrachten und ihn analysieren. Taufen Sie ihn zunächst zum »Vorfall« um. Was hat diesen Vorfall ausgelöst? Wie waren die Bedingungen, dass Sie sich in der Situation für Fast Food entschieden
haben? Was können Sie tun, damit solche Bedingungen zukünftig nicht eintreten oder Sie in einer vergleichbaren Situation an-

ders entscheiden? Könnten Sie sich auch mit einer Doppelfolge Ihrer Lieblingsserie nach einem harten Tag belohnen, aber sich dazu ein gesundes Essen zubereiten? Können Sie den Dampf, den ein Streit mit Ihrem Partner verursacht hat, auch durch eine Extra-Laufrunde um den Block ablassen?

Entscheidend ist es, solche Vorfälle nicht zu dramatisieren und deswegen nicht Ihre Person, Ihre Ziele, Ihre Methoden und Ihre Ernährungsumstellung in Abrede zu stellen. Einfach weitermachen! Dabei kann Ihnen mentales Training helfen.

Mentales Training Nr. 1

Spielen Sie mit Sprache. Finden Sie Wörter, die Ihnen die Lust auf ungesunde Speisen vermiesen. Übertreiben Sie ruhig dabei!

Beispiele:

Diese klebrige Schokolade ...

Das überzuckerte Eis

Die fetttriefenden Pommes frites ...

Das überzüchtete, mit Medikamenten vollgepumpte Massentierhaltungsfleisch ...

Setzen Sie Formulierungen folgender Art dagegen:

Der knackige Salat ...

Der frische Fisch ...

Das vitaminstrotzende Obst ...

Die fruchtige Nachspeise ...

Das kraftspendende Vollkornbrot ...

Die vitalisierende Gemüsepfanne ...

Das stärkende Müsli ...

Hilfreich ist es, mantraartig das Adjektiv »gesund« einzusetzen. Es reicht, wenn Sie es gedanklich tun, Sie fallen sonst anderen damit schnell auf die Nerven:

Das gesunde Frühstück ...
Meine gesunde Sojamilch ...

Mentales Training Nr. 2

Besuchen Sie ein Fast-Food-Restaurant, wenn Sie gerade satt sind. Bestellen Sie sich eine Cola light und beobachten Sie die Umgebung und die anderen Gäste. Formulieren Sie Ihre Beobachtungen, schreiben Sie sie auf.

Beispiele:

Die Speisen werden lieblos zubereitet.
Das Personal wird ausgebeutet und sieht lustlos aus.
Das Huhn der Chicken Wings vegetierte während seines traurigen Lebens im eigenen Mist.
Die Leute stopfen sich stumpf mit dem Zeug zu.
Sie schlingen.
Sie mampfen.
Sie haben dabei leere Augen.
Sie stellen ihre Kinder mit dem Fraß ruhig, sie würdigen ihre Kinder bei der Abfütterung keines Blickes.
Der Boden ist schmutzig.
Am Tisch kleben eklige Essensreste.
Ich bin an einem traurigen Ort.

Beobachten Sie, wie das Geld in den Kassen verschwindet und irgendwelche gierigen Bosse reich machen wird. Beschließen Sie, dass Sie nichts gemein haben mit den Leuten, die Sie umgeben.

Das muss kein herablassender Gedanke sein. Machen Sie sich klar, dass Sie an einem anderen Punkt in Ihrem Leben sind und andere Entscheidungen treffen.

Wiederholen Sie das Experiment, diesmal aber hungrig. Klären Sie vorher, wo Sie nach Ihrer Cola light im Fast-Food-Lokal gesund und lecker speisen werden. Lesen Sie sich Ihre Notizen vom letzten Besuch durch.

→ **65. TIPP**

> Gewöhnen Sie sich eine zielgerichtete und positive (innere) Sprache an, mit der Sie Verantwortung übernehmen.

Ich hab Hunger.
→ **Ich freue mich aufs Essen.**
Ich bin fett.
→ **Ich bin noch nicht dünn.**
Ich bin undiszipliniert.
→ **Ich bin auf dem Weg, meine Lebensweise umzustellen.**
Ich hab es nicht zum Sport geschafft.
→ **Ich habe mich heute gegen Sport entschieden.**
Ich habe Regeln.
→ **Ich treffe Entscheidungen.**
Ich muss mich zum Sport zwingen.
→ **Ich will Sport treiben.**
Ich fühle mich schuldig, weil ich diesen Kuchen gegessen habe.
→ **Ich habe mich entschieden, diesen Kuchen zu essen. Ich kann mich in Zukunft anders entscheiden.**
Ich hätte diesen Kuchen nicht essen sollen.
→ **Ich esse etwas Leichtes und Gesundes zu Abend.**
Ich sollte diesen Kuchen nicht essen.
→ **Ein kleines Stück Kuchen ist okay. Ich esse dafür gesund zu Abend.**

Ich erlaube mir keine Schokolade.

→ Ich entscheide mich derzeit gegen Schokolade.

Mentales Training Nr. 3

Wenn wir in Gesellschaft essen, mäßigen wir uns meist. Grund ist die soziale Kontrolle. Außerdem werden Speisen in Gesellschaft meist aufwendiger zubereitet. Und ein Restaurant ist mit höheren Kosten verbunden. Aus diesen Gründen genießen wir Essen in Gesellschaft oder in der Öffentlichkeit mehr. Oft auch verlangt uns das Tischgespräch Aufmerksamkeit ab, so dass wir das Essen unterbrechen, weil wir uns nicht auf das Essen und das Gespräch gleichzeitig konzentrieren können. Wenn wir alleine essen, schlingen wir unsere Mahlzeit oft achtlos hinunter. Im Gegensatz zum Tischgespräch beschleunigen andere Nebentätigkeiten beim Essen (im Smartphone surfen, in einem Magazin blättern, TV sehen, vorm Computer sitzen) die Nahrungsaufnahme noch. Denn bei solchen Tätigkeiten können wir sehr gut essen. Aber die Nahrungsaufnahme erfolgt unachtsam, zu schnell und in zu großen Mengen.

Legen Sie daher, wenn Sie alleine essen, alles, was Sie von Ihrer Mahlzeit ablenken könnte, außer Reichweite. Konzentrieren Sie sich ganz auf die Nahrungsaufnahme. Starten Sie nun ein Gespräch mit sich selber (gedanklich oder wenn niemand Sie hört, man könnte Sie ansonsten an einen ruhigen Ort bringen, an dem Sie viel Tischtennis spielen und töpfern und die Schwestern sehr nett sind). Beschreiben Sie Ihre Speise. Was liegt da auf Ihrem Teller? Benennen Sie die Lebensmittel zunächst. Beschreiben Sie sie dann. »Die goldgelben Nudeln.« »Der bunte Salat.« Beginnen Sie erst dann mit dem Essen. Finden Sie Adjektive für den Geschmack und die Konsistenz. Überlegen Sie, aus welchen Ländern die Lebensmittel, die Ihnen gerade auf der Zunge zergehen, kommen. Nennen Sie die Länder, aus denen die Nahrung Ihren Weg zu Ihnen auf den Teller fand. Vielleicht konnten Sie sich beim Einkauf oder beim Zubereiten schon darüber informieren, indem Sie die Angaben auf der Verpackung gelesen haben. Nennen Sie die Eigenschaften der Regionen oder Länder, aus denen Ihr Essen kommt. Sagen Sie: »Ich schmecke gerade die fruchtige Tomate, die unter der heißen spanischen Sonne gereift ist.« Oder: »Auf meiner Zunge zergeht gerade der Spargel, der auf den weiten Feldern Brandenburgs wuchs.« Sie verzögern dadurch die Nahrungsaufnahme und lassen sie bewusster ablaufen. Sie essen weniger, dafür genussvoller, und schulen nebenbei Ihr Sprachvermögen.

DIE INNEREN SABOTEURE

Sport oder kein Sport? Hastig unterwegs ein Big-Mac-Menü hinunterschlingen oder noch einmal im Supermarkt frische Zutaten kaufen und zu Hause zubereiten? In uns finden ständig lebhafte Diskussionen statt, nicht nur bei Ernährungsfragen. Lauschen Sie Ihrem inneren Dialog und lernen Sie etwas darüber, wie Sie Ihre inneren Konflikte verhandeln. Identifizieren Sie die Parteien.

Nennen Sie die eine Stimme beispielsweise den Ernährungswächter und die andere den Gierschlund. Beide sind Abgesandte zweier innerer Teams. Beide Teams eint, dass sie das Beste für Sie wollen, nämlich ein angenehmes, genussreiches Leben. Das Team, dem der Ernährungswächter angehört, handelt dabei horizontal: Es will das Leben dauerhaft angenehmer und genussreicher gestalten und denkt an die Zukunft. Dafür ist es bereit, auf augenblickliche Genüsse zu verzichten. Das Team des Ernährungswächters handelt, auch wenn die Handlung keine unmittelbare

Belohnung verspricht. Das Team »Genuss sofort« (oder, in Instagram-Sprache: #youonlyliveonce) dagegen handelt vertikal: Es will die gegenwärtige Lebenssituation verbessern, den Genuss steigern und herausholen, was gerade geht. Dazu schiebt das Team »Genuss sofort« auch gern Dinge in die Zukunft, die die Gegenwart unangenehmer machen könnten.

Ein innerer Dialog zwischen beiden Teams könnte wie folgt aussehen:

Innerer Gierschlund: *Die Pommes frites sehen phantastisch aus.*

Innerer Ernährungswächter: *Du bereust es später.*

Innerer Gierschlund: *Ich könnte ein bisschen essen als Trost.*

Innerer Ernährungswächter: *Der Tag heute war hart genug. Er wird noch härter, wenn du es bereust.*

Erkennen Sie die gute Absicht beider Stimmen. Beide wollen Ihr Leben angenehm gestalten. So weit liegen sie also gar nicht auseinander. Das eine Team will gute Gefühle in der Zukunft erreichen. Das andere will gute Gefühle sofort. Vergrößern Sie den Rahmen des Konflikts sowohl horizontal, indem Sie in die Zukunft schauen, als auch vertikal, indem Sie nach Alternativen in der Gegenwart suchen.

Ihr innerer Teamleiter stellt dazu folgende Fragen an die Konfliktparteien:

Welche Entscheidung wird mich letztendlich glücklicher machen, sagen wir in einer Stunde oder morgen oder in einer Woche?

Welche Entscheidung gibt mir mehr Energie? Wofür kann ich die Energie gut gebrauchen?

Welche Entscheidung ist meinem großen Ziel zuträglicher?

Gibt es eine Möglichkeit, auch das Genuss-Teufelchen zufriedenzustellen? Welches Zugeständnis kann ich ihm machen? Wäre eine kleine Portion drin? Gibt es eine gesündere Alternative, etwa einen Wrap anstelle eines Burgers?

Welches Zugeständnis kann der Ernährungswächter der anderen Seite machen? Kann er beispielsweise einen wöchentlichen Cheat Day in Aussicht stellen, an dem auch Pommes frites erlaubt sind? Ziel ist eine Win-win-Situation. Es ist nicht so, dass eine Seite verlieren muss, damit die andere gewinnt. Schließlich haben beide ein gemeinsames Ziel: ein angenehmes Leben.

Wenn Sie eine Entscheidung getroffen haben, lassen Sie die beiden Parteien vor Ihrem inneren Auge einander die Hand reichen und zusammenschmelzen.

Mentales Training Nr. 4

Sport ist anstrengend, da gibt es nichts zu beschönigen. Sie können aber lernen, das Anstrengende zu genießen. Wecken Sie dazu den inneren Masochisten in sich und motivieren Sie sich mit folgendem Mantra: »Ich liebe es, mich zu quälen. Ich brauche es, einmal am Tag richtig zu schwitzen.« Während Sie das sagen oder denken, stellen Sie sich vor, wie Sie sich bewegen, dabei schwitzen und es genießen. Betrachten Sie sich dabei von außen, seien Sie stolz darauf wie eine Eislaufmutti, die ihren Sprössling bei seinem ersten Rittberger beobachtet. Ballen Sie eine Faust, um die Wirkung Ihres Mantras zu unterstützen. Wiederholen Sie das Mantra und die geballte Faust, während Sie tatsächlich Sport machen. Sie laden es so mit Kraft auf, die Sie in Zukunft abrufen können.

NACHSATZ

Der Wunsch, unser Gewicht zu kontrollieren, ist eine von vielen Herausforderungen, denen wir in unserem Leben begegnen. Der Wechsel des Arbeitsplatzes, eine Trennung, irgendeine andere biographische Veränderung oder einfach das Gefühl, auf der Stelle zu stehen: All das führt zu dem Wunsch, neue Wege zu finden und Entwicklungen zu beeinflussen. Veränderungen sind die Essenz allen Lebens. In alten Gewohnheiten und Denkmustern zu verharren hindert uns daran, diese Reise namens Leben zu gestalten und zu genießen. Sie können alle Veränderungen ähnlich wie im vorangegangenen Beispiel von der bewussten Ernährung angehen und dazu die Kraft Ihrer Sprache nutzen. Jeweils wird es darum gehen, Ihre Ziele zu definieren, alte Glaubenssätze durch neue zu ersetzen, Ihre Motivation zu schärfen und sich vor inneren und äußeren Saboteuren zu wappnen.

Sprache ist das ideale Vehikel für Veränderung. Es ist ein Irrglaube, dass Sprache ein festes Konstrukt ist, nur weil sie in Büchern festgehalten wird und es Versuche gibt, sie durch Regelwerke zu bändigen. Sprache ist ständig im Wandel genau wie die Wirklichkeit, die von ihr abgebildet wird. Sie variiert je nach Zeitpunkt und Situation, sie nimmt aber auch direkten Einfluss auf Zeitpunkt und Situation.

Welcher Weg für Sie funktioniert, werden Sie selbst herausfinden. Dieses Buch hat Ihnen bestenfalls gezeigt, dass es mehr Wege gibt, als Sie dachten. Sprache ist ein Schatz. Reichtum bedeutet, mehr Wahlmöglichkeiten zu haben. Nutzen Sie diejenigen Tipps, die Sie für sinnvoll halten. Nutzen Sie sie nur dann, wenn es Ihnen plausibel erscheint. Regeln und Dogmen einzupauken führt Sie nur von Ihrem Weg ab. Diesen letzten Hinweis aber sollten Sie sich doch zur Regel machen.

Belehren Sie niemals andere, wie sie sprechen sollten, und
verbessern Sie niemanden, der Sie nicht danach gefragt hat.
Wenden Sie das Erfahrene nur bei sich selbst an.

Denn der Zauber der Sprache entfaltet sich kaum durch unge-
betene Ratschläge. Was aber macht den Zauber aus? Worte sind
zunächst eine willkürliche Aneinanderreihung von Buchstaben.
Doch repräsentieren sie die Wahrnehmung jedes einzelnen Menschen und verknüpfen diese individuellen Universen zu einem
großen Ganzen. Wörter schaffen Wirklichkeit. Sie als Sprecher
verleihen ihnen Macht. Worte sind die Bausteine, mit denen Sie
Ihre Welt verändern können. Wörter können beflügeln. Wohl
dem, der es versteht, sie richtig einzusetzen und zu kombinieren.